EU, YANOMAMI

david good
COM DANIEL PAISNER

EU, YANOMAMI

**EM BUSCA DE MINHA MÃE
E DE MINHAS RAÍZES
INDÍGENAS**

Tradução
Clóvis Marques

1ª edição

Rio de Janeiro | 2023

TÍTULO ORIGINAL
The Way Around: Finding My Mother and Myself Among the Yanomami

TRADUÇÃO
Clóvis Marques

CIP-BRASIL. CATALOGAÇÃO NA PUBLICAÇÃO
SINDICATO NACIONAL DOS EDITORES DE LIVROS, RJ

G655e

Good, David
  Eu, yanomami : em busca de minha mãe e de minhas raízes indígenas / David Good, Daniel Paisner ; tradução Clovis Marques. – 1. ed. – Rio de Janeiro : BestSeller, 2023.

  Tradução de: The way around: finding my mother and myself among the yanomami
  ISBN 978-65-5712-269-3

  1. Good, David. 2. Índios yanomamo - Venezuela - Biografia. 3. Mães e filhos - Biografia. I. Good, David. II. Paisner, Daniel. III. Marques, Clovis. IV. Título.

23-82895

CDD: 987.600449892
CDU: 94(=87)(87)

Gabriela Faray Ferreira Lopes – Bibliotecária – CRB-7/6643

Texto revisado segundo o Novo Acordo Ortográfico da Língua Portuguesa

Copyright © 2015 by David Good

Published by arrangement with Harper Collins Publishers.

Copyright da edição © 2023 by Editora BestSeller Ltda.

Todos os direitos reservados. Proibida a reprodução,
no todo ou em parte, sem autorização prévia por escrito da editora,
sejam quais forem os meios empregados.

Direitos exclusivos de publicação em língua portuguesa para o mundo
adquiridos pela
Editora Best Seller Ltda.
Rua Argentina, 171, parte, São Cristóvão
Rio de Janeiro, RJ — 20921-380
que se reserva a propriedade literária desta obra.

Impresso no Brasil

ISBN 978-65-5712-269-3

Seja um leitor preferencial Record.
Cadastre-se e receba informações sobre nossos lançamentos e nossas promoções.

Atendimento e venda direta ao leitor:
sac@record.com.br

Para minha filha, Naomi —
Que você possa crescer com um pé nos dois mundos,
e um coração bem grande para abrigar toda a sua família

"A ciência nada mais é que a descoberta de analogia, identidade, nas partes mais remotas."

RALPH WALDO EMERSON

SUMÁRIO

9 de setembro de 2011 | 5:43 — 11

UM | Como cheguei aqui — 17

9 de setembro de 2011 | 8:04 — 46

DOIS | Reencontro, união — 50

9 de setembro de 2011 | 8:32 — 69

TRÊS | Na floresta — 73

9 de setembro de 2011 | 9:21 — 108

QUATRO | Dando um tempo — 111

9 de setembro de 2011 | 10:27 — 161

CINCO | Em casa — 164

9 de setembro de 2011 | 11:12 — 196

SEIS | Meu jeito yanomami — 200

SETE | De volta 249

OITO | The Good Project 292

Agradecimentos 307

9 de setembro de 2011
5:43

ALTO ORINOCO, TERRITÓRIO YANOMAMI

Nós avançávamos pela floresta densa, para além da nossa velha aldeia. O shabono abandonado ainda estava de pé, mas tinha sido engolido pelo mato, que não era desbastado há mais de um ano. O que era de se esperar. Naquela parte da floresta, tão embrenhada no território, a flora tropical pode recobrir uma clareira quando menos se espera.

Deixe seu facão de lado por um tempo e é como se você nunca tivesse estado lá.

À medida que prosseguíamos, eu podia ver os objetos da vida na aldeia deixados para trás: pedras amontoadas, varais de roupas, fornos de barraco abandonados, utensílios de cozinha quebrados, farrapos de vestes ocidentais. Um dia, aquilo foi o centro da atividade, o foco de um povo — meu povo —, e agora parecia uma cidade-fantasma.

Irokai. Eu vivia aqui e brincava aqui, disse minha mãe. Bom, não exatamente neste ponto, não no mesmo shabono, mas nesta área. Eu costumava ficar deitado na rede da minha mãe, rindo e rindo sem parar. (Tudo bem, talvez não fosse a mesma rede que ela usa hoje em dia, mas uma parecida.) Fechei os olhos e tentei imaginar como devia ser a área da nossa família muitos anos atrás, mas não consegui visualizar. Eu vi fotos — mas ainda assim não conseguia visualizar. Procurei e continuei procurando ao redor, mas não encontrava referenciais, nenhum sinal que me levasse de volta mais de vinte anos atrás — algo, qualquer coisa que me mostrasse que eu tinha passado por ali antes.

Irokai-teri. *O povo de Irokai. O povo das minhas origens. Os Yanomami da minha aldeia natal, agora espalhados por essa floresta, muitos agrupados na aldeia que um dia consideraram sua casa ou ao redor dela. A aldeia da minha mãe, dos meus primos, do meu povo...*

Os Yanomami são um povo seminômade, e por isso é comum que, ao transferirem uma aldeia, tenham de fazer viagens de volta para colher os frutos nas hortas que deixaram para trás enquanto as novas plantações ainda crescem.

Tínhamos saído da aldeia ribeirinha no início da manhã, às primeiras luzes do dia, para ver o que podíamos encontrar. Eu não conseguia pensar em como dizer à minha mãe que queria visitar nossa antiga aldeia. Só conseguia dizer "Irokai-tekeprahawe". ("Irokai, muito longe.") Conseguia apenas fazer com as mãos o gesto de alguém que se vai.

De alguma forma, minha mãe entendeu.

Deixaram que eu acreditasse que a viagem era ideia minha, mas de qualquer maneira estava mesmo na hora de um grupo se encaminhar para a plantação. Irokai-teke. *O jardim de Irokai, onde havia trabalho a fazer. Eles iriam com ou sem mim. Ficaríamos ausentes por vários dias. Éramos um grupo de mais ou menos quinze pessoas, e nos dividiríamos em grupos menores ao abrir caminho — em geral com os homens à frente.*

Era uma longa distância, mas não dava para medir o tempo. Nessa parte do mundo, havia o tempo yanomami e o tempo de fora. Para um não indígena, mesmo um missionário acostumado com a região, podia levar um dia inteiro para percorrer esse caminho. Mas para esse grupo... puxa vida, eles desbrava-

EU, YANOMAMI

vam a floresta tropical como se não fosse nada, abrindo um novo caminho onde deveria estar o antigo. Era como se estivessem passeando na calçada, na cidade. E descalços, simplesmente. Eu calçava tênis, que só serviam para atrapalhar quando ficavam encharcados e cobertos de lama, mas a sola dos meus pés não estava preparada para enfrentar os imprevistos daquele ambiente.

Caminhando na retaguarda do grupo, seguindo minha mãe e um pequeno grupo de mulheres que parecia ter pena de mim e diminuir o passo para eu não ficar muito para trás, me perguntava se os meus pés descalços algum dia seriam capazes de enfrentar o solo da floresta tropical — provavelmente não, eu temia. E não era apenas a dureza da terra que os castigava tanto. Não, havia raízes e galhos caídos, pedras e coisas repulsivas rastejando — todo tipo de chateação encontrada em florestas que se possa imaginar. Mas também havia espinhos, declives lamacentos, varetas salientes capazes de furar a sola do pé, parasitas voadores que sugam sangue, cobras e aranhas e uma centena de diferentes perigos, uma centena de diferentes maneiras de tropeçar, me cortar ou me machucar de algum jeito enquanto me esforço para me manter o passo. Eu precisava de um par de olhos extra só para olhar para baixo e ver onde pisava, enquanto o primeiro continuaria olhando para cima e para a frente.

A plantação logo atrás da área de habitação comunal ainda oferecia sua safra, de modo que o Irokai-teri visitava aquela área abandonada de tempos em tempos. Isso explicava a existência de algo pelo menos parecido com uma trilha. Nós tínhamos passado por ali antes — nós, o meu povo; nós, como se eu fizesse parte dele. E também explicava, para começo de conversa, o fato de à viagem simplesmente ter ocorrido. Veja bem, não faria sentido empreender uma missão do tipo passeio turístico só para eu visitar o lugar onde já tinha vivido, mas faria todo o sentido organizar essa jornada em busca de comida. Basicamente bananas-da-terra, mas também havia várias outras frutas. Nós traríamos de volta para a gente da nossa aldeia o que fosse possível carregar. As mulheres tinham levado vários cestos vazios para isso — mais ou menos, em termos da floresta, o equivalente a levar a sua própria bolsa para o supermercado, penso eu.

Eu achei admirável que a plantação continuasse vicejando, depois de abandonada por tanto tempo. Aquilo me falava da força e da resiliência do meu povo, entregue à própria sorte naquela mesma floresta, sem qualquer assistência. Assim, desse seu jeito humilde, a área ainda vivia, respirava, e continuava oferecendo sustento.

No centro do nosso grupo naquela viagem, estávamos eu, minha mãe, minhas duas "esposas" e uma outra mulher da aldeia que trouxera seu bebê de colo para a aventura. Até a mulher com a criança caminhava em um ritmo melhor que o meu. Os homens estavam muito, muito adiante, mas carregavam uma carga bem mais leve — só seus arcos e flechas. Eles precisavam caminhar com rapidez, ser ágeis, capazes de sacar rapidamente as armas caso aparecesse um animal apropriado para servir de jantar, ou caso o grupo fosse atacado por inimigos. As mulheres carregavam o peso de cestos, roupas e lenha... e eu.

Estava quente — não absurdamente quente, do jeito que pode ficar ao meio-dia, mas bastante quente. Eu estava morto de cansaço. Tinha 24 anos, ostentava uma forma física boa, mas minha mãe e aquelas outras mulheres estavam acabando comigo. Eu me arrastava, exausto, sem forças. A certa altura, uma das minhas esposas viu que eu estava com dificuldade e parou para me esperar. Apontou para a minha mochila, como se quisesse carregá-la. Eu reagi com arrogância. Disse: "Yanomami keya!" ("Eu sou um yanomami!"). Como se eu precisasse provar alguma coisa — para mim mesmo, para o povo da minha aldeia... para minha mãe.

— Yanomami keya!

Os outros viam perfeitamente que eu estava me esforçando, e decidiu-se que o nosso grupo pararia para descansar junto a um regato, e, enquanto largávamos nossas poucas coisas, minha mãe me lembrou, em um inglês precário e com aqueles gestos genéricos e universais das mãos que rapidamente haviam

EU, YANOMAMI

se tornado nosso principal meio de comunicação, de que não era a primeira vez que eu me encontrava naquele exato lugar. Ela apontou para mim. Apontou para o riacho. E então sorriu e voltou a apontar para mim, e novamente para o riacho, e eu entendi que costumava brincar naquelas águas enquanto os mais velhos da aldeia pescavam, e as mulheres lavavam as roupas e limpavam nossos potes e panelas. Eu já vira imagens daquele lugar, lembrava-me agora. Filmes caseiros também, feitos por meu pai quando eu tinha apenas 1 ano ou algo assim. Mas minhas lembranças já estavam distantes. Não conseguia recordar de algum dia ter estado naquele exato lugar, exatamente daquele jeito.

Aqui, mais uma vez, não era capaz de fechar os olhos e visualizar a cena ocorrida tanto tempo atrás. Visualizava apenas as imagens que já vira. Não havia nada na minha memória que me levasse de volta ao jeito como eu era quando criança, aos lugares onde estive, senão a constante gesticulação da minha mãe e as imagens correspondentes que me evocavam aos milhares de fotografias que meu pai, um antropólogo estadunidense, tirou no tempo em que passou aqui.

Ainda assim, era bom estar naquele lugar, naquele exato momento, e, ao depositar minha mochila e me estender junto ao córrego lamacento, fui tomado por uma sensação de satisfação. Foi apenas isso, contentamento, mas naquela ocasião era tudo. Saber que na infância eu tinha respirado aquele ar e chapinhado naquelas águas... saber que tinha viajado meio mundo e mais um pouco... saber que havia chegado ao lugar onde tudo começou, reencontrado minha mãe yanomami e me reconectado com os muitos ramos da sua família (a minha família!) depois de mais de vinte anos... Não era preciso mais nada além de me estender junto à água e ouvir a vibração da floresta.

Procurei lembrar o que sabia da primeira visita do meu pai à região, como estudante universitário. Ele visitara a floresta em 1975, com uma bolsa de estudos de US$ 250 mil da Universidade Estadual da Pensilvânia, para estudar a ingestão de proteína dos Hasupuwe-teri. Viajou com baús, remédios, alimentos, artigos para trocas — e roupas suficientes para abastecer uma loja.

Eu estava aqui com uma mochila e cerca de US$ 2 mil juntados nos empregos em que recebia por hora. Tinha um facão, uma rede, talvez um tubo de Neosporin, uma pomada antibiótica. Meu pai, naturalmente, se preocupava com minha segurança; mas também disse que eu perdera o juízo, entrando daquele jeito floresta adentro com recursos tão limitados; segundo ele, eu não tinha a menor ideia do que estava fazendo.

E, lógico, ele tinha razão, mas eu não podia me dar ao luxo de lhe dar ouvidos — quero dizer, eu não tinha nem de longe o dinheiro que ele tivera, para montar uma expedição daquele tamanho e ambição. Ou seja, não podia ir de encontro a meus instintos. Minhas entranhas me diziam que eu tinha de fazer aquela viagem — e meu coração também. Eu, teimoso, achava que tinha tudo de que precisava e assim rumei para a floresta. É óbvio que estava com medo, mas simplesmente aceitei que sentiria medo. Por mim, tudo bem. É óbvio, estava querendo abraçar o mundo, mas logo decidi que, quaisquer que fossem os obstáculos, e as incertezas pela frente, eu haveria de compartimentalizar meu medo e encontrar uma forma de superá-lo. Manteria um foco preciso na missão de encontrar minha mãe e redescobrir minhas raízes indígenas. E aqui estava eu, em plena floresta tropical, fazendo exatamente isso.

Fechei os olhos por um momento, e acho que foi quando adormeci. Não tenho certeza, mas acho que fui apagando, ouvindo o som das minhas duas esposas jogando conversa fora em uma língua que eu mal conseguia entender. O tom de reprovação da jovem mãe yanomami dirigindo-se ao filho inquieto. O som familiar da minha mãe, chamando-me do outro lado do regato com aquela voz doce e monótona que eu achei que talvez nunca mais voltaria a ouvir.

Eu me senti em casa.

CAPÍTULO UM

COMO CHEGUEI AQUI

MINHA HISTÓRIA COMEÇA NO SUL da Venezuela, mas não se inicia comigo. Foi, primeiro, a história do meu pai — e, depois, da minha mãe —, e, no entanto, durante um bom tempo, não foi algo que eu quisesse ouvir.

Mais tarde, quando eu já tinha idade para entender as coisas e meu pai preenchia certos vazios para mim, não era uma história que eu quisesse compartilhar, mas chegaremos lá.

Enquanto coloco minha história no papel agora, lembro como aprendemos sobre o passado dos heróis lendários dos quadrinhos. Preste atenção ao que vou dizer: eu não era um leitor tão voraz de histórias em quadrinhos na infância, mas cresci em uma época em que super-heróis memoráveis e *action figures* estavam por toda parte. Superman, o Incrível Hulk, Homem-Aranha... Eles estavam sempre no cinema, e em cada filme havia uma cena ou um momento em que era explicada a origem do herói — como conseguiu seus superpoderes, de onde vinha, o que o inspirava, o que o tornava vulnerável. Mas não era *apenas* uma questão de explicar de onde eles vinham. Além de serem super-heróis e de salvarem o mundo, esses personagens sempre tinham algum problema emocional sombrio, bem lá no fundo. Havia muitas camadas sobrepostas de conflitos. Eles lutavam contra a própria identidade, com o seu eu, com a lembrança de um trauma de infância — como Bruce Wayne tentando entender o absurdo assassinato dos pais quando era pequeno, que levou a sua transformação em Batman. Tudo era muito bem explicado, e eu pensava muito nesse tipo de coisa quando era criança. Muito. Pensava nas pessoas e em suas histórias de vida. Quando alguém aparecia no noticiário fazendo algo incrível, ou quando eu conhecia alguém novo na escola, tentava imaginar como tinham se tornado daquele jeito, e o mesmo acontecia com os filmes. De olhos grudados na tela, eu me imaginava naquela cena — não porque me visse com traços tão espetaculares e ousados, ou por achar que houvesse algo de heroico ou épico ou mesmo um pouco interessante na minha vida. Pelo contrário. Olhando no espelho, eu via um garoto estadunidense comum, sem nada de especial — apenas... *eu*. Eu jogava beisebol. Entregava jornais de porta em porta. Aprontava e me metia em confusões, brigava com meu pai, atormentava meus irmãos menores, jogava roupa suja e toalhas molhadas no chão.

Transcendendo os limites dos seres humanos comuns? Eu? De jeito nenhum. Na verdade, eu só queria ser um garoto estadunidense típico, desaparecer na multidão. Mas bem lá no fundo eu sabia que o mundo me olhava e via algo diferente... *algo mais*. As pessoas na cidade conheciam minha história. Os professores, os colegas de escola, nossos vizinhos... Todos conheciam a minha história. Jornalistas, professores universitários, cientistas sociais dos mais variados tamanhos e cores... De vez em quando também aparecia um deles, pois *eles* conheciam a minha história. Em uma época da vida em que eu só queria me esconder, não havia a menor chance de isso acontecer. Durante anos, eu andava por aí pensando que as pessoas estavam sempre cochichando sobre mim e a minha família, comentando detalhes entre exclamações, como um *Já pensou?!* ou *Coitadas dessas crianças!*, ficando em silêncio cada vez que eu me fazia presente, parando de contar a minha história um pouco antes. A história das minhas *origens*, como passei a enxergá-la — exatamente como nos quadrinhos, só que isso não me fazia sentir maior nem melhor que ninguém. Pelo contrário, fazia-me sentir menor... *menos*. E, assim, eu me desliguei, na medida do possível.

Mas não poderia me desligar pelo resto da vida. Então, aqui vai.

(Apagar das luzes, rufar de tambores, expectativa...)

Meu pai, Kenneth Good, foi um antropólogo estadunidense que estudou na Universidade Estadual da Pensilvânia sob a orientação do diretor e conselheiro de área Napoleon Chagnon. Chagnon era conhecido por seus estudos sobre um povo originário amazônico isolado conhecido como Yanomami, ou Ianomami, ou Yanomama, ou Ianomâmi, numa grafia aportuguesada — foneticamente, todas essas formas estão incorretas, de modo que vou optar por uma das grafias e ficar com ela, o Yanomami. Ele era uma figura polêmica, e continua sendo ainda hoje, mas em meados da década de 1970, Chagnon era considerado uma grande autoridade em se tratando dessa região e de seu povo, e foi um dos principais antropólogos da época a chamar a atenção do mundo todo para os Yanomami; foi o primeiro antropólogo estadunidense a contribuir de maneira significativa para a compreensão dessa área da floresta tropical; fez uma descrição etnográfica inicialmente intitulada *Yanomamo: The fierce people* [Yanomami: O povo feroz, em tradução livre], que se tornou um best-seller. Segundo Chagnon, o estudo do povo Yanomami permitia entender plenamente a rica história da condição humana. Ele vinculou a evolução do grupo a suas ideias sobre a teoria evolucionista, tornando-se um representante pioneiro de um tipo de antropologia científica no qual expunha seus conceitos de comportamento social e parentesco genético.

Uma pequena história pode ser útil aqui: os contatos mais prolongados de ocidentais em Território Yanomami datam do início da década de 1950, quando missionários protestantes fundaram as primeiras colônias missionárias na região, seguidos logo depois por um grupo de missionários católicos (salesianos). A missão protestante era conhecida como Novas Tribos, e serviu de trampolim para Chagnon em sua investigação. Não demorou para que seu trabalho atraísse enorme atenção para os Yanomami, levando à região um diversificado grupo de cientistas sociais fascinados com a perspectiva de estudar uma civilização relativamente intocada pelo colonialismo europeu, observando a interação entre homem e natureza tal como podia ter ocorrido ao longo de centenas de anos.

Não há lugar aqui para discutir as nuances das teorias de Chagnon e a natureza da controvérsia que envolveu seu trabalho, então vou direto ao que interessa. O importante, para mim, era o seguinte: a descrição dos Yanomami como um povo "feroz", feita por Chagnon, era a visão predominante sobre esse povo indígena, espalhado por centenas de aldeias na bacia hidrográfica do Orinoco, ao longo da fronteira entre a Venezuela e o Brasil — um agrupamento humano isolado em terras baixas e cronicamente predisposto a guerrear.

Essa visão foi compartilhada pelo meu pai por algum tempo — até visitar a região em 1975, integrando a equipe de pesquisa de Chagnon. O que ele encontrou foi... bem, uma *revelação*.

Antes de me aprofundar no ponto de vista do meu pai, provavelmente será uma boa ideia pintar o quadro geral. Em 1975, ano de sua primeira ida à floresta, o sudeste da Venezuela era um território federal, embora hoje em dia seja oficialmente um estado da Venezuela

— o Amazonas. O Território Yanomami, uma área cobrindo cerca de cem mil quilômetros quadrados, estende-se pela Venezuela e pelo Brasil na região ocidental do que ficou conhecido como o escudo ou planalto das Guianas. É uma faixa inexplorada de terras florestais e, apesar das forças avassaladoras da globalização, continua sendo uma das regiões mais intocadas e de ampla biodiversidade do planeta — uma extensão de terra gloriosamente vasta, em grande medida preservada pelo mundo industrializado. Na verdade, o ecossistema único da floresta tropical marcou a cultura yanomami ao longo de séculos. Suas fronteiras colocaram uma espécie de freio no processo de "aculturação" de boa parte do povo Yanomami; certas áreas do território eram tão distantes e impenetráveis que dificultava a entrada de forasteiros. Em virtude desse "isolamento crônico" — termo que tomo emprestado do antropólogo estadunidense Jared Diamond —, a difusão de tecnologias, ideias e outras maneiras de pensar não tinha realmente como alcançar as aldeias yanomami mais remotas, de maneira que os conquistadores, exploradores e cientistas que se aventuraram pela região ao longo de séculos não foram de fato capazes de dominar e transformar o território.

Como resultado, boa parte dos Yanomami continuava vivendo do mesmo jeito de sempre. Não tinham uma língua escrita. Contavam somente até dois — na verdade, tinham palavras para designar apenas "um", "dois" e "muitos". (Como meu pai me lembraria ao longo da minha infância, os números maiores só serviam para criar problemas.) Não tinham calendário. Seus costumes e suas tradições só podiam florescer do próprio jeito — ou seja, as oportunidades de aprender ou crescer de forma que pudessem tender para as influências do mundo exterior eram limitadas. A maneira como as coisas eram feitas, como os Yanomami interagiam entre si, era como tudo *sempre*

DAVID GOOD

foi feito, como eles *sempre* interagiram — ano após ano, geração após geração, século após século.

Em meados do século XX, quando antropólogos e missionários começaram a fazer contato prolongado com os Yanomami na Venezuela e a estudar seu modo de vida, o mundo começou a prestar mais atenção; era generalizada a convicção de que as lições dos Yanomami ajudariam os cientistas a entender, em um sentido muito simplificado, um pedaço da evolução do comportamento humano. Além disso, era simplesmente fascinante, como atravessar um portal do tempo — como se fosse a série de TV *O elo perdido* na vida real —, mas nem sempre se tratava da maneira mais delicada. Nas décadas de 1960 e 1970, usávamos palavras e expressões como *primitivo*, *idade da pedra* e *índios* para nos referir ao povo Yanomami — descrições que atualmente deram lugar a termos mais precisos como *indígena* e *tradicional*.

Mas uma imagem valia mais que mil palavras, e quando as revistas *Science* e *National Geographic* e outras publicações começaram a mostrar imagens dessas aldeias na floresta praticamente intocadas pela civilização ocidental, o espaço entre os mundos desenvolvido e não desenvolvido se tornou um pouco menos gigantesco.

Como estudante de antropologia na Universidade Estadual da Pensilvânia, meu pai foi incumbido de estudar a dieta do povo Yanomami — especificamente, para ver se havia alguma ligação entre a deficiência de proteína e essa suposta tendência de "guerrear". Napoleon Chagnon queria provar que os Yanomami combatiam e atacavam para aumentar sua capacidade reprodutiva. Por exemplo, argumentava-se que a escassez de mulheres era uma das principais causas da violência letal e das incursões guerreiras; em consequência, um ataque resultaria em um contra-ataque, que, por sua vez, levaria a um estado crônico e endêmico de guerra entre as aldeias.

EU, YANOMAMI

No lado oposto dessa argumentação estava o grande adversário profissional de Chagnon, Marvin Harris, da Universidade Columbia. Harris não aceitava a explicação de Chagnon sobre as práticas guerreiras dos Yanomami; acreditava que a tendência para guerrear tinha mais a ver com elementos básicos de subsistência, como a pouca disponibilidade de carne — mais se parecendo com uma explicação ecológica, na verdade. Harris considerava que, quando os Yanomami guerreavam, era como qualquer outra guerra pela disputa de recursos, empreendida por quaisquer outros grupos de pessoas em conflito — exatamente como lutamos no Oriente Médio pelo petróleo, por exemplo. No meu entendimento, a tese de Harris era que o homem, mesmo o homem "primitivo", de fato podia inclinar-se à guerra por comida, mas apenas para satisfazer a fome, ou para garantir acesso ao abastecimento constante de alimentos — especificamente, caça e territórios onde caçar.

Basicamente, era o clássico debate natureza *versus* cultura transcorrendo nas florestas da Amazônia, e meu pai foi pego no meio disso. Como Chagnon era seu orientador, o objetivo não declarado do meu pai era corroborar as teorias de seu mentor, mas, mesmo antes de dar início a suas investigações, ele já tinha dúvidas. Como podia um povo ser programado para a agressão?

Já com a mão na massa, o empreendimento não fazia muito sentido para meu pai, mas esse estudo era seu bilhete de entrada no campo, e também seu doutorado, então ele entrou no jogo — e se alguém lhe perguntar hoje em dia, ele vai dizer que entrou de mente aberta. Viajou para a região com Chagnon e dois outros alunos, que se espalharam por outras aldeias ao chegarem. A excursão contava com um apoio financeiro generoso, e cada grupo viajava com amplo abastecimento de remédios, artigos para troca e ferramentas de pesquisa. O que quer que o meu pai precisasse para desfrutar de mais conforto na floresta, concluir seu trabalho, ou ajudá-lo a fazer amizades e formar alianças naquele grupo seminômade de pessoas... tudo estava ao seu alcance.

Ele precisava apenas manter a cabeça baixa, seguir o protocolo e coletar os dados necessários para reforçar a tese do seu orientador. Fácil, não é mesmo?

HOJE EM DIA, VER FOTOS do meu pai mapeando diligentemente a dieta dos Yanomami é ver um homem cumprindo uma missão. Ele estava disposto a se deixar convencer pela teoria de Chagnon, mas não foi o que aconteceu. Pelo contrário, meu pai passou meses registrando meticulosamente tudo que os Yanomami consumiam em Hasupuwe, uma pequena aldeia com menos de cem habitantes e centenas de sapos. O incessante coaxar dos anfíbios foi o que ele notou de imediato ao chegar ali pela primeira vez, e é essa a origem do nome dos *Hasupuwe- -teri*. *Hasupuwe* é a palavra yanomami para designar sapo — eles eram, portanto, o povo-sapo da floresta tropical.

No período em que passou na aldeia, meu pai pesava tudo que os *Hasupuwe-teri* comiam — e não só a carne e o peixe, mas frutos, nozes, bananas. No início, o povo não sabia como encarar meu pai, com sua balança industrial e as cuidadosas anotações. A infindável curiosidade daquela gente o privava de qualquer privacidade ou tranquilidade. Uma vez que a presença de um estranho não era mais novidade, eles o deixaram em paz com suas atividades, na maior parte do tempo, mas, a certa altura, meu pai começou a ter a impressão de que não estava fazendo nenhum progresso. Depois de um breve período, Chagnon também o deixou sozinho naquela parte da floresta, e, após a partida do seu mentor, não levou muito tempo para que meu pai percebesse que seu trabalho de campo ficaria incompleto se ele não conseguisse entender melhor a cultura dos Yanomami em um contexto mais amplo. Ele percebeu que não dá para simplesmente avaliar a ingestão de proteína e tentar extrapolar teorias sobre o comportamento humano com base em números. Ele queria compreender o quadro mais geral, e assim se voltou para os habitantes da aldeia — e não *apenas* para o que eles comiam. Aprendeu a língua. Estudou seus hábitos.

Ele estava vivendo em uma choupana de barro construída com a ajuda dos moradores, localizada a certa distância do centro da vida cotidiana da aldeia. Assim que possível, ele transferiu sua rede para mais perto do *shabono*, a casa comunal circular em torno da qual girava a vida na aldeia. Não havia paredes, portas nem privacidade — apenas um espaço aberto onde os indivíduos comiam, dormiam, se divertiam e jogavam, em torno de um centro ao ar livre. Meu pai montou acampamento dentro do *shabono*, perto de um forno próprio — um cantinho encantador no meio de toda a agitação.

Os Yanomami olharam meu pai com desconfiança em sua chegada. Com 1,80m, ele era bem mais alto que os outros homens da aldeia. (Em média, um homem yanomami mal passa de 1,50m.) Missionários e trabalhadores humanitários estiveram antes no território, de modo que os mais velhos da aldeia tinham alguma experiência em interagir com os *nabuh* — homens e mulheres do mundo exterior. Mas, ao longo de alguns meses, o relacionamento do meu pai com os *Hasupuwe-teri* adquiriu contornos diferentes. Não mais um intruso de cara fechada, ele se tornou uma presença familiar e confiável, e deixou um pouco de lado a pesagem de porcos-do-mato e o estudo de suas anotações para estabelecer contato com um povo unido por um propósito de vida, uma linhagem e o bem comum. Não encontrava nenhuma indicação concreta de um povo biologicamente predisposto a um "belicismo crônico". O que viu, na verdade, foi uma civilização eminentemente pacífica e livre dos estresses e das angústias da vida moderna: contas a pagar, impostos, carreira... No seu caso, até as pressões da vida em família se amainaram na floresta tropical. Ele chegou à conclusão de que rotular e generalizar esse povo como violento representava um grosseiro equívoco.

Com certeza meu pai presenciou episódios de violência em sua estadia na floresta, e até violência *letal*. Mas não aceitava a ideia de que os Yanomami fossem um povo intrinsecamente violento. Quase sempre esses incidentes violentos constituíam casos isolados, uma exceção em um panorama comportamental basicamente polido, amistoso e colaborativo.

Quando eu era pequeno, ouvindo meu pai falar de suas experiências na floresta, ele costumava comparar as eventuais explosões de violência entre os Yanomami com um assalto em Manhattan. Seria injusto e sem sentido qualificar todos os nova-iorquinos como violentos, assim como ele considerava injusto e sem sentido generalizar os Yanomami dessa maneira.

O que me chama atenção nos atos isolados de violência relatados por meu pai e outros antropólogos é o fato de serem apresentados como um tipo de comportamento padrão, habitual — embora aqui nos Estados Unidos, em contraste, vejamos esses mesmos atos isolados de violência sendo cometidos diariamente, em qualquer comunidade. A diferença é que os Yanomami vivem numa sociedade aberta. Suas estruturas de vida comunitária, suas rotinas e, suas interações estão sempre completamente expostas. É tudo tão *visível*, em qualquer sentido da palavra — de tal modo que esses exemplos intermitentes de violência deviam ser chocantes para um estranho.

E assim como essas explosões de raiva deviam ser chocantes para meu pai, imagino que sua presença também causasse absolutamente o mesmo efeito no povo da aldeia, pelo menos no início. Na juventude, ele podia ser meio arrogante; costumava desafiar as autoridades, chegando a discutir com seus professores e orientadores de um jeito sem sentido, indo de encontro aos próprios interesses. Socialmente, sempre foi um pouco desajustado; mesmo na minha infância, eu o percebia sem jeito em certas situações, mas, entre os Yanomami, ele estava livre da conversa fútil e das convenções de polidez de que ele não gostava nos Estados Unidos. Tornava-se mais autêntico, ele dizia. Apaixonou-se por aquele povo, pela sua cultura, pelo ritmo e pela pulsação de um modo de vida mais simples, limpo e orgânico.

Próximo ao fim de seu trabalho de campo, meu pai começou a achar que não queria ir embora — e começou a buscar motivos para ficar.

E os encontrou.

Quando chegou pela primeira vez a Hasupuwe, os habitantes o chamavam de *Aka porebi* — "Língua Fantasma". (A expressão costuma ser empregada para se referir a uma criança yanomami que ainda não aprendeu a falar.) Mas não demorou para que ele conseguisse se comunicar de forma eficaz, quase com fluência. Meu pai tinha grande facilidade para idiomas, o que se revelou de enorme utilidade. Os indivíduos desse povo o aceitaram — primeiro como uma novidade, mas enfim como um dos seus. Ele aprendeu a se comportar como um yanomami, defender-se como um yanomami, brincar como um yanomami, provocar como um yanomami.

Meu pai escreveu sobre essa transformação em seu livro *Into the Heart: One Man's Pursuit of Love and Knowledge Among the Yanomami* [Dentro do coração: Uma viagem inesquecível pela cultura yanomami e pelos caminhos do amor], que foi publicado em 1991 e se tornou um best-seller. Não cabe a mim contar sua história — mas, como já disse, ela prepara o cenário para a minha chegada, por isso vou abordar aqui alguns pontos importantes. Uma das cenas mais memoráveis do seu livro, para mim, ocorreu no início da sua estada, quando o *Hasupuwe-teri* se juntava ao seu redor diariamente enquanto ele fazia suas anotações. Era um hábito bem recebido, mas que significava para os aldeões algo muito diferente do que para meu pai. O conceito da escrita era completamente estranho aos Yanomami, lógico. Para eles, meu pai estava apenas fazendo rabiscos, desenhando em um pedaço de papel, e eles o imitavam, fazendo desenhos, rabiscando. "Embora nunca tivessem segurado uma caneta, pegavam a minha e desenhavam algo — às vezes, até na minha página de anotações", escreveu ele.

Ainda na primeira etapa da sua odisseia na floresta, meu pai se adaptou à vida na aldeia — mas até mesmo ao se envolver mais com a comunidade, ele continuava sendo um estranho. Afinal, era um antropólogo, estando condicionado a permanecer, em certa medida, à margem. Ele estava ali para observar, mas, para observar plenamente, acreditava ter de participar também.

Esse conflito entre os papéis de observador e participante chegou ao ápice para ele certa tarde, de um modo angustiante — que ele também compartilhou em seu livro. Meu pai foi despertado enquanto tirava uma soneca. Parece que ele gostava muito de fazer a sesta na floresta nesse período, provavelmente porque seus dias começavam toda manhã ao nascer do sol. Ele não era o único; fazia calor na floresta — mas um calor descomunal, absurdo, opressivamente quente —, e nas temperaturas mais altas do dia muitos Yanomami tendiam a ficar preguiçando pela sombra, para escapar de alguma maneira. Nessa tarde, meu pai foi acordado por uma série de gritos — gritos realmente aterrorizantes, angustiantes. Pelo que ele podia perceber, eram gritos de mulher, acompanhados de ruídos de luta. Ele foi então ver o que acontecia: levantou-se da rede e atravessou o *shabono*, passando por cenas do cotidiano da aldeia — mulheres e crianças que não pareciam ter notado qualquer perturbação. Mas, ao chegar ao outro lado, o que meu pai viu foi alarmante. Havia dois grupos de rapazes puxando violentamente os braços e as pernas de uma jovem, como se fosse um ossinho da sorte humano. A mulher berrava de medo, e meu pai achou que ela sentia dores, e, no entanto, a poucos metros dali, apesar da agressão àquela pessoa, outros Yanomami continuavam levando a vida normalmente: havia duas mulheres assando bananas, outra tecendo um cesto e, ainda, outra cuidando de uma criança doente.

Cabe lembrar aqui que os Yanomami de jeito nenhum toleram o estupro ou qualquer outra forma de comportamento violento dos homens em relação às mulheres. Mas não podemos esquecer que todas essas coisas tampouco são aceitáveis em nossa cultura, mas acontecem. Segundo meu pai, muitas mulheres yanomami de fato saíram de suas redes ou largaram o que estavam fazendo para tentar ajudar a mulher e livrá-la dos agressores. E muitas não o fizeram. O que mais incomodou meu pai foi a cena ser tão pública — e hoje, tantos anos depois, não podemos deixar de contextualizar. Como já vimos, tudo na cultura yanomami é voltado para o exterior. Não há paredes por trás das quais se esconder. Imaginem se vivêssemos assim no mundo ocidental, com cenas de violência doméstica se desenrolando diante de toda a comunidade. Maridos gritando com as esposas na frente dos vizinhos. Mães dando palmadas nos filhos na hora do jantar. É por isso que, com muita cautela, à medida que vamos entrando na minha história, quero apresentar uma imagem dos Yanomami que não seja a de brutamontes grosseiros. Sim, era uma cena horripilante. Sim, muitos na comunidade pareciam não aceitar aquilo. Mais uma vez, contudo, devo lembrar que o contexto não pode ser ignorado.

Ao se aproximar da terrível cena, meu pai se deu conta, em um sobressalto, de que conhecia aquela mulher ameaçada. Ela o ajudara em uma recente visita a uma aldeia próxima, e, há pouco, viera para Hasupuwe para fugir do marido; agora estava ali como pivô de um tipo de violência que meu pai não conseguia entender. Não era violência pela violência. Não, era algo bem diferente — uma cena de brutalidade real que a sensibilidade ocidental do meu pai nem chegava perto de compreender. Ele foi se aproximando e constatou, perplexo, que a própria mulher não estava de fato resistindo. Estava totalmente entregue, resignada ao que o destino lhe reservasse. Ficou nítido que era um grupo de três ou quatro rapazes, os *huya,* que meu pai conhecia da aldeia, tentando puxá-la em diferentes direções e indo de encontro a três ou quatro mulheres mais velhas que ele também conhecia.

Durante um bom tempo ele ficou ali sem reação, horrorizado. Não conseguia imaginar o que poderia fazer, o que era esperado dele. Mal conseguia processar o que estava vendo. Por fim, viu outra mulher que voltava da plantação com o filho. Como a conhecia, fez sinal para que se aproximasse e perguntou o que estava acontecendo.

— Aquilo ali? — perguntou a mulher, quase desinteressada, como se não fosse nada. — Eles estão tentando arrastá-la para a floresta para estuprá-la. E as mulheres estão tentando impedi-los.

Ela deu a explicação no tom mais banal, como se fosse uma ocorrência perfeitamente corriqueira, um simples fato da vida na floresta, uma infeliz demonstração de algo que os aldeões costumavam encarar como uma travessura, mas ainda assim meu pai continuou aflito. Ele estava vivendo com os Yanomami há vários meses, e sabia que eram gentis, compassivos e até generosos. Nunca vira aquele tipo de comportamento, ocorrendo a poucos metros do coração da vida na aldeia. Uma mulher sem proteção — vale dizer, uma mulher solteira em idade de menstruar; ou uma mulher "casada" cujo marido estivesse longe da aldeia por muito tempo — era vulnerável, exatamente como uma estudante do ensino médio voltando sozinha de uma festa. Era um horror, mas era assim. Era a lei da floresta.

(Só para constar: meu pai ainda carregava sua perspectiva ocidental em uma série de outras questões sociais dos Yanomami, mas com o tempo elas também haveriam de cair por terra.)

E lá estava ela, ainda lutando. Meu pai ficou parado, calado, e mais um adolescente entrou em cena para ajudar os outros, e acabaram conseguindo afastar a pobre mulher das inúteis tentativas de resistência das mais velhas, que vinham tentando salvá-la. E a arrastaram mata adentro.

Meu pai os seguiu, hesitante, sem saber muito bem como agir naquela situação.

"Eu não tinha a menor dúvida de que poderia assustar e afastar aqueles garotos", escreveria posteriormente, refletindo sobre aquele momento. "Eles já tinham certo medo de mim, e se eu pegasse um porrete e desse uns bons gritos, ameaçando, com certeza se espalhariam como vento. Por outro lado, eu era um antropólogo, e não um policial. Não estava ali para tomar partido, fazer julgamentos e condicionar o comportamento deles. Esse tipo de situação tinha desdobramentos. Se uma mulher deixasse sua aldeia e aparecesse desacompanhada em algum outro lugar, a probabilidade era de que fosse estuprada. Ela sabia perfeitamente, eles sabiam. Era o comportamento esperado por todos. O que eu deveria fazer, fiquei pensando, tentar incutir ali meus padrões de moralidade? Não cabia a mim modificar aquelas pessoas ou achar que precisava gostar de tudo o que fizessem. Fui para estudá-los."

Então, o que ele fez? Nada. Depois de mais um longo tempo de espera, voltou para o *shabono* — inconformado consigo mesmo por não ter interferido, enojado com o que acabara de ver e confuso com a indiferença que os outros Yanomami pareciam demonstrar diante da situação. A "gota d'água" em sua decisão veio de um menininho da aldeia que ele conhecia, e que passou por ali quando meu pai ainda ponderava o que fazer. O menino seguiu o olhar do meu pai até o bando de adolescentes — alguns podendo até ser seus irmãos e primos — rosnando e resfolegando em cima da pobre mulher. Ele olhou de volta para o meu pai e disse:

— Não vá até lá.

— Por quê? — quis saber meu pai.

Sua resposta: *porque eles estão comendo a vagina dela* — expressão típica da floresta que certamente não era para ser levada ao pé da letra, mas que indicava que aqueles adolescentes enlouquecidos estavam devorando sexualmente sua presa feminina, divertindo-se com ela.

Meu pai tratou de voltar ao *shabono* — sentindo-se derrotado, decepcionado, inconformado consigo mesmo por não ter ajudado a amiga, ao mesmo tempo que uma parte dele questionava se as pessoas esperavam isso dele naquele lugar. Remoeu a história por muito tempo. Só depois de meses — e até anos — ele foi capaz de deixar para trás sua atitude mental tipicamente ocidental e aprender a lidar e compreender aquele comportamento, e talvez tenha levado ainda mais tempo para conciliar o homem que era no seu país de origem com o que agora devia ser na floresta. Nesse processo, enfrentou um episódio de malária que quase o matou — e um acidente de canoa nas corredeiras do Guajaribo que mais uma vez quase o mandou para o outro mundo. E, no entanto, conseguiu se adaptar. Aos poucos, veio a ser transformado, e foi exatamente nessa transformação, nessa transição cultural, que se criaram condições para que minha mãe entrasse na vida do meu pai, e, ao me voltar para a época dele na floresta, concluo que, se ele não tivesse dado esse salto, se não tivesse passado por essa mudança na sua maneira de pensar... se não tivesse conseguido soltar

EU, YANOMAMI

as amarras do seu papel como antropólogo, abraçando por completo sua condição de membro do *Hasupuwe-teri*, eu nem teria uma história das minhas "origens" para contar.

PARA CERTOS CASAIS, O ENCONTRO é fofo. Para outros, óbvio. O encontro dos meus pais foi estranho — pelo menos, é assim que muitos ocidentais o encaram, até que tomam conhecimento da história toda. Era também como eu o encarava na infância, crescendo em Nova Jersey com uma árvore genealógica diferente da de todos na vizinhança. Até o meu pai tinha essa visão no início, acho eu, provavelmente porque fez várias viagens de volta aos Estados Unidos para se reconectar com a antiga maneira de encarar o mundo. O primeiro retorno foi em junho de 1977, depois de pouco mais de dois anos na floresta. Ao chegar, ele foi à Universidade Estadual da Pensilvânia para encerrar seu vínculo com Napoleon Chagnon, decidido a retomar os estudos com Marvin Harris na Universidade Columbia, onde fora admitido como candidato a um ph.D.

Antes de ir para Nova York e dar início ao seu trabalho em Columbia, meu pai fez uma parada no Instituto Max Planck, em Munique, pelo qual teria uma oportunidade de dar prosseguimento ao seu trabalho de campo com o povo Yanomami. Ele pôde voltar à Amazônia quase imediatamente; se tivesse ido direto para Columbia, poderia esperar um ano ou mais até o início de uma nova expedição, e Marvin Harris concordou que seria uma ótima oportunidade para meu pai aprofundar seus contatos na região.

Foi quando minha mãe entrou em cena, embora a essa altura a cena ainda não estivesse propriamente montada. Na época, ela ainda era uma menina — talvez com 11 ou 12 anos, o que não podemos saber com certeza, pois os Yanomami não fazem uso de conceito de coisas

33

como datas de nascimento e calendários. Na vivência desse povo na floresta tropical, o tempo não é cíclico nem compartimentalizado, como tendemos a considerá-lo na realidade do mundo ocidental de onde venho. Não é medido em anos, não existindo uma maneira yanomami de se referir ao ano de 2015, por exemplo, nem de refletir sobre como era a vida na década de 1960. Os Yanomami não se prendem a números; não medem seu progresso nem seu crescimento dessa forma. Ao contrário do que acontece no mundo ocidental geral, eles não têm essa obsessão pelos números. Ninguém precisa ter 18 anos para fumar, ou 21 para beber, nem completar tantos créditos para se formar; nem é obrigado a pagar impostos em determinado dia do calendário.

Ninguém sabe, então, a real idade de minha mãe quando meu pai a conheceu. E isso não é o que importa, e sim *como* minha mãe apareceu na história dele — e, assim, na minha também. Ela estava sentada com a mãe no espaço comunitário certa tarde, quase uma semana depois de meu pai ter voltado para a aldeia. Ele estava entretido em uma conversa com um homem conhecido pelo termo yanomami que poderia ser traduzido livremente como Barba Longa — o chefe do *Hasupuwe-teri*. Barba Longa e meu pai sobre uma questão de grande importância.

— *Shori* — disse ele, usando a forma de tratamento familiar yanomami que significa algo como cunhado, mas que também pode ser usada para se referir a um amigo próximo ou um companheiro de confiança. — Você já vive entre nós há muito tempo. Foi embora e agora está de volta. Já é um dos nossos. Está na hora de ter uma esposa.

Naquele momento, meu pai achou que devia haver algum engano. Estava vivendo na aldeia há dois anos, acabara de fazer uma viagem aos Estados Unidos, e em todo aquele período ninguém tinha falado de casá-lo com uma mulher yanomami. Além do mais, ele nunca

EU, YANOMAMI

desejou esse tipo de compromisso. Seu trabalho já o deixava bastante ocupado, ponderou. A vida na floresta já era um desafio suficiente sem o acréscimo de um relacionamento. Seu impulso sexual era praticamente inexistente, perturbado com o calor opressivo, os mosquitos, os hábitos comunitários relativos ao sono, as comidas estranhas e tudo mais. Ele ficou na defensiva quanto à ideia, tentando mudar de assunto, mas Barba Longa não cedeu. Para continuar vivendo entre os *Hasupuwe-teri*, meu pai teria de casar. Assim funcionavam as coisas.

Acontece que casar, na cultura yanomami, pode significar simplesmente pendurar a rede ao lado da rede de uma mulher disponível. É como acontece uma cerimônia de casamento nessa região do mundo — fato consumado. Pode significar compartilhar uma esposa com outro homem yanomami, o que, segundo já observara meu pai, pode ser bem complicado. (E já que estamos falando nisso, vamos ser mais diretos: os Yanomami são predominantemente monogâmicos, embora não seja incomum encontrar um homem com duas esposas. Entretanto, é mais raro ainda ver uma mulher com dois maridos, embora aconteça de vez em quando.) E também pode significar um casamento apenas pró-forma, pois não raro um "noivado" yanomami pode redundar em absolutamente nada.

Em geral, funciona assim: ao noivar com uma mulher yanomami, um homem começa a passar um tempo com ela e sua família. Muitas vezes, esses acertos são feitos entre as famílias, exatamente como um casamento ocidental "arranjado". Uma vez acertado o noivado, nada muda. A jovem continua a viver com a família e a cuidar da sua vida como antes. O mesmo acontece com o rapaz. Às vezes, a geração mais jovem sequer toma conhecimento do arranjo que possa ter sido feito em seu nome pelos pais ou outros parentes mais velhos. Algo de que só se fala quando existe algo para falar.

Em seguida, vem uma espécie de período de teste, enquanto os dois se conhecem, não muito diferente da maneira como acontece nas relações amorosas ocidentais, com a diferença de que *nesta* parte do mundo o ato é conhecido como namoro entre nós. O noivado do casal yanomami pode durar meses e até anos... podendo até começar antes do nascimento da pessoa.

(Minha irmã mais nova, Vanessa — logo vocês a conhecerão —, ficou noiva de um homem da comunidade quando ainda estava na barriga da minha mãe!)

Não existe o conceito de romance na cultura yanomami — pelo menos nada que se pareça com o nosso ideal ocidental. As mulheres yanomami não suspiram pelos homens nem ficam com saudade quando eles estão longe; não escrevem canções ou poemas de amor; a união entre marido e esposa se baseia mais em companheirismo, proximidade e família do que em amor, química ou qualquer outro ideal ocidental desse gênero. Naturalmente, se as duas pessoas não gostam uma da outra, não são compatíveis, não há casamento, mas uma relação prática, na verdade. Você precisa de uma esposa para pescar, cozinhar e gerar filhos. E de um marido para caçar e proteger a família. São as duas partes de um todo necessário.

A primeira reação do meu pai foi achar graça da sugestão de Barba Longa, mas queria mostrar respeito ao chefe da aldeia. Ele dava valor à amizade com o homem e não queria fazer nada que pudesse desafiar sua posição na comunidade. Mas ainda assim achava a história absurda. Como poderia ele, um ocidental estadunidense, considerar seriamente a ideia de aceitar o noivado? Uma coisa seria começar um relacionamento romântico com uma das mulheres da aldeia — o que também poderia ser problemático. Ela poderia estar prometida a outro. Poderia ter certas expectativas que ele não se dispusesse a

EU, YANOMAMI

atender. Outra coisa, porém, era comprometer-se com um casamento e todos os seus significados, a instituição, a relação... aquilo estava fora de questão. Era absurdo sob todos os ângulos, sobretudo do ponto de vista logístico. Seu período de trabalho dessa vez era de apenas uns dois meses, de modo que a ideia de entrar em um relacionamento de longa duração não poderia ser considerada.

Então, como resolver? Barba Longa continuava tentando. Todas as objeções de meu pai eram descartadas, como se o chefe estivesse espantando moscas. Por mais que meu pai tentasse resistir, Barba Longa insistia. Por fim, meu pai jogou as mãos para o alto, como quem diz *que diabos*, e assentiu:

— Tudo bem. Eu me caso.

— Então está decidido, disse Barba Longa, e ao fazer a declaração fixou o olhar na minha mãe e na minha avó, cozinhando junto à fogueira. Apontou para minha mãe e falou:

— É ela.

Por coincidência, meu pai conhecia minha mãe e sua família. Fizera amizade com o irmão mais velho; os dois costumavam pescar juntos. Fizera amizade com a mãe, que muitas vezes cozinhava para ele. Fizera amizade até com minha mãe. Muitas vezes ela lhe fazia companhia enquanto ele escrevia anotações, e adquirira o bem-vindo hábito de levar-lhe comida da fogueira da mãe. Dessa forma, os dois passavam muitas horas agradáveis juntos. Às vezes, minha mãe acompanhava meu pai em alguma de suas expedições de pesca com o irmão dela, montando nas costas largas do meu pai e cruzando as mãos na frente do seu pescoço para que ele a carregasse para a floresta.

Era uma amizade, nada mais — uma amizade *de família*.

E, além do mais, minha mãe também já estava prometida a outro homem, o que era perfeitamente comum entre os Yanomami, uma maneira de se garantir.

37

MEU PAI CHAMAVA MINHA MÃE de *Yarima*, embora não fosse o seu nome. Na cultura yanomami, o nome de alguém raramente é dito em voz alta. É considerado tabu — um grande insulto, na verdade. Acredita-se que dizer o nome verdadeiro de alguém é torná-lo vulnerável a um ataque de espíritos maus. Esses espíritos estão sempre rondando, sempre ouvindo, concluindo que, se tomarem conhecimento do seu nome, podem de algum jeito prejudicar ou provocar doenças em você.

Muitas superstições cercam a atribuição de um nome a uma criança. A maioria dos pais yanomami sequer dá nome ao filho durante meses, às vezes por mais tempo ainda, e, quando finalmente o fazem, a criança já evidenciou algum traço ou característica que crie um apelido, sendo assim chamada. Antes de a criança receber um nome, um pai ou avô, um tio ou tia pode chamá-la por termos de parentesco como Sobrinho, ou minha Irmã Mais Velha (*Hekamaya*; ou *Pataye*). Mesmo depois de ter o nome escolhido, a criança continuará sendo chamada por esses termos pelos pais e parentes. Mas, depois de receber um apelido e se encaixar nele, ela passa a ser conhecida assim.

Os apelidos yanomami nem sempre são lisonjeiros. Meu pai me contou que conheceu um homem numa aldeia próxima que era chamado de *Shamaposiwe* — Cu de Tapir. E depois de aprender a língua e começar a falar com fluência, meu pai trocou o nome que ganhou desde sua chegada à aldeia, Língua Fantasma, por *Hukopata* — Testa Larga.

(Só para constar: para os Yanomami, meu pai de fato *tinha* uma testa larga, e só posso concluir que, da mesma forma, *Shamaposiwe* justificava o apelido.)

Já que estou falando de nomes, vou fazer alguns comentários sobre o meu, antes de voltar à história dos meus pais. Na floresta, eu costumava ser chamado de *Davi* — diminutivo carinhoso do meu nome

EU, YANOMAMI

em inglês; ou por algum outro termo de parentesco. Minha mãe me chamava de *Moka*, nome afetuoso que uma mãe podia dar ao filho, ou uma esposa ao marido — só que eu não gostava muito da tradução literal. Segundo meu pai, *Moka* também pode significar Cabeça de Pênis, logo, durante todo esse tempo minha mãe me chamava de... bom, deixa para lá.

Para os moradores da aldeia, eu era conhecido pelo nome yanomami *Ayopowe*, que poderia ser traduzido como "volta" ou "desvio". Recebi o nome do irmão da minha mãe, um tio que eu chamava de *Shoape*. Ele era uma das poucas pessoas da aldeia que ainda se lembravam do meu pai, de vinte anos antes, e, quando eu cheguei à aldeia, depois de passar a primeira noite na floresta com minha mãe em Hasupuwe, Shoape me recebeu com muita emoção. Ele estava velho, até mesmo para os padrões ocidentais gerais — e pela matemática da floresta, era praticamente uma antiguidade. Fora o chefe do *Hasupuwe-teri* na época do meu pai e agora era um ancião respeitado. Ela se aproximou de mim com grande cerimônia e muita gentileza. Eu não sabia como me comportar, então tentei retribuir da mesma forma. O que ele fizesse, eu repetiria. Ele colocou a mão no meu ombro, eu coloquei a mão no seu. Ele sorriu, eu sorri. Deu-me um tapinha nas costas, e eu lhe dei um tapinha nas costas, ao mesmo tempo que ele proferia um milhão de palavras em yanomami por minuto. Eu vinha estudando palavras e frases, mas ele falava tão depressa que eu não entendia nada.

Hortensia Caballero, uma antropóloga de Caracas que organizou minha volta à aldeia da minha mãe, e irmã Antonietta, uma das missionárias católicas que nos acompanharam nessa etapa da viagem, alternavam-se na tradução, e era isso que, segundo elas, Shoape me dizia:

Essa é a verdade. Você é yanomami. Faz parte dessa aldeia. Você é Irokai-
-teri. *Você é meu sobrinho. Você faz parte dessa aldeia, sobrinho. Você é
yanomami.*

(Eu estava descobrindo que os Yanomami tendem a se repetir.)

O chefe se exaltou tanto em suas boas-vindas que até uma cientista calejada pela floresta como Hortensia foi às lágrimas — visão que, para ser franco, corroborava ainda mais o profundo vínculo que meu pai tinha estabelecido naquele território, a rica história que compartilhávamos.

Shoape então passou a me chamar de *Ayopowe*, dando a entender que eu tinha me desviado por muitos caminhos até chegar ali, lembrando que eu vinha daquele lugar e agora retornava a ele, jornada que havia levado muitos anos.

O nome era adequado: *Desvio*. Um longo caminho de volta — na verdade, a história da minha vida. Levo um tempo para chegar aonde estou indo, mas sempre acabo encontrando o caminho.

ESTÁ NA MINHA NATUREZA, AO que parece, fazer as coisas com calma — como estou fazendo aqui. Dei umas boas voltas para contar a história dos meus pais, então, vamos voltar a ela. Meu pai cumpriu a palavra dada a Barba Longa e aceitou o noivado. Estava convencido de que não ia dar em nada.

Enquanto isso, havia a questão do pagamento à noiva, o que comumente conhecemos como dote. Nos casamentos yanomami, o homem oferece presentes e serviços à família da esposa, quase como se fosse uma transação formal para fechar contrato, e meu pai forneceu potes e panelas, facões e anzóis. Já vinha fornecendo esse tipo de coisa aos aldeões em troca das muitas gentilezas, mas agora também as fornecia diretamente à família da minha mãe. Eram uma espécie de sinal, uma indicação da sua intenção de casar — embora a essa altura meu pai não tivesse a menor ideia do que poderia significar ou se o matrimônio se concretizaria. No máximo, ele estava plantando as sementes de um futuro relacionamento, e naquele momento cimentava os vínculos já estabelecidos com aquele grupo familiar, para se sentir em casa naquela parte distante do mundo.

A história continuou assim por algum tempo, e o relacionamento entre meus pais foi se aprofundando. Era mesmo algo bem familiar. Como uma unidade, eles passavam cada vez mais tempo juntos; em grupos de três, passavam cada vez mais tempo juntos; no relacionamento individual, passavam mais tempo juntos. Meu pai viajava, retornando aos Estados Unidos periodicamente para concluir os estudos e preparar a próxima viagem. Às vezes, se ausentava durante meses, às vezes, por anos, e, conforme suas ausências se tornavam mais frequentes, ele se pegava pensando cada vez mais em Yarima, que, apesar do desinteresse inicial do meu pai por um relacionamento romântico, ia tornando-se uma bela jovem.

Será que ele sentia alguma atração por ela a essa altura? Não falávamos sobre isso lá em casa quando eu estava crescendo, e o livro do meu pai não dá nenhuma pista concreta, mas acho que ele gostava dela. Havia algum tipo de afeição. Ela estava se tornando uma mulher — sobretudo aos olhos dos homens da aldeia. Acho que os sentimentos de ternura e afeto do meu pai também começaram a mudar. Ele passou a vê-la do mesmo jeito que os demais homens e a pensar no que era possível entre os dois, deixando de lado o que era impossível.

Quando passava muito tempo longe, meu pai ficava bastante tempo vendo imagens. Viajava com um álbum de fotos e centenas de slides. Em algumas imagens, Yarima usava roupas ocidentais que ele lhe dera — uma blusa vermelha, calças, tênis —, as primeiras que ela usara na vida.

Em uma das vezes em que meu pai retornou, ele subiu o rio Orinoco e começou a desconfiar que os *Hasupuwe-teri* não estavam mais ali à beira, embrenhando-se mais no território. Havia uma quietude na água que meu pai não conseguiu entender ou explicar de início. Ele parou na aldeia de Patahama, não só para descansar para a próxima etapa da viagem, mas também com o intuito de perguntar sobre os *Hasupuwe-teri*. Ele pensava cada vez mais em Yarima e sua família; cada vez mais, ela era agora a *sua* família, e meu pai ansiava por restabelecer contato, surpreendendo-se ao se perceber preocupado com o bem-estar deles. E o que ele constatou em Patahama foi doloroso: a aldeia fora atingida por um surto de malária — o que os Yanomami chamavam de *prisi-prisi*. Muitos *Patahama-teri* estavam estirados nas redes, fatalmente doentes. Os que ainda tinham forças para caminhar estavam magros, esquálidos e andavam com dificuldade.

Talvez a malária explicasse a *quietude* sentida por meu pai. Talvez fossem os espíritos tentando afastá-lo.

Com a ajuda de um amigo de Caracas que o acompanhava na viagem, meu pai distribuiu remédios — comprimidos de 500mg de cloroquina — entre os *Patahama-teri* que ainda lhe pareciam ter chances de cura, mas para muitos já era tarde, e, percorrendo a aldeia, ele via os xamãs entoando seus cânticos junto aos corpos de mortos e moribundos. Aquelas pessoas estavam doentes, e ele viajava com medicamentos que poderiam curá-las, o que se tornou seu foco, seu objetivo.

Os rituais de morte dos Yanomami eram complexos, e meu pai viu que poderiam ser quase repulsivos. A família chora, geme e se lamenta em torno do corpo a noite inteira. Pela manhã, cobrem o cadáver com tintas e penas. Em geral, o corpo é incinerado nesse momento, e, depois dos cantos fúnebres entoados pelos xamãs da aldeia, os restos

EU, YANOMAMI

mortais são recolhidos, moídos e misturados num suco de banana. Os parentes mais próximos bebem a mistura sagrada, devolvendo o corpo a sua origem e fortalecendo os vivos com o espírito dos que se foram. No entanto, quando alguém morre de uma doença como a *prisi-prisi*, os Yanomami ficam preocupados com a possibilidade de contágio; temem que a fumaça do corpo incinerado possa infectá-los também, então, naquele momento, os poucos *Patahama-teri* saudáveis carregavam esses cadáveres ornamentados para a floresta, onde eram envoltos em esteiras e colocados numa plataforma elevada. Eles permaneceriam ali por algum tempo, até que os xamãs decidissem que já estavam livres dos espíritos venenosos e podiam ser cremados.

Observando a cena sob esse olhar clínico, meu pai se surpreendeu pensando em Yarima e família dela — a *sua* família. Percebeu que seus pensamentos começavam a se tornar menos clínicos e mais pessoais. Tudo que podia fazer era esperar que a *prisi-prisi* não tivesse contaminado os *Hasupuwe-teri*. Sabia o que podia acontecer naquela região quando doenças associadas à densidade populacional, como a malária, se disseminavam por uma comunidade; sabia que uma das maneiras encontradas pelos Yanomami para enfrentar uma epidemia era, basicamente, abandonar o barco — deixar o *shabono* e se dispersar na floresta tropical, medida básica de proteção social para impedir que um surto se espalhasse ainda mais.

Meu próprio pai sofreu os efeitos devastadores da malária, e sabia como aquela boa gente estava sofrendo. Estava mais preocupado do que pensava que ficaria. Ele não tinha meios de encontrar com minha mãe com a rapidez necessária — mas, apesar disso, ao chegar ao *shabono* dos *Hasupuwe-teri* no interior e ser informado de que Yarima e sua família não estavam doentes, ele não a procurou de imediato. Viu-a mais adiante, mas não se falaram. Não era o jeito yanomami, fazer um escândalo ao cumprimentar uma pessoa depois de uma longa viagem — nem mesmo depois de uma separação de oito longos meses. Em vez disso, ele pendurou sua rede, desfez a pequena mala e foi atender os doentes da aldeia. Só mais tarde naquela noite, depois do jantar, ele e Yarima se cumprimentaram e começaram a reatar laços.

Nas semanas seguintes, meus pais encontraram maneiras de restaurar a amizade — no momento, não passava disso, apenas um projeto de amizade, na melhor das hipóteses. Os dois ficaram separados por tanto tempo que pareciam estranhos no começo, mas não demorou para que o relacionamento voltasse a fluir. O fato de tantos indígenas estarem gravemente doentes ajudou a intensificar a relação nesse período, enquanto meu pai continuava distribuindo remédios e os xamãs da aldeia se reuniam todo dia para afastar os espíritos da *prisi-prisi*. É provável também que meu pai percebesse como os rapazes da aldeia olhavam para minha mãe, mas ele não pôde pensar dessa forma nem levar adiante qualquer novo tipo de relacionamento porque um segundo surto de malária ocorreu em sequência. Ele foi acometido de febre, e logo não teve dúvida. Dessa vez, deu-se conta, um pouco tarde demais, de que tinha se desfeito estupidamente da sua última dose de cloroquina. Ingeriu então uma boa dose de Fansidar — medicamento relativamente novo para combater a malária, que se dizia causar sérios efeitos colaterais.

Pelos sintomas, ele concluiu que estava com *Plasmodium falciparum*, um tipo particularmente letal de malária que fazia as vítimas se sentirem como se estivessem presas num cordão de ioiô, acometidas por ciclos de paroxismos, febre alta e exaustão. Em um dia, tinham a impressão de estar a ponto de alcançar uma milagrosa recuperação; dois dias depois, vinha a piora. E isso se prolongava por semanas, de tal maneira que, enquanto a doença atacava o organismo do meu pai,

EU, YANOMAMI

havia momentos em que ele conseguia trabalhar — e até caminhar de volta a Patahama para assistir à cerimônia fúnebre das vítimas da doença cujos corpos estavam pendurados na floresta para permitir que os espíritos do mal saíssem enquanto apodreciam —, seguidos de momentos em que tinha a sensação de que iria morrer. Ele alternadamente dormia bem e tinha insônia ou sonhos febris, até que se sentia mais uma vez bem-disposto e ativo, como se não houvesse nada de errado com ele. Isso se prolongou por semanas, e Yarima vinha com a mãe visitá-lo e cuidar dele nesse período, junto com os xamãs da aldeia. Mas, em seus momentos de relativa força, meu pai só conseguia focar no restabelecimento da saúde.

Felizmente, meu pai sobreviveu a esse segundo surto de malária, e quando já estava bem o suficiente para viajar, os *Hasupuwe-teri* prepararam uma cama para ele numa canoa e o mandaram rio abaixo com um guia, para deixar o território. Yarima veio com a mãe e o irmão despedir-se dele, mas não houve qualquer manifestação emotiva, nada solene. Mais uma vez, não era o jeito yanomami. Ele estava partindo, e logo voltaria. Ou não.

9 de setembro de 2011
8:04

ALTO ORINOCO, TERRITÓRIO YANOMAMI

Continuamos nossa jornada — minha mãe muitas vezes tomando a frente, e eu quase sempre o último da fila. Eu me esforçava para manter o ritmo e acompanhar o grupo. De vez em quando, ficando tão para trás que não conseguia ver a pessoa à minha frente — motivo de momentânea preocupação, pois eu nem sempre tinha certeza do caminho a seguir.

No meio da floresta tropical, as trilhas eram completamente diferentes de qualquer coisa que eu tivesse visto até então. Em geral, havia apenas sinais muito tênues de clareira para seguir o caminho, mas os Yanomami sabiam exatamente onde estavam. Conseguiriam chegar aonde precisavam ir.

A pessoa à frente do grupo abria caminho no mato com um facão e as outras seguiam, mas, quando eu me aproximava, a floresta parecia tragar novamente a trilha recém-aberta, e eu hesitava. Às vezes, só conseguia saber em qual direção seguir apurando o ouvido.

Depois de certo tempo, chegamos a uma clareira maior — outro riacho, dessa vez parecendo mais profundo por causa das duas enormes rochas que se

EU, YANOMAMI

projetavam da água. Duas mulheres pescavam do alto — empreitada das mais arriscadas, pois a superfície das rochas era muito lisa e coberta de musgo. Uma delas era irmã da minha mãe — minha tia, alguns anos mais velha que minha mãe, o que, pelos padrões yanomami, a tornava uma das veteranas da aldeia.

Nós usávamos minhocas como isca, pegando-as no fundo do riacho. Eu ainda lutava com o idioma, então basicamente me comunicava apontando para coisas, por meio de mímica. Uma das mulheres me mostrou o que fazer e eu obedeci.

Desde a época do meu pai na região, muitas aldeias yanomami haviam se aproximado cada vez mais do rio, onde os indivíduos pescavam com anzol e linha, da mesma forma como também pescávamos, do alto das enormes pedras escorregadias. A essa altura, eu estava na floresta há cerca de duas semanas, e ainda me adaptava à região, às rotinas. Não tinha a menor experiência com a vida na floresta. Não sabia acender uma fogueira sem fósforos ou um isqueiro e morria de medo de insetos. (Na verdade, desde que declarei a vontade de voltar à floresta para encontrar minha mãe, meu medo de insetos era constante motivo de piada na família; ninguém entendia como eu pretendia sobreviver na Amazônia, já que apenas uma joaninha me assustava.) Quanto à paciência necessária para pescar... bem, não era exatamente o meu ponto forte.

Sempre que possível, eu tentava imitar os outros e me adequar, mas era traído pela minha falta de jeito e de familiaridade. Era evidente que eu não fora talhado para viver ao ar livre. Em dado momento, de pé numa das rochas escorregadias, esperando que um peixe mordesse a isca, percebi uma pequena aranha subindo pelo meu tornozelo, e me esforcei muito para não gritar. Sacudi o pé para me livrar daquela coisa, mas a aranha se segurou firme, e recorri a uma das mulheres que estavam mais próximas de mim. Apontando para o bicho, perguntei: "Wai-teri?". Numa tradução aproximada, significava "feroz", e eu esperava que, dizendo aquilo repetidas vezes e elevando a voz a cada vez, como quem faz uma pergunta, seria como perguntar se aquele negócio era perigoso.

— Wai-teri! Wai-teri!

Era o melhor que eu podia fazer, e a reação que recebi foi apontarem entre risinhos, o que, naturalmente, era a única que eu merecia. Quando os outros terminaram de rir de mim, retomaram seus afazeres, e foi quando percebi que minha mãe não estava à vista. De início, não dei maior importância — com certeza ela se afastara por um momento para fazer outra coisa que eu ignorava. Os outros continuavam falando, pescando, ocupados como antes, e voltei a atenção de novo para a linha de pesca que tinha nas mãos, fazendo o melhor possível para me equilibrar na superfície escorregadia. As conversas podiam ou não ter alguma coisa a ver comigo, com minha mãe, com meu aparente medo de aranhas, mas eu não podia deixar de pensar que tinham. Nas poucas semanas do meu convívio com minha família na floresta tropical, eu aprendera a discernir quando os outros estavam falando de mim. O que não era difícil, já que em geral as conversas eram acompanhadas de risos e gestos apontando na minha direção.

No momento, eu parecia ter sido esquecido. Por mais que eu tivesse feito papel de bobo, deixei de ser o centro das atenções. Na verdade, surgiu algo diferente — o tempo virou. De repente, o céu começou a escurecer. As árvores começaram a se agitar. O solo, de exuberante que era, se tornou ameaçador. O que era motivo de certo alerta — pelo menos para mim. Os outros estavam acostumados às tempestades que sacudiam a floresta com tanta força que parecia, por alguns terríveis momentos, que o mundo estava acabando. Eu já enfrentara algumas daquelas, mas em todas estive na segurança das instalações da missão ou do shabono. Dessa vez, estava ao ar livre — e separado, percebi, da única pessoa da floresta em quem eu poderia buscar proteção, segurança.

Minha mãe. Minha tábua de salvação.

E foi exatamente quando o céu ficou ainda mais escuro e o vento soprou com força ainda maior, que ouvi a voz dela. Parecia vir do fundo da floresta, do outro lado do riacho. Primeiro, bem baixa. Não era propriamente um brado, mas um trinado, e ainda assim atravessava o céu tempestuoso.

— Tuí!

Não era uma palavra que eu reconhecesse no meu limitado vocabulário yanomami, mas lá estava ela de novo.

— Tuí!

Segui o som da voz da minha mãe e me virei no momento exato em que ela apareceu numa abertura semelhante a uma cortina na margem do rio. Ela corria com as mãos para o alto, como se estivesse sendo perseguida, querendo mostrar que não estava armada.

— Tuí! Tuí!

Eu não tinha a menor ideia do que estava acontecendo.

CAPÍTULO DOIS

REENCONTRO, UNIÃO

MEU PAI PENSAVA COM NITIDEZ ao viajar pelo Orinoco, mas nem ele seria capaz de dizer quando poderia voltar. Era necessário cuidar de muitas questões pessoais, profissionais, acadêmicas e financeiras. Precisava de uma fonte de renda. Tinha de passar algum tempo nos Estados Unidos. Precisava chegar a Munique, para discutir sua relação (cada vez mais tensa) com o Instituto Max Planck, mas a prioridade era encontrar Marvin Harris, que a essa altura tinha se transferido da Universidade Columbia para a Universidade da Flórida, em Gainesville.

Basicamente, meu pai precisava se organizar. Era um estudante de pós-graduação com 36 anos; sua carreira andava sem rumo e ele percebeu que era preciso se apressar um pouco e concluir seu doutorado. E se alguém pode entender o que ele pensava naquela época, sou eu. Entrando e saindo da faculdade, indo e vindo da floresta, sem um caminho longível para um futuro certo... agora, essa também é a *minha* história, incluindo as preocupações quanto aos problemas financeiros, profissionais e interpessoais, mas tudo começou com meu pai, que tinha a sensação de estar perdendo tempo, estagnado.

Como ele considerava Harris o seu mentor, fazia todo o sentido acompanhá-lo à Flórida, o que meu pai acabou fazendo, e, ao recompor as peças do quebra-cabeça de sua vida na porção do mundo considerada desenvolvida, ele se lembrou de sua última e frustrante visita à aldeia da minha mãe. Passara apenas três meses lá, terrivelmente doente na maior parte do tempo, delirando, quase sem sair de sua rede. Não tinha energia para se dedicar à minha mãe, e, de volta ao solo estadunidense, sentia-se muito arrependido. Uma parte dele desejava sequer ter feito essa última viagem — quase morrera por causa dela, e nem servira para aproximá-lo mais de Yarima. Surpreendia-o continuar pensando desse jeito na minha mãe — mas era evidente que seu sentimento por ela crescia.

Os desdobramentos fizeram com que meu pai não voltasse à floresta por quase dois anos, e nesse período ele estava em toda parte — no sentido literal, figurado, e de todos os outros jeitos. Ele voltaria a se encontrar com Yarima em dezembro de 1980. Muita coisa havia mudado na região dela; e, no entanto, num nível puramente pessoal (e biológico), muita coisa permanecera igual. Minha mãe ainda não atingira a maturidade (ou seja, ainda não havia menstruado), fazendo com que o relacionamento entre os dois ainda não entrasse na esfera sexual — o que sequer era uma perspectiva, do ponto de vista do meu pai. Como mencionei antes, não havia como saber a idade exata de Yarima, exceto comparando seu desenvolvimento físico com o de moças ocidentais globalizadas que aparentassem uma idade próxima, embora mesmo assim houvesse fatores imponderáveis, como as diferenças psicossociais, de histórico familiar e dieta, exercícios e hábitos de sono, impossibilitando uma comparação legítima. Seja como for, meu pai não pensava sobre isso, embora começasse a encarar sua relação com Yarima como uma das mais importantes da sua vida — uma amizade que ajudava a vinculá-lo ao povo Yanomami, despertando nele uma parte de sua personalidade que ele mesmo não conhecia. Com Yarima, ele descobriu que era capaz de rir de um jeito que desconhecia até então; capaz de ser ele mesmo, e não tanto a imagem que ele queria passar de estudante de pós-graduação sério, na defensiva e preocupado com resultados.

Ainda assim, ele não entendia o lugar que Yarima ocupava em seu coração. Com certeza, ela era exótica e bela, mas ele não a enxergava de forma romântica nem sexual na época. Pelo menos, não *achava* que pensava nela desse jeito, embora se sentisse estranhamente atraído por ela.

A relação entre minha mãe e meu pai foi uma típica relação yanomami; surgiu numa sociedade em que as mulheres jovens tinham grande responsabilidade, sendo tratadas sob muitos aspectos como adultas; manifestou-se orgânica e perfeitamente enraizada no tempo e no espaço. Quando meu pai estava nos Estados Unidos, ou na Alemanha, seus sentimentos não faziam muito sentido para ele; quando estava na floresta, nem prestava atenção neles — que eram apenas um doce subproduto do seu período ali, fazendo-o, naturalmente, sempre querer voltar.

E ele não demorou a fazer isso — para prosseguir com suas pesquisas, com o financiamento do Instituto Max Planck.

Nos anos em que meu pai passou longe da floresta, aconteceu uma espécie de racha na aldeia de Hasupuwe. Trata-se de um aspecto fundamental da vida numa aldeia yanomami, merecendo aqui uma explicação. Duas principais linhagens dos *Hasupuwe-teri* tiveram uma divergência e se separaram. Os dois lados de um conflito que se agravava simplesmente chegaram à conclusão de que a convivência não era mais possível; como na história dos Hatfield contra os McCoy, só que sem o derramamento de sangue e o ódio cego. Seja lá o que estivesse em questão, foi resolvido com a separação até certo ponto amigável, como num divórcio civilizado. Um grupo se embrenhou mais na floresta, construindo um novo *shabono*. Naturalmente, havia vínculos familiares que continuariam ligando um grupo ao outro.

EU, YANOMAMI

Indivíduos de um dos grupos com frequência visitavam amigos e família no outro — por um dia, uma semana ou um período mais prolongado —, mas em quase todos os aspectos eles já não constituíam uma comunidade unificada.

Mas até essa descrição da rixa entre os *Hasupuwe-teri* é filtrada pela minha visão etnocêntrica. A realidade do que ocorreu na aldeia durante a ausência do meu pai nunca poderá ser de fato compreendida por um ocidental como eu, pois não existe um autêntico corolário intercultural. O mais próximo da realidade a que eu posso ter chegado é a seguinte hipótese: digamos que você é casado e tem vários filhos. Você e sua mulher vivem com seu primo, que mora no porão. Você passa a contar com a contribuição mensal do primo para pagar o aluguel e outras despesas da casa. Ele também é casado e tem vários filhos. Então, você descobre que o primo está tendo um caso com sua mulher quando você sai para trabalhar. Em virtude da sua situação financeira ou de outros fatores externos, você não tem outra escolha senão permitir que ele fique em sua casa. Tudo continua como antes — partilha da comida, do aquecimento, da água. Você é obrigado a vê-lo toda manhã. Visto assim, parece uma situação insustentável, certo? Você não gostaria de chutá-lo para fora de casa, ou de se mudar com sua família? Mas imagine que essas alternativas simplesmente não fossem possíveis. Imagine que você, seu primo e as duas famílias estivessem tão inextricavelmente ligados uns aos outros que a separação nem pudesse ser contemplada. A raiva e o ressentimento aumentariam. Haveria brigas e discussões. Quem sabe... num momento de exaltação, você poderia lançar mão de um revólver e atirar no primo — um desfecho extremo que também ocorre na floresta.

Os Yanomami não estão imunes a incidentes isolados de violência doméstica, e, por isso, considero esse tipo de racha numa aldeia uma elegante forma de adaptação social para mitigar conflitos e impedir uma escalada de violência letal. Com o tempo, os vínculos familiares remanescentes haveriam de se dissipar cada vez mais com as gerações, à medida que as novas aldeias criadas se afastassem na floresta e continuassem em sua vida nômade. Mas, nos anos imediatamente posteriores ao rompimento, os pontos de interconexão ainda eram muitos — e profundos. Os interesses de ambas as partes permaneceram alinhados por algum tempo. Foi esta a situação que meu pai encontrou ao finalmente retornar à região. Assim que pôde, ele foi para Hasupuwe, mas minha mãe e sua família mais próxima tinham se mudado com várias outras linhagens familiares, fundando uma nova aldeia a alguns quilômetros de distância. Ele logo mandou buscá-los. Para eles, não era nada percorrer de volta essa curta distância para encontrá-lo, e foi o que aconteceu.

Mais uma vez, meus pais começaram a se aproximar quando Yarima voltou com a família para Hasupuwe, vindos da aldeia próxima de Irokai. Mais uma vez, não houve um reencontro banhado em lágrimas. Na verdade, eles apenas acenaram um para o outro a uma certa distância no *shabono*, aproximando-se, então, lentamente, hesitantes, ao anoitecer.

Eis como meu pai descreveu o tempo que passaram juntos após esse reencontro:

> Íamos juntos para a pesca e a colheita; às vezes, com o irmão dela, às vezes, apenas nós dois. À noite, ela assava bananas para o jantar e preparava a carne da caçada trazida e distribuída. Durante a noite, eu a via levantar-se para atiçar o fogo, jogando lenha na fogueira para manter todos aquecidos. Eu queria espremer cada dia até o fim, para impedir que acabasse. Mas o tempo fugia, como por mágica, e por mais que eu tentasse tirar da cabeça a nossa partida, ela ficava cada vez mais próxima.

No fim das contas, foi um dos mais breves períodos do meu pai no território — apenas poucas semanas. Nesse momento, ele também teve o seu próprio racha, com o professor Irenäus Eibl-Eibesfeldt, do Instituto Max Planck; os dois vinham divergindo há algum tempo antes dessa viagem, e a situação chegou a um ponto de ruptura na floresta, com meu pai concluindo que não restava alternativa senão se desligar do programa. Especificamente, meu pai rompeu com Eibl--Eibesfeldt pela forma como ele encarava o trabalho. Meu pai era muito exigente no trato profissional, como vim a saber anos depois, lendo suas anotações e conversando com ele sobre seu trabalho de campo, e não tinha paciência para os métodos de investigação de Irenäus Eibl--Eibesfeldt. No fim das contas, chegou à conclusão de que não tinha mais como continuar trabalhando com ele e de que devia afastar-se do estudo, o que significava também ter de deixar a floresta, pois estava ali com o patrocínio do instituto.

(Tive a oportunidade de estar com Eibl-Eibesfeldt e meu pai muitos anos depois, e os dois se entenderam como antigos companheiros há muito distantes, sem qualquer sinal do rancor ou da frustração profissional que haviam marcado o período em que eram colegas, o que me leva a concluir que até um antropólogo irascível como meu pai também podia amolecer um pouco com o tempo.)

Deixar a floresta era uma história, mas deixar Yarima... Bem, meu pai não sabia muito bem o que fazer a respeito. Podia não ter jeito nesse caso, e até ser inevitável, considerando-se as tensões entre ele e Eibl-Eibesfeldt, mas ainda assim o angustiava. Ao contrário do que acontecera nas vezes anteriores em que tivera de ir embora do território, aquele momento estava envolto num clima de incerteza emocional. Durante todo esse tempo, meu pai tinha dificuldade de entender o que de fato sentia pela minha mãe. Ela estava se tornando uma mulher, não era mais uma criança, mas ainda assim ele não sabia ao certo se o afeto que nutria por ela era ligado à família... ou algo diferente, algo mais. Ele se preocupava com a segurança de Yarima. Era uma preocupação válida, pois havia o compromisso do noivado; Yarima fora prometida a ele, mas, ao se tornar uma mulher, essa promessa não teria mais valor se meu pai não estivesse ali para protegê-la.

Essa perspectiva o aterrorizava. Ele fechava os olhos e revivia a pavorosa cena da sua primeira permanência mais prolongada ali, vendo sua amiga arrastada para a selva e estuprada pelos *huya*. Sabia que esse tipo de coisa podia acontecer com as mulheres yanomami sem marido nem família para protegê-las, e não suportava pensar na vulnerabilidade de Yarima, caso ele não estivesse por. E sabia também que o simples fato de estar ali por perto não bastaria para manter Yarima longe das garras dos homens yanomami mais jovens. Ele teria de estar presente *e* vigilante. Precisaria guardá-la e protegê-la quando tomasse banho, quando fosse colher alimentos e cortar lenha. Sempre que ela se afastasse da segurança da aldeia, ele teria de vigiá-la.

Jamais poderia relaxar — até que ela lhe desse um filho.

Ainda assim, ele achava que se fossem casados — casados *de verdade* — talvez ela fosse poupada, por respeito à sua posição na comunidade. E sabia que aquele era o momento para agir, antes de deixar o território. Mas saber que estava na hora de agir e *como* agir eram duas coisas bem diferentes, e ele pediu conselho ao seu amigo Red, aquele que era provavelmente seu melhor amigo na aldeia e que mais merecia sua confiança. Meu pai o conhecera logo no início da sua primeira visita mais prolongada; passou a chamá-lo de Red [vermelho, em inglês] porque ele usava uma camiseta vermelha no dia em que se conheceram. Mais que ninguém, Red ajudara meu pai a aprender a língua e os costumes dos *Hasupuwe-teri*. Falava devagar, sílaba por

EU, YANOMAMI

sílaba, de modo que meu pai tinha tempo para absorver cada palavra. E quando ele já falava razoavelmente bem, Red passou a ajudá-lo de outras maneiras, sempre com muita paciência. Basicamente, era seu guia em tudo relacionado aos Yanomami, e, com o passar dos anos, meu pai viria a confiar nas percepções dele sobre a vida na aldeia.

O conselho de Red foi que fizesse um discurso, um *patamou*, perante toda a aldeia, declarando suas intenções e comunicando a todos que Yarima seria sua esposa. A recomendação fazia sentido para meu pai, que a essa altura já tinha presenciado dezenas, talvez até centenas de discursos dessa natureza. Eram de fato algo comum por ali; sempre que alguém tinha alguma coisa importante a dizer, levantava-se e dizia em voz bem alta, com grande convicção. Seria um discurso sincero, enfático e emotivo, no qual meu pai se despediria, prometendo voltar. De certa maneira, ele deixaria explícita sua intenção de assumir um determinado papel na comunidade — não só em relação à minha mãe, mas também à sua posição na aldeia.

Os dois amigos trabalharam juntos no discurso; meu pai praticava o que diria e Red ouvia, dando sua opinião sobre as partes a serem descartadas, ou sobre aquelas que deveriam ser mantidas. Por fim, na noite da véspera de sua partida, meu pai se postou embaixo do *shabono*, na área central geralmente reservada aos pronunciamentos do chefe — algo equivalente ao centro de um palco ou à praça de uma cidade. Estavam todos em suas redes. Todas as atenções se voltaram para ele. E ele entrou na dança — empolgando-se num frenesi ao falar, esmurrando enfaticamente o ar.

Eis o que ele disse, tal como relatado em seu livro:

Hoje eu vou embora. Mas voltarei. Eu voltarei. Eu voltarei. Ninguém pode entrar na minha cabana. Se alguém entrar, quando eu voltar, ficarei muito zangado. Muito mesmo. E ela [apontando para Yarima]. Ninguém pode tocá-la. Ninguém pode tocá-la! Ninguém! Ela me foi dada! É minha mulher! Eu nunca toquei em nenhuma das suas mulheres! Não toquem na minha mulher! Não toquem na minha mulher! Se eu voltar e descobrir que alguém tocou nela, vou saber quem foi! Eu mesmo nunca toquei nela! E ninguém vai tocá-la! Ninguém!

Lendo essa passagem, fiquei pensando naquela cena emblemática de *O exterminador do futuro* em que Arnold Schwarzenegger diz a famosa frase: "Eu voltarei." Imaginei que a exaltada declaração do meu pai deve ter tido um efeito igualmente assustador, sobretudo pelo jeito como ele se repetia, no clássico estilo yanomami.

Ele mandara sua mensagem.

PASSOU-SE QUASE UM ANO ATÉ meu pai voltar à floresta — e quase não foi possível. No fim de 1981, ele foi convidado a coordenar um censo dos Yanomami para o governo da Venezuela, e achou que precisava analisar seriamente a oferta. O trabalho em si seria rotineiro, nada de particularmente interessante, mas seria uma oportunidade de voltar ao território — dessa vez, para um projeto devidamente financiado, com salário fixo e o luxo e conforto de viajar de helicóptero, o que deixaria toda a floresta tropical venezuelana ao seu alcance. Ele seria responsável por uma área do Território Yanomami conhecida como "setor seis", vasta região que se estendia entre os rios Orinoco e Siapa, abarcando a aldeia da minha mãe e muitas aldeias próximas que já tinham sido visitadas pelo meu pai. Era mais um argumento em favor de aceitar a proposta.

O único problema era o longo tempo que ele estava longe da minha mãe, tornando-se o principal argumento contra aceitar o trabalho.

EU, YANOMAMI

Depois de tanto tempo, meu pai estava convencido de que não havia mais chances com Yarima. Àquela altura, ela já estaria casada com outro. Imaginá-la com outro homem, talvez até com um filho desse homem, era demais para ele, mas meu pai achava igualmente deprimente a ideia de nunca voltar a viver com aquela gente que aprendera a amar. No fim das contas, ele acabou se comprometendo com mais uma aventura na Amazônia. Para onde ela o levaria, nem ele sabia; sequer tinha certeza se poderia levá-lo de volta à minha mãe.

O trabalho do meu pai no escritório do censo consistia em identificar por via aérea todas as aldeias dos territórios indígenas e passar algum tempo em cada uma delas, contando e classificando os habitantes — muito simples para alguém com sua experiência na região. Um dos seus primeiros destinos em terra foi a aldeia de Patahama, que visitara pela última vez durante aquele terrível surto de malária. Meu pai me disse que tratou de concluir rapidamente o trabalho, contou os habitantes às pressas e se embrenhou mais pelo território em direção a Hasupuwe.

Como esperado, Yarima já se fora. Na verdade, toda a sua família se mudara, e o coração do meu pai ficou apertado. Seu amigo Red estava na aldeia, mas ficou estranhamente calado sobre Yarima. Meu pai não quis tocar no assunto e Red não deu nenhuma informação, e os dois falaram de outras coisas. Meu pai foi cuidar do trabalho, tratando de se readaptar àquele ambiente já conhecido. Ficou ali durante três dias, e Red sequer mencionou Yarima por todo esse tempo. Meu pai já se sentia frustrado e confuso. De fato, um curioso impasse. Meu pai não queria puxar o assunto, mas não sabia quanto tempo aguentaria na antiga aldeia de Yarima sem ter notícias dela.

Por fim, minha mãe apareceu por lá. Foi uma grande e agradável surpresa. Parecia que todos na aldeia haviam parado seus afazeres quando ela surgiu no *shabono*. Os outros, naturalmente, conheciam as circunstâncias da sua vida na época. Sabiam que ela estava noiva do meu pai. Também sabiam que Yarima enfim menstruara — *yiipimou*, para os Yanomami. Há todo um cerimonial, então eles com toda a certeza sabiam — mais ou menos o equivalente, na floresta, de tuitar a respeito ou fazer uma postagem no Facebook. Quando uma mulher menstrua pela primeira vez, ela é levada para uma casa especialmente construída na floresta só para essa finalidade, feita de folhas de uma árvore que os Yanomami chamavam de *yiipi*. As mulheres da família levam comida enquanto ela permanece lá. Terminado o período de menstruação, as mulheres retornam e a vestem com roupas ritualísticas, enquanto os outros habitantes da aldeia se reúnem com a família para lhes dar as boas-vindas de volta à comunidade.

É evidente que se trata de algo muito importante — como também era evidente que a volta de Yarima ao encontro do meu pai depois de todo aquele tempo era muito importante. Dessa vez, meus pais não ficaram dando voltas, sem jeito de se aproximar. Não trataram de concluir suas tarefas e cuidar do que tinham de fazer antes de ficarem juntos. Minha mãe foi direto na direção do meu pai. Levava uma espécie de buquê — um punhado de raízes. E estava chorando.

Eles não se abraçaram — não seria o jeito yanomami. Mas foi um reencontro cheio de alegria e lágrimas. Minha mãe pendurou sua rede ao lado da rede do meu pai, e estavam casados. Simples assim.

Levaria ainda algum tempo para a relação se consumar — mais uma vez, porém, não tenho muitos detalhes. Àquela altura, esperava-se que ela casasse, engravidasse e constituísse uma família; era assim que as coisas funcionavam, e meu pai já tinha vivido o suficiente no território para saber disso, agora como parte integrante.

Meu pai queria se certificar de que os dois estivessem à vontade, sem pressionar minha mãe. Os casais yanomami não dormem na mes-

EU, YANOMAMI

ma cama, ou na mesma rede, como ocorre na maioria das sociedades ocidentais. Parece ser uma tradição de caráter estritamente prático, mais que qualquer outra coisa: as redes habitualmente usadas pelos Yanomami mal comportam um adulto, sem ocorrer a alguém a ideia de que duas pessoas se esforcem para dormir confortavelmente num espaço tão apertado. Foi uma das grandes inovações introduzidas pelo meu pai em sua época na floresta. Ele viajava com uma grande e espaçosa rede de algodão, e assim meus pais adquiriram o hábito de dormir juntos — algo inédito na região. Era o que faziam antes mesmo de consumar a relação, e esse tipo de proximidade e intimidade desempenhou um papel importante para que a relação se tornasse física.

(Aposto que também causou perplexidade e desaprovação entre os Yanomami, pois ninguém na aldeia havia visto marido e mulher se comportando daquela maneira. Meus pais eram mesmo uma dupla de pioneiros.)

Fazer sexo em plena luz do dia na floresta era outro aspecto do casamento yanomami com o qual meu pai precisava se acostumar. Red não deixou de aconselhá-lo a respeito — assim como o aconselhava em quase tudo. Ele disse a meu pai que levasse minha mãe para nadar, pescar ou apanhar frutos. Parece que era quando as coisas aconteciam — sendo que os Yanomami desenvolveram até uma espécie de eufemismo para se referir ao ato conjugal. O marido pode dizer à mulher: "Faz tempo que não saímos para pescar." E ela vai entender.

Curiosamente, os Yanomami não têm o hábito de ser sutis ao falar. Na verdade, têm um incrível senso de humor. Adoram rir e fazer piadas. Mas o senso de humor yanomami tem mais a ver com comédia pastelão e besteirol que com jogos de palavras, sendo raro eufemismos assim — ou talvez as traduções não nos permitam perceber certas camadas de significado. Seja como for, é mais provável ouvir homens e mulheres falarem sem rodeios de temas pessoais, em vez de optar por circunlóquios para abordar um assunto de maneira sugestiva. Concluo que, aqui, o coloquialismo não é de fato um eufemismo. Não é uma forma recatada de se expressar. Significa exatamente o que significa. Pode ser que, para uma mulher yanomami, o ato sexual esteja de alguma forma associado ao ato de nadar, pescar ou colher, ou qualquer outra atividade da qual ela seja convidada a participar sozinha com o marido, representando uma oportunidade para a concretização do ato sexual.

E, já que estou falando disso, vou compartilhar mais alguns dados a respeito do sexo entre os Yanomami. Em geral, é o marido quem toma a iniciativa, procurando criar oportunidades para um desses momentos de intimidade. Não o sei por experiência própria, mas pela leitura de textos etnográficos, pelo meu pai, pelos meus irmãos e primos yanomami. No livro do meu pai, aprendi a palavra *waikou* — que significa agarrar, montar, no sentido de transar —, só que ela é usada quase sempre pelos rapazes da aldeia, que não conseguem imaginar como seria fazer sexo com alguém que se movimente junto com o parceiro, com entusiasmo comparável ao seu.

LÁ ESTAVAM MINHA MÃE E MEU PAI, finalmente vivendo como um casal. Eles se casaram, em todos os sentidos, mas a rotina deles era muito diferente da de outros casais yanomami. A diferença mais gritante era o fato de meu pai se ausentar da aldeia com certa frequência para trabalhar no projeto do censo. Esse tipo de realidade se distanciava tanto da norma que os Yanomami sequer tinham em sua língua a possibilidade de designá-lo. Às vezes, o meu pai se afastava completamente do território — uma ou duas vezes, para voltar aos Estados Unidos e apresentar um trabalho ou levar adiante alguma ta-

EU, YANOMAMI

refa do doutorado. O que representava um esforço de adaptação para os dois, penso eu. Para minha mãe, não havia um modelo desse tipo de "casamento" na aldeia; à exceção de breves incursões de caça ou colheita pelo interior ou rio acima, maridos e esposas estavam sempre juntos, por isso, ela precisou se esforçar para entender aquelas longas separações. Para meu pai, os períodos longe eram preocupantes pelos mesmos motivos de anteriormente; até ter o primeiro filho, Yarima era considerada disponível pelos homens, e meu pai fazia questão de que as viagens fossem breves e de marcar bem a sua presença toda vez que partia e, de novo, a cada vez que voltava — mais ou menos como um animal marca seu território.

Não demorou para que ele pudesse deixar um pouco de lado esse tipo de preocupação, pois Yarima engravidou na primavera de 1983 — ou pelo menos meu pai *achava* que ela estava grávida, mas precisou voltar a Caracas antes de uma confirmação. Foi um momento de grande importância para ele, mas minha mãe e sua família, assim como os outros aldeões, encaravam o fato com tranquilidade. Meu pai também tentou encará-lo desse modo, mas era muito para sua cabeça. A ideia de ter um filho o obrigava a enxergar seu período na floresta de maneira mais permanente. Seu casamento com Yarima nunca foi uma união passageira; ele estava comprometido com o projeto de construir uma vida com minha mãe, independentemente de consequências ou desdobramentos. Com um bebê a caminho, ele começou a pensar em como permanecer na aldeia por tempo indeterminado; pensava em termos ocidentais tradicionais sobre sustento da família e construção de um futuro. Em termos yanomami, não existia construir um futuro — não, pelo menos, como seria na percepção de um ocidental como nós. Havia apenas o presente; um filho significava simplesmente que tudo permanecia igual, com mais uma boca para alimentar, ponto final.

DAVID GOOD

Se Yarima estivesse mesmo grávida, ele não precisaria mais se preocupar com a segurança dela quando se afastasse para o trabalho, mas a gravidez substituiria determinadas preocupações por outras, e mais outras, e mais outras — toda uma série de *subgrupos* de preocupações, na verdade. O trabalho era a preocupação que parecia se relacionar com as demais. Ao se aproximar da conclusão do projeto censitário, meu pai começou a enfrentar os mais variados problemas com seus documentos na Venezuela — e precisou voltar a Caracas. No decorrer do projeto, ele tinha uma autorização especial do diretor do órgão competente, mas, com a conclusão do trabalho, ela expiraria. Ele podia solicitar renovação, por meio do Departamento de Questões Indígenas venezuelano, mas seria necessário enfrentar uma avalanche de burocracia e outros absurdos. Poderia levar meses para os documentos serem expedidos — ou dar em nada, depois da longa espera. Ele teria de encontrar alternativas para continuar vivendo no território, mas por enquanto não via nenhuma perspectiva, e resolveu, então, ficar na cidade e fazer o possível para cuidar pessoalmente do processo de obtenção dos papéis.

Meu pai ficou retido em Caracas durante semanas, tentando se entender em meio a toda aquela burocracia governamental, sem muito sucesso; continuava sem resoluções para o problema da licença de trabalho. Antes de partir, ele apenas suspeitava que minha mãe estivesse grávida — a menstruação não havia descido, só isso. E, a partir de então, quanto mais ficava afastado, mais queria acreditar que Yarima estava grávida. Surpreendeu-se ao se ver ansiando por um filho. Eles sequer tiveram tempo de conversar a respeito, considerar o significado de um bebê. E, quanto mais queria acreditar, mais ele se torturava por não ter uma resposta concreta de nada.

Pode ser importante lembrar aqui que certas alas do governo venezuelano não ficavam particularmente felizes com o envolvimento de um antropólogo estadunidense com os povos indígenas da floresta tropical. Se um venezuelano de Puerto Ayacucho se apaixonasse por uma mulher yanomami, não seria nada de mais; mas um antropólogo estadunidense como meu pai não podia ter o mesmo tipo de passe livre. Dito isso, não creio que ele se preocupasse tanto assim com as consequências políticas ou logísticas do relacionamento com minha mãe. Ele seguia seu coração, ainda que o levasse por um caminho tortuoso. O mesmo poderia ser dito sobre como a comunidade antropológica encararia seus atos, mas ele pouco se importava com essas pessoas.

A certa altura, ele encontrou um homem yanomami conhecido nas ruas de Caracas. Não gostava muito do sujeito, mas parou para cumprimentá-lo. O homem comentou que meu pai estava magro, em comparação com a última vez que tinham se visto. E acrescentou que havia um motivo para isso: sua esposa devia estar grávida.

— Nós, Yanomami, conhecemos essa verdade — disse o sujeito. — Uma mulher grávida deixa o marido magro.

E foi assim que meu pai ficou sabendo.

Infelizmente, minha mãe sofreu um aborto espontâneo, mais ou menos no sexto mês de gravidez, segundo os cálculos do meu pai. Foi mais um caso de bebê natimorto que um aborto, já que a gravidez estava bem avançada, mas o resultado foi o mesmo: eles não teriam um filho. Minha mãe contou ao meu pai que estava grávida quando ele enfim voltou à aldeia — a essa altura, dava para ver. Ela também fez cálculos para tentar saber quando engravidou. Apontou para a barriga redonda e explicou da melhor maneira que podia: *Duas luas e duas luas* — querendo dizer que estava com cerca de quatro meses de gravidez.

Meu pai ficara exultante com a notícia, e agora estava arrasado. Mas a reação da minha mãe diante da perda do filho foi característica dos Yanomami. Ela apenas disse: "Vamos ter outro bebê."

E não demorou para que isso acontecesse... e esse bebê era eu. Ocorreu cerca de um ano depois, quase um mês depois que meu pai finalmente recebeu a confirmação do Departamento de Questões Indígenas de que estava sendo autorizado a trabalhar mais um ano na região. Foi um ano de grande agitação. Meu pai estava de luto pelo filho natimorto e estressado pela busca de uma forma de continuar no território, e ainda enfrentava uma série de acusações do governo venezuelano, segundo o qual ele teria "roubado" a mulher de um homem yanomami. Especificamente, as acusações foram levantadas pelo próprio Departamento de Questões Indígenas. Até onde meu pai sabia, decorriam de uma tentativa de vingança de um homem yanomami não aldeado que se achava no direito de cobrar "pedágio" toda vez que um estrangeiro entrasse ou saísse do território. Como meu pai se recusou a pagar, o sujeito começou a procurar maneiras de atacá-lo — sendo ajudado por um funcionário do departamento que também queria prejudicar meu pai. Essa foi apenas uma das maneiras usadas por funcionários do governo para dificultar a vida do meu pai o bastante para que ele acabasse deixando o país. Lendo nas entrelinhas das alegações, meu pai era apresentado como uma espécie de intruso, um *nabuh* tentando investir contra os inocentes membros do povo indígena e se intrometer onde não devia.

O resultado desse ano problemático, com todas as acusações absurdas e infundadas, foi o massacre dos meus pais, impedidos de desfrutar os prazeres simples da vida numa aldeia, forçados a se confrontar com realidades duras e talvez prejudiciais, aparentemente causadas pelo casamento evidentemente "inter-racial". Por trás do impasse, havia

EU, YANOMAMI

a lição de que o mundo exterior não devia se misturar com os povos indígenas da floresta tropical.

A certa altura, minha mãe recebeu uma carteira de identidade nacional, considerada necessária pelo meu pai para que ela pudesse circular livremente pelo país, acabando por afastá-la cada vez mais do único mundo que conhecia. Ela foi com meu pai e o irmão mais velho a Puerto Ayacucho e depois a Caracas, para resolver vários problemas burocráticos. A disparidade entre essas grandes áreas metropolitanas e o simples *shabono* dos dois no interior do Orinoco era incompreensivelmente vasta. De fato, é um exagero. Ela nunca saíra da floresta — todo o seu mundo era a floresta tropical. Se alguém dissesse que se mudaria para outro lugar, outra aldeia, ela só presumiria que fosse uma aldeia muito parecida com a sua, com outro *shabono*, outra plantação. Não tinha qualquer referência para o que via e vivenciava: arranha-céus, elevadores, policiais armados (homens e mulheres!), tráfego, uma quantidade enorme de gente... tudo aquilo era impossível de contemplar, impossível de absorver.

Olhando toda aquela gente nas ruas agitadas do centro de Caracas, minha mãe disse ao meu pai: "São como formigas andando pela floresta."

A disponibilidade de alimentos abundantes e variados foi bem difícil para minha mãe e seu irmão entenderem. Não fazia sentido para eles tanta fartura, e meu pai se lembra de ter levado minha mãe a um restaurante e observado sua frustração quando a garçonete veio perguntar-lhe em espanhol o que queria comer, esperando impaciente que meu pai traduzisse.

"Ela ficou irritada com o fato de alguém perguntar algo tão ridículo", escreveu ele em seu livro, "e, em vez de responder, me pediu que fizesse aquela pessoa, quem quer que fosse, parar de dizer aquelas bobagens."

DAVID GOOD

Mas meus pais e meu tio se deparavam com esse tipo de questão a cada passo. Durante uma parte da breve estada do grupo em Caracas, um amigo emprestou uma motocicleta para que meu pai pudesse circular pela cidade, comparecendo a encontros com advogados para se informar sobre a situação da autorização de trabalho e se livrar das várias acusações contra ele — e também com acadêmicos e ambientalistas a respeito dos muitos pedidos de subvenção que tinha pendentes. Depois de superar o medo da motocicleta (no início, ela achou que fosse um animal!), minha mãe sentava na garupa e segurava firme na cintura do meu pai na descida das ladeiras do bairro de Turgua. Que cena estranha não devia ser! E era também uma óbvia indicação da libertação de espírito e da coragem da minha mãe, dando um salto tão grande de suas rotinas familiares para um território tão desconhecido — e uma prova da confiança que tinha em meu pai, o *nabuh* alto, e de língua fantasma e testa larga que parecia levá-la para bem longe.

Assim que foi possível, meus pais voltaram à aldeia, acompanhados do meu tio. Durante algum tempo, continuaram vivendo como antes — de maneira simples, orgânica, pacífica. Logo ele receberia uma pequena subvenção, o que lhe permitiu permanecer na floresta por mais alguns meses; e, em seguida, outra licença de trabalho foi concedida. A vida podia prosseguir — de licença em licença. Apesar de todas essas lindas forças que haviam unido meus pais, surgia agora algo sórdido que ameaçava separá-los... e foi nesse contexto que eu finalmente fui concebido.

9 de setembro de 2011
8:32

ALTO ORINOCO, TERRITÓRIO YANOMAMI

Minha mãe saiu correndo do mato, como se seu cabelo estivesse pegando fogo. Ela sacudia os braços, gritava, corria de um lado para outro. A maneira como se debatia era quase engraçada, mas havia urgência e propósito nos seus movimentos, não deixando dúvidas de que todos corríamos perigo.

Os outros, pude ver, não estavam achando graça.

Logo entendi o que minha mãe tentava dizer. Ela apontava para os galhos das árvores mais altas, gesticulando para que eu saísse do caminho, gritando uma palavra de que tinha vaga lembrança do seu tempo nos Estados Unidos, vinte anos antes.

— Tuí! Tuí!

Tree! Tree! [Árvore! Árvore!, em português]

O aviso não se dirigia apenas a mim, é óbvio, mas ela o lançava numa língua que esperava ser compreendida por mim, embora algo na mensagem se perdesse. Sua expressão corporal ajudava a preencher as lacunas, e não demorou para que eu me juntasse aos outros na corrida para nos proteger no pequeno abrigo formado pelas duas enormes rochas. Elas tinham cerca de três metros de altura. Formavam uma espécie de cobertura natural no ponto em que se tocavam, e eu me acomodei embaixo com minha mãe, minhas duas esposas, a outra mulher e seu filho. Imaginem cinco ou seis pessoas agachadas embaixo de uma mesa de refeições — era a nossa situação. Ficamos apertados uns contra os outros nesse espaço reduzido — tão próximos que eu ouvia a respiração da minha mãe. Sentia seus cheiros, seu calor. Ela não estava sem fôlego, como eu ficaria se tivesse corrido da floresta daquele jeito. Sorria, de um jeito satisfeito, e quando o céu começou a cair sobre nós, ela tocou meu punho, com suavidade.

Ficamos ali calados por um tempo, esperando a tempestade passar — eu, simplesmente aterrorizado; os demais, nem tanto. Nosso abrigo improvisado não nos protegia muito da chuva, que nos atingia em cheio pela lateral, mas estávamos seguros de galhos e outras coisas que pudessem cair.

Foi uma tempestade violenta, com rajadas descendentes. Eu nunca havia presenciado algo assim no meio da floresta; não se parecia em nada com os temporais com relâmpagos que víamos nos Estados Unidos às vezes. Caiu de repente e durou apenas mais alguns momentos. A chuva se arremessava contra nós de um jeito agressivo — ou pelo menos era a impressão que eu tinha, bem ali no meio de tudo. Por alguns terríveis momentos, as águas tranquilas do riacho cresceram e se agitaram como numa corredeira, as árvores menores se inclinavam ao vento como limpadores de para-brisa, galhos estalavam e caíam. Eu não poderia estar mais apavorado, mas sustentei o olhar da minha mãe o tempo todo. Ela tocava meu punho e sorria.

Durante esse tempo todo, não havia o que ser dito.

Eu tinha perfeita consciência de onde estava, assustado com a força brutal da floresta tropical, tentando analisar a precariedade da situação, desconhecendo o grau de perigo que podíamos enfrentar. As outras pessoas, no entanto, não pareciam muito preocupadas; estavam calmas, quietas. Já eu, nem tanto. Acomodei-me no pequeno espaço criado pelas duas rochas. Tirei a camisa e

EU, YANOMAMI

envolvi minha câmera, acreditando que a protegeria da chuva, mas ao olhar para baixo fiquei apavorado com os insetos que subiam pelos meus pés — e imagino que eles também estivessem meio assustados com a tempestade.

Passei os olhos pela minha "família" yanomami aconchegada comigo naquele abrigo improvisado. As mulheres estavam com os seios nus. Nos rostos, diferentes grafismos indígenas; os narizes eram perfurados com palitos de bambu. A criança estava completamente nua. Por fora, eu tentava parecer tranquilo, mas não parava de pensar: Puta Merda!. *Hoje, imagino que os outros também estivessem ansiosos, mas não demonstravam.*

Apesar das diferenças de atitude e vestuário, na maneira de encarar a adversidade, a expressão do rosto era basicamente a mesma. Pelo menos eu tentava desempenhar o papel, até ali. Olhava para aqueles rostos parecidos e sentia como se estivesse olhando num espelho. Especialmente o rosto da minha mãe. Não restava dúvida de que estávamos todos ligados, embora muito mal acomodados sob a proteção daquelas rochas. Mesmo vivenciando aqueles momentos de tensão no meio da tempestade tropical.

A certa altura, no pior momento, olhei para minha mãe e vi que ela contemplava as árvores ao longe. Fiquei me perguntando o que estaria pensando — se é que estava pensando em alguma coisa. Tentei me imaginar na sua situação, naquele exato momento. Pensava no seu estoicismo, na sua calma, procurando associar esses aspectos de caráter à minha visão de mundo. Mesmo ali no meio da floresta, minha mente vagava para detalhes triviais como escola, impostos, contas se empilhando em casa. Eu pensava nos riscos da tempestade. Imaginei uma dezena de hipóteses diferentes capazes de nos impedir de voltar para a relativa segurança do shabono, *e mais outra dezena de maneiras em que encontrávamos uma brecha para prosseguir, como antes.*

E lá estava minha mãe, mergulhada no presente, com a cabeça muito provavelmente vazia de qualquer coisa além da certeza de que aquele momento de perigo logo passaria. Ela ostentava uma espécie de sorriso involuntário. Ele não parecia indicar felicidade nem mesmo contentamento. Até onde eu sabia, não indicava absolutamente nada, mas lhe atribuí o significado de que estava tudo bem e certo. Permiti-me imaginar que um pedaço daquele singelo sorriso era para mim; ele existia porque o filho dela, o seu Davi, estava bem ao seu lado, novamente em casa depois de todo aquele tempo.

Finalmente.

Mais uma vez, minha mente voltou para uma época, vinte anos antes, em que eu podia estar nadando na água, brincando e tomando sol naquele exato lugar. Fechei os olhos e tentei visualizar como minha mãe podia ser na época — jovem, alegre, quase infantil. Mas, apesar disso, não consegui estabelecer uma conexão com a minha vida durante a infância naquela floresta, como as coisas eram naquele período. Achava que já se teria passado tempo demais. Perguntava-me se seria possível recuperar o tempo perdido, se eu poderia me encaixar — naquele lugar, naquele povo.

Até ali, parecíamos a salvo, mas o vento úmido e cortante passava pelos espaços entre as duas rochas, castigando-nos. Durante todo esse tempo, a expressão da minha mãe não se alterava — um sorriso discreto, enquanto ela contemplava ao longe, observando o vento e a chuva. Ela não tinha medo. Eu não fazia ideia do que ela estava contemplando, no que pensava, e só podia olhar para ela. Só podia pensar nela. Só podia pensar: eis a minha mãe da Amazônia, Yarima. Podia apenas sentir um enorme orgulho, uma avassaladora descrença... de que eu vinha daquele lugar, daquela gente.

E então eu me surpreendi. Sem me dirigir a ninguém em particular — talvez à floresta —, eu disse:

— Yanomami keya! (Eu sou um yanomami!)

CAPÍTULO TRÊS

NA FLORESTA

DURANTE TODO O TEMPO EM que passou na floresta, meu pai era de alguma forma atraído para sua vida nos Estados Unidos. Havia questões de dinheiro, acadêmicas, de visto — basicamente, uma série infindável de questões. A princípio, ele resistia a essa atração, constantemente buscando maneiras de permanecer na aldeia da minha mãe, mas a realidade insistia em se intrometer. Ele podia estar casado do ponto de vista yanomami, mas aos olhos do mundo ocidental geral essa união não dava a Yarima direitos nem privilégios. No território indígena, tal união representava para meu pai apenas uma espécie de direito de circular, permitindo-lhe mover-se por ali como se de fato pertencesse à comunidade... só que não era bem assim.

No início, ele achava que, minha mãe e ele sendo casados, seria possível construírem uma vida e encontrarem a felicidade. Não importava se viviam no mundo dela ou no dele, desde que estivessem juntos. Não creio que ele tivesse formulado plenamente essas ideias de maneira consciente. Mas, quando minha mãe engravidou pela segunda vez, e com todas essas questões pesando na vida deles — ou na vida *dele* —, meu pai não podia mais ignorar o que acontecia. Ele não suportava a ideia de perder outro filho, como viria a me dizer mais tarde; não queria que minha mãe passasse por outra gravidez sem os devidos cuidados médicos — não que isso tivesse algo a ver com o aborto da minha mãe; era apenas a sensibilidade ocidental do meu pai se manifestando. Da mesma forma que tampouco queria trazer outro filho a esse mundo sem poder contar com uma renda fixa e certas perspectivas de carreira.

Por todos esses motivos, e muitos outros ainda, meu pai convenceu minha mãe a viajar com ele até à sua aldeia *nabuh* — e, na cabeça dela, era só do que se tratava. (*Caraca-teri* — era como ela costumava se referir a Caracas.) É muito provável que ela pensasse que papai apenas vivia em outra parte da floresta — uma parte que ela ainda não visitara ou de que não ouvira falar. Não podia imaginar o choque cultural que a esperava ao deixar o território, pois estava além do alcance da sua experiência. Meu pai podia imaginá-lo para ela, mas seria filtrado pelo que ele sabia e entendia. Podia explicar que haveria mais gente, mas não tinha como fazer com que mamãe sequer começasse a entender o que isso podia significar. Podia explicar que os prédios na sua aldeia natal seriam maiores do que o que ela estava acostumada a ver, mas na mente de minha mãe isso teria significado apenas um tipo mais elaborado de *shabono*. E não dava nem para pensar em tentar explicar quaisquer confortos da vida moderna, como máquinas de lavar, computadores ou tecnologia de satélite.

Mamãe já tivera um gostinho da vida urbana ao visitar Puerto Ayacucho. Mas era apenas uma pequena amostra do que estava por vir. Quando a história dos meus pais se tornou conhecida, muita gente aparentemente esquecia o fato de que, entre a floresta e os Estados Unidos, eles tinham passado por esse período transitório em Caracas. Meu pai procurava subsídios, tentando encontrar maneiras de perma-

EU, YANOMAMI

necer na Venezuela, mas não havia muitas oportunidades, ao passo que persistiam aquelas forças governamentais conspirando contra ele. Seu país de origem só representaria a *solução final* na cabeça do meu pai no último momento, como um último recurso. Só quando a gravidez da minha mãe já estava bem avançada é que ele começou a perceber que não haveria alternativa a não ser voltar a solo estadunidense com sua nova esposa e um bebê a caminho.

Fosse em termos profissionais, fosse em acadêmicos, ele não conseguia encontrar uma saída, e foi quando finalmente decidiu viajar com mamãe para os Estados Unidos. Meu pai sentiu que não havia mais opções, mas na sua cabeça seria apenas uma solução de curto prazo. O tempo todo, seu objetivo era comprar um terreno em Puerto Ayacucho — capital do estado do Amazonas venezuelano, que, na época, parecia uma pequena favela de ruas poeirentas com um único posto de gasolina, e que hoje já se tornou uma pequena cidade em pleno crescimento. O local o teria deixado estrategicamente posicionado entre Caracas e o território indígena, permitindo-lhe levar uma vida entre um mundo mais industrializado e outro mais natural. Com base assentada em Puerto Ayacucho, teria sido fácil para mamãe passar longas temporadas em sua aldeia, e, para papai, encontrar um jeito de levar adiante sua pesquisa; ou então eles poderiam viver em caráter mais permanente entre os *Hasupuwe-teri*, meu pai indo e voltando para desenvolver os trabalhos acadêmicos que conseguisse na cidade. Mas nada disso chegou a se concretizar, e com a gravidez avançada, meu pai decidiu que estava na hora de voltar para casa. Lá chegando, achou que poderia se reorganizar, concluir seu doutorado, obter uma subvenção adequada e retorna à floresta com mais tranquilidade.

Pelo menos, esse era o seu plano.

Uma vez nos Estados Unidos, meus pais se instalaram na sala de jantar dos meus avós, na Pensilvânia. Casaram-se quase imediatamente

75

no tribunal de Media — a sede do governo municipal do condado de Delaware, perto da Filadélfia. O casamento, como era de se esperar, gerou muita curiosidade.

Meu pai registrou em seu livro um momento marcante da cerimônia, ocorrida no dia 22 de outubro de 1986. Ele precisou traduzir para a minha mãe tudo o que o juiz dizia, e em seguida traduzir tudo o que ela dizia para o juiz entender. A certa altura, quando minha mãe ia responder à pergunta "promete amar, honrar e obedecer a seu marido?", papai tentou induzi-la a apenas assentir com a cabeça, mas mamãe queria dizer algo.

Pata, começou a dizer, usando a palavra honorífica yanomami para se dirigir ao juiz e enveredando por uma longa resposta que papai traduziu mais ou menos assim: *Diga ao pata que eu sou sua esposa. Diga-lhe que mesmo se você ficar doente, serei a sua esposa. Se não for capaz de sair da nossa rede, descerei o rio para buscar água. Colherei bananas e as assarei para você. Diga ao pata que vou colher frutas e mel para você. Vou cozinhar sua carne. Vou cuidar de você e fazer todas essas coisas, mesmo quando você estiver muito velho. Serei sempre a sua esposa.*

O juiz provavelmente tinha senso de humor, pois disse: "Imagino que é um *sim*."

Dizer que meus avós não ficaram propriamente entusiasmados com a noiva escolhida pelo meu pai seria o maior eufemismo de todos os tempos. Eles ficaram absolutamente chocados, sem palavras... e talvez até meio envergonhados. Até onde eu sei, meu pai não lhes havia contado toda a história da sua relação com minha mãe até o encontro dos quatro na estação ferroviária da Filadélfia. Eles sabiam do casamento com uma mulher yanomami da Venezuela; sabiam que ela esperava um filho; para além disso, imagino que meu pai achava que tomariam conhecimento dos fatos à medida que fosse necessário. Além do mais, certas coisas são muito difíceis de explicar a distância.

EU, YANOMAMI

A princípio, meus avós não receberam a notícia muito bem. Minha avó disse: "Kenneth, uma coisa é ir para a selva *estudar* essa gente, mas casar com uma delas?" Ela fez soar como um gracejo, mas meu pai ficou magoado.

Basicamente, meus avós se contiveram e fizeram o possível para que minha mãe se sentisse confortável na casa deles. Mas isso era praticamente impossível quando eu nasci — uma semana e meia depois da cerimônia de casamento, dia 2 de novembro. Dá para imaginar a cena? Minha mãe, uma indígena da Amazônia, amamentando seu bebê recém-nascido na sala de estar dos sogros estadunidenses? Parece o enredo de uma série de comédia bem ruim.

Durante algum tempo, meu pai achou que meu nascimento seria como se ainda estivéssemos na floresta. Meus avós viviam na casa do caseiro de uma grande propriedade, o quintal sendo um enorme terreno, e conforme a data do meu nascimento se aproximava, minha mãe dizia que sairia de casa para dar à luz ali por perto, naquela roça suburbana. A ideia perturbou meu pai só um pouco — caso o parto não transcorresse bem. Se tudo desse certo e eu nascesse saudável, seria um jeito de minha mãe se manter ligada às tradições yanomami. Mas e se algo desse errado? Papai acreditava que mamãe simplesmente me jogaria no mato e voltaria para casa — uma manifestação muito concreta da seleção natural que podia ser rotineira na floresta, mas que não pegaria nada bem na Pensilvânia.

No fim das contas, minha avó acabou se aproximando da minha mãe — ou pelo menos encontrou um jeito de se relacionar com ela: fazendo compras. A loja favorita das duas era a de tecidos, e mamãe escolhia metros e metros, levando-os para casa e transformando-os em roupas. Na floresta, linhas e tecidos eram artigos raros; as mulheres usavam o que os missionários pudessem fornecer, ou o que conseguiam encontrar no comércio. Na floresta tropical, estar na moda não ia muito além da decisão de simplesmente usar um artigo de vestuário — *qualquer* um. Mas no condado de Delaware, havia todas as cores e padrões imagináveis, e, por isso, mamãe voltava para casa com um pouco de tudo. Era como ela decidia: não decidindo.

Minha avó também ensinou minha mãe a fazer compras no supermercado e administrar a cozinha, mas eu soube que ela demorou muito para entender como funcionava o micro-ondas — para ela, era mais ou menos como se fosse mágica.

Nossa estada na casa dos meus avós não foi muito longa. Papai começou a receber telefonemas. Estava trabalhando no seu livro, e não saía do telefone com agentes, editores e produtores que queriam comprar os direitos da história, e meu avô decidiu que era mesmo a gota d'água. Tudo bem levar uma mulher da floresta para dormir no chão da sala de jantar dos pais, para ela poder amamentar o bebê da floresta, mas, francamente, aquele telefone tocando sem parar!

Logo estávamos nos mudando da sala de jantar dos meus avós para a sala de estar de um amigo do meu pai, Joe Simoncelli, em North Scranton, e em seguida para a Flórida, onde meu pai concluiu sua tese de doutorado e continuou trabalhando no livro. Os direitos de filmagem representaram a primeira remuneração importante na vida profissional dele. Meu pai usou boa parte desse dinheiro para saldar dívidas e dar conta das despesas de família, e outra parte para cumprir a promessa feita à minha mãe — voltar para sua aldeia assim que possível.

Na Flórida, papai pôde contar com a receptividade dos colegas acadêmicos para ajudar mamãe a se adaptar ao novo meio — especificamente, com as *esposas* dos colegas, que fizeram questão de nos procurar e servir de guias. Ou pelo menos tentar. Pela primeira vez, meus pais tinham algo que podia ser considerado um círculo de ami-

EU, YANOMAMI

gos, embora eu esteja convencido de que essas amizades eram meio unilaterais. Minha mãe só entendia umas poucas palavras de inglês, e a maioria das convenções sociais não estava ao seu alcance.

Esse choque cultural gerou alguns momentos bem estranhos — e um dos mais estranhos também foi um dos mais recorrentes. Para contextualizar a história, devo mencionar que mamãe não gostava de queijo — na verdade, de laticínio algum. Os laticínios não fazem parte da dieta yanomami, de modo que, naturalmente, mamãe odiava coisas como queijo, leite e manteiga. (Sempre que saíamos para tomar sorvete na infância, ela pedia *sorbet* de frutas.) Mesmo assim, ela estava na aldeia *nabuh* de papai, decidida a conhecer novos alimentos, e, sempre que pediam pizza, papai comia todo o queijo das fatias da minha mãe, deixando-lhe a massa — mas só a *de fora*, pois a massa de dentro tinha encostado em todo aquele queijo. Era simplesmente assim que faziam. Mas a maneira como comiam pizza incomodava algumas pessoas ao redor.

Papai finalmente passou na defesa oral e obteve seu ph.D., e foi comemorar com um pequeno grupo. Ele não queria nenhuma festança; estava muito mais interessado no fato de eu ter sentado sozinho no vaso do banheiro pela primeira vez naquela tarde, mas, mesmo assim, se juntou ao pessoal para uma rodada de pizzas. Sem nenhuma preocupação, sem se dar conta da maneira como seu comportamento era percebido. Papai atacou a pizza como de hábito, comendo sua parte e deixando as bordas para mamãe. Enquanto isso, a esposa de um dos professores observava, horrorizada.

— Meu Deus! É assim que você trata essa pobre moça? Deixando a massa para ela? — questionou ela.

A mulher não gostava muito do meu pai nem aprovava seu casamento, usando aquele jeito realmente estranho de compartilhar

comida como pretexto. Aquilo indicava para a convidada indignada —
e, imagino eu, para todos os demais — que meu pai devia estar mal-
tratando minha mãe, atirando-lhe restos de comida como se fosse um
animal doméstico.

Meu pai tentou explicar a realidade da situação e mudar de assunto,
mas ficava irritado com o fato de precisar fazê-lo. Na verdade, ele
não tinha a menor paciência para esse tipo de coisa — o fato de estar
sempre sendo obrigado a se explicar; as diferenças culturais o faziam
se sentir como se estivesse sendo julgado; precisar antecipar-se aos
mal-entendidos antes mesmo de ocorrerem — e, no entanto, quando
saía com minha mãe, ajudando-a a aprender o modo de vida do *seu*
mundo, isso acontecia o tempo todo.

NO FIM DAS CONTAS, FORAM várias viagens de volta à aldeia da minha mãe depois de começarmos nossa vida nos Estados Unidos, mas
essa, especificamente, ocorreu cerca de um ano depois do meu nascimento, em novembro de 1986. Mamãe estava grávida de Vanessa —
já de quatro ou cinco meses. O plano era passar vários meses na floresta
e voltar a tempo de ela dar à luz num hospital nos Estados Unidos,
mas Vanessa não pensava assim. Chegou com antecipação de dois
meses, em fevereiro de 1988; nasceu numa folha de bananeira. E,
meu Deus, como era minúscula! Não tenho lembranças concretas do
nascimento dela, mas vi fotos, ouvi histórias. Ela era tão pequena que
meu pai achou que não sobreviveria. Se tivesse nascido num hospital,
Vanessa teria sido levada para uma UTI neonatal, onde permaneceria
por provavelmente várias semanas, mas não existem UTIs neonatais
na floresta. Só o que se podia fazer era esperar que ela vingasse — e,
felizmente, foi o que aconteceu.

Imagino que a chegada de Vanessa foi um acontecimento trau-
matizante para mim também, além dos meus pais, pois me afastava

do seio da minha mãe. É assim que funciona na floresta: um filho é amamentado até a chegada de outro. Meu pai me contava que as mulheres yanomami amamentavam os filhos por muito mais tempo que uma estadunidense, por exemplo. Mas quando nascia mais um filho, o anterior não mamava mais. Não tinha processo de desmame. Nem aviso prévio. Papai lembrava que minha mãe encerrou a amamentação como um embargo que me tivesse sido imposto. Eu chorava querendo mamar, mas em vão. Com o nascimento de Vanessa, minha fase chegara ao fim. Sem choro.

Ficamos em Hasupuwe cerca de seis meses dessa vez — o suficiente para eu aprender palavras e frases isoladas da língua yanomami, movimentar-me pela aldeia com certa autonomia e familiaridade. Porém, eu ainda era pequeno demais para que qualquer uma dessas influências se enraizasse de maneira duradoura. Eu era curioso, sociável, aberto ao modo de vida da minha família yanomami... Qualidades que um dia viria a perder, mas chegaremos lá.

MINHAS *PRIMEIRAS* LEMBRANÇAS DE FATO? Estão todas associadas ao nosso apartamento em Rutherford, Nova Jersey, para onde nos mudamos quando meu pai conseguiu um emprego na Faculdade Estadual de Jersey City — onde ainda hoje dá aulas, embora agora se chame Nova Universidade de Jersey City. Quando fecho os olhos para visualizar a minha primeira infância, eu me vejo com minha irmã Vanessa no apartamento térreo da moradia de dois andares que alugamos na cidade.

Lembro-me de mamãe nos preparando para ir para a cama em Rutherford, dizendo: "Vão escovar os dentes." Ela dizia muito depressa, como se fosse apenas uma palavra — *vãoescovarosdentes*. Era uma espécie de expressão genérica, embora, para ser exato, ela não tivesse realmente uma ideia do que fosse "hora de ir para a cama" ou do que pudesse significar preparar uma criança para ir dormir. Na floresta, não tem essa história de "colocar as crianças na cama", mas essa foi apenas uma das maneiras como ela aprendeu a se adaptar ao mundo ocidental. Minha mãe pegou seus instintos maternos, somou-os ao que via e aprendia observando outras mães na aldeia, e juntou com tudo o que era esperado aqui nos Estados Unidos.

Vanessa e eu dividíamos um quarto, com um beliche, e em certas noites dávamos bastante trabalho para a mamãe na hora de dormir, especialmente se meu pai não estivesse em casa. Criança nunca quer ir para a cama. Assim, deixávamos minha mãe bem irritada, e ela precisava recorrer aos truques ocidentais da nossa realidade com mais frequência, para tentar fazer com que cooperássemos. Uma das maneiras que encontrou para nos disciplinar era nos agarrar e jogar pimenta na nossa boca. Não creio que ela conhecesse pimenta na floresta, a menos que fosse levada por algum visitante *nabuh* ou algum missionário, e, ao chegar aos Estados Unidos, ela veio a encará-la mais como uma arma do que como um tempero. Era ardido demais... Nossa língua ficava realmente em brasa! Lembro que certa tarde fiz algo que a deixou fora de si e ela saiu correndo atrás de mim no gramado da frente, descalça, segurando o vidro de pimenta bem acima da cabeça. Eu estava apavorado, e minha mãe ria enquanto corria, mas não foi nada divertido quando ela finalmente me alcançou.

Mamãe nunca abandonou certos hábitos da floresta, que viria a ensinar aos filhos — como o jeito de descascar bananas com os dentes. Dava uma mordida numa das extremidades, como se estivesse mordendo uma espiga de milho, e ia em frente. Repetia a operação várias vezes, até afrouxar a casca, e a arrancava com uma torcida.

Também estava sempre descalça — hábito que minha irmã adquiriu. Até hoje, Vanessa anda pela casa e pelo quintal sem sapatos, e quando alguém chama a sua atenção ou a provoca, ela responde: "Ei, eu aprendi com a minha mãe, OK?"

Lembro-me das vezes em que brincávamos na neve, eu, Vanessa e mamãe, e, recordando aquela época, sei que minha mãe teve muita dificuldade para se adaptar ao inverno. Como explicar a alguém que sai de um ambiente indígena tropical, sem qualquer conhecimento de meteorologia, sobre um fenômeno como a neve, ou mesmo sobre o gelo e o frio? Mas ela conseguiu se adaptar, e logo começou a andar pela vizinhança de botas e capa de borracha, rolando na neve como uma criança no Natal. Passou até a gostar da neve; achava aquilo tão legal, divertido, diferente de tudo o que conhecia. Chegava inclusive a ajudar na limpeza com pás.

Lembro também que descíamos a rua principal até a loja do Dunkin' Donuts, o que se transformou num ritual quase diário. Quando Danny nasceu — em maio de 1991 —, eu estava chegando aos 5 anos e ajudava minha mãe a empurrá-lo no carrinho pela calçada. Papai costumava dar US$ 20 por dia a mamãe, para que ela comprasse a nossa comida ou o que mais precisássemos ao sair, mas minha mãe não tinha na cabeça o conceito de dinheiro. Era apenas um pedaço de papel para ser usado no comércio. Não fazia ideia do custo das coisas — nem mesmo o que *significava* efetuar uma transação desse tipo. Nós pedíamos o donut apontando, e quando o balconista dizia o preço, minha mãe simplesmente entregava o pedaço de papel e esperava que ele devolvesse outros pedaços de papel e algumas moedas. Era o que significava economia para ela: entregar um pedaço de papel para conseguir o que se quer.

Também havia um Burger King no nosso caminho, o que representava outra parada frequente. Mamãe adorava as batatas fritas de lá — e com todos aqueles donuts, as batatas, toda aquela comida processada, ela começou a ganhar muito peso. Na época, ninguém notava essas coisas nem falava a respeito — pelo menos, não de um jeito que chegasse até nós, crianças —, mas vendo nossas fotos de família dá para notar uma mudança drástica na minha mãe durante o período em Nova Jersey.

Essa rotina continuou até o primeiro inverno de Danny, quando eu ajudava a empurrar o carrinho por achar que mamãe estava com dificuldade de caminhar na neve — exatamente como eu teria dificuldade, anos depois, ao tentar caminhar descalço no solo irregular da floresta tropical. Mas minha mãe revelou uma surpreendente facilidade para caminhar na neve com o carrinho; hoje, dou-me conta de que ela nem sequer precisava da minha ajuda, e estava na realidade me ajudando a conquistar certa independência e responsabilidade, ao deixar eu que pensasse o contrário.

As lembranças que tenho de minha mãe naquele primeiro momento em Rutherford é de uma mulher feliz, sorridente, maravilhada com as coisas de um novo mundo se revelando aos seus olhos. Na aparência, ela se assemelhava a qualquer outra mãe de um subúrbio dos Estados Unidos — chegou inclusive a fazer um permanente no cabelo, bem ao estilo da época. Mas, por trás das aparências, havia o espírito inquieto de uma criança curiosa. Ela costumava ficar assistindo à televisão conosco durante horas. Adorava Barney e Pee-Wee Herman. Adorava carrosséis. Adorava pular na cama conosco ao som de Gloria Estefan ou Michael Jackson, que colocávamos para tocar muito, muito alto quando papai não estava em casa.

Na verdade, era muito frequente que meu pai não estivesse em casa — ele trabalhava bastante nessa época, como qualquer jovem professor. Estava bem lá embaixo na hierarquia do seu departamento, o que significava uma enorme carga horária de aulas, e ficava muito tempo

EU, YANOMAMI

no trabalho. E, quando não estava lecionando, corrigindo provas ou em reunião com os alunos, se esforçava para avançar na sua pesquisa.

Mamãe não conseguia entender a agenda de trabalho do meu pai; nem mesmo a *ideia* de uma agenda de trabalho fazia sentido para ela. A ideia de ir para o trabalho e permanecer por lá pela maior parte do dia lhe era completamente estranha. Ali, na aldeia *nabuh* de papai, os homens praticamente desapareciam durante muitas horas. Papai tentava explicar que ir todo dia para a universidade era como um homem yanomami ir para a floresta caçar; ele precisava trabalhar para ganhar dinheiro e comprar comida e outros produtos necessários; era o seu jeito de caçar e colher. Naturalmente, não significava a mesma coisa, mas minha mãe não era capaz de distinguir. Ela nunca precisou contar além de dois na floresta, e, agora, nos Estados Unidos, não tinha como juntar dois e dois e entender por que meu pai passava tanto tempo fora de casa dia após dia.

Com o tempo, como viríamos a saber mais tarde, mamãe começou a se sentir muito isolada, solitária. Não havia ninguém por perto com quem conversar, além de nós, seus filhos. Houve uma fase em que meu pai contratou alguém para ir em casa ajudá-la com o inglês, mas ela não era propriamente a aluna mais motivada. Ele aprendeu a se comunicar em yanomami com grande facilidade ao chegar pela primeira vez à floresta, mas era um sujeito bom em idiomas e academicamente motivado a aprender. Além do mais, estava em todo aquele processo de imersão total. Mamãe também estava em completa imersão, mas não tinha a mesma motivação. Conseguia se virar com algumas palavras e frases, e nós, crianças, aprendemos a entender um bocado da língua yanomami, mas ela começou a sentir saudade da vida ativa que deixou para trás na floresta.

Olhando agora para aquela época, concluo que minha mãe não via motivos para aprender inglês, além daquelas poucas palavras e frases de que precisava para se virar. O tempo todo ela foi levada a acreditar que seu período em solo estadunidense seria curto — uma permanência que duraria até meu pai resolver o que fazer com a família. É possível que, para ela, estivéssemos apenas fazendo hora até voltar para casa — para sua *verdadeira* casa.

Quando o livro do meu pai foi publicado, ele começou a dar muitas entrevistas. Antes disso, ele só falava em público sobre sua situação pessoal nas poucas ocasiões em que era convidado a dar uma entrevista ou ministrar uma palestra. Mas tudo isso mudou quando o livro saiu, e ele começou a buscar ativamente essas oportunidades. Ele queria vender livros. Muitas vezes, minha mãe o acompanhava diante das câmeras nessa onda de cobertura da mídia. De vez em quando, um repórter perguntava a ela se estava gostando de viver em Nova Jersey, e minha mãe sorria polidamente, como se quisesse dizer que gostava muito, mas ao mesmo tempo sacudia a cabeça em sinal de *não*. Às vezes, respondia em inglês. "Não", dizia — querendo dizer *Não gosto de viver em Nova Jersey*. Mas então meu pai respondia por ela, procurando explicar certas dificuldades que ela encontrava, o difícil período de adaptação, e concluía que não era uma aventura fácil, mas que estava tudo bem encaminhado.

Não creio que minha mãe se importasse em dar essas entrevistas com papai — mas, ao mesmo tempo, não creio que entendesse muito bem o que estava fazendo. Simplesmente estava ali, disponível.

ACHO QUE MEUS PAIS PODERIAM ter continuado juntos, se não fosse a produção de um documentário intitulado *Yanomami Homecoming* [A volta para casa dos Yanomami], para a National Geographic. Nada contra a National Geographic — as tensões e dificuldades que surgiram nessa época poderiam ter acontecido de qualquer jeito, com qualquer

EU, YANOMAMI

produtora. Acho que será necessária uma explicação mais detalhada aqui. Produtores da National Geographic convenceram meu pai de que seria uma boa ideia todos nós voltarmos à floresta para participar de filmagens para um documentário sobre nossa família e a vida na nossa aldeia na floresta. O resultado dessa colaboração no documentário foi marcante na vida da nossa família, relatando a história do relacionamento ímpar dos meus pais e mostrando ao mundo como era criar uma família nitidamente inter-racial; O documentário recebeu críticas excelentes, embora algumas cenas fossem deturpadas ou apresentadas fora de contexto. O filme também mostrava meu pai de um jeito polêmico — pelo menos do ponto de vista da comunidade antropológica, na qual alguns colegas achavam que ele havia se casado com minha mãe para dar um empurrão na própria carreira. O que não fazia sentido; pelo contrário, o provável é que o casamento tenha tido um custo profissional para ele, comprometendo sua posição na comunidade acadêmica, assim como sua possibilidade de lançar publicações científicas. Ele seria o primeiro a reconhecer que foi um tiro na sua carreira, mas não era algo que lhe importasse. Sua atenção estava voltada para minha mãe — ajudá-la a se adaptar à vida em Nova Jersey, ensinando-lhe, ajudando na criação de três filhos.

Seja como for, a realização desse documentário foi uma espécie de ponto de virada, como meu pai se recorda. Aconteceu quase quatro anos depois da nossa última viagem à floresta, quando Vanessa nasceu. Todos nós pegamos um avião para a Venezuela para participar das filmagens, que vinham sendo preparadas há meses. Para mamãe e para nós, crianças, a ideia parecia ter saído do nada. Num dia estávamos em Nova Jersey, caminhando pela calçada até o Dunkin' Donuts, mamãe empurrando o carrinho de Danny enquanto Vanessa e eu caminhávamos atrás, e no dia seguinte fazíamos as malas e nos preparávamos freneticamente para a longa jornada de volta à floresta tropical. Naturalmente, papai conversou conosco a respeito, e o planejamento da logística da viagem deve ter levado um bom tempo, mas nós não fomos envolvidos no planejamento de longo prazo. Ele disse a mamãe que ela ia para casa. E simplesmente nos disse que íamos para uma grande aventura na floresta, para visitar a família de mamãe.

Não íamos à floresta há quatro anos — tempo que deve ter sido interminável para minha mãe, mas também incomensurável. Vale lembrar que seu horizonte temporal estava preso a seu limitado senso de números e quantidade. Para ela, *tempo* significava hoje e amanhã, uma lua e duas luas, para a frente e para trás. Nesse limitado horizonte temporal, não havia espaço para sentir saudade. Além de um dia ou dois, uma semana ou duas, uma estação ou duas... Ela nem sequer era capaz de começar a contemplar alguma coisa e, depois de viver tanto tempo no subúrbio, os dias que passara longe de casa devem ter começado a se juntar e a significar alguma coisa. O tempo que ficou distante provavelmente começou a ser difícil para ela, ainda que não fosse capaz de entendê-lo plenamente ou medi-lo. No início, minha mãe podia pensar no seu tempo com meu pai em sua aldeia *nabuh* como uma espécie de *wayumi* — uma trilha realmente muito longa. Combinava com o estilo de vida nômade que ela conheceu a vida inteira. Houve naquele primeiro ano uma viagem de volta à floresta, e depois outra, de modo que a vida dos dois tinha certo aspecto de ir e vir, um equilíbrio entre *aqui* e *lá*, e quando ficou evidente para minha mãe que estávamos todos viajando para sua aldeia, ela ficou muito empolgada. Aqueles quatro anos passados longe de repente se tornavam como duas luas e mais duas luas, só isso. Mas, no referencial da minha mãe, não havia nada que pudesse prepará-la para a viagem breve e apressada que meu pai e os produtores da National Geographic tinham em mente.

EU, YANOMAMI

Ficamos na aldeia da minha mãe apenas cinco dias, e, no entanto, as câmeras da National Geographic capturaram nossa vida na floresta tropical de um jeito convincente, conseguindo fazer parecer como se nos tivessem seguido por um período de semanas e meses. Havia imagens em que Vanessa e eu brincávamos no riacho lamacento com outras crianças yanomami — e até hoje, vendo esse filme, sou levado de volta àqueles rápidos e idílicos momentos, chapinhando na água sem qualquer preocupação na cabeça, com a sensação de pertencer àquele lugar. As crianças da aldeia eram muito parecidas com as do meu jardim de infância nos Estados Unidos, sob todos os aspectos que chamavam a atenção de uma criança, só que estavam quase sempre nuas e eu não entendia quase nada do que diziam. Aos 5 anos, eu não prestava muita atenção nas diferenças culturais, mas nós jogamos bola, corremos uns atrás dos outros na lama e na chuva, lutamos, rimos juntos... Basicamente, encontramos um jeito de ser *iguais*, e não *diferentes*. No documentário, minha mãe aparece pescando caranguejos ou juntando lenha; meu pai, ajudando a fazer consertos no *shabono* ou absorto em conversa com um dos mais velhos da aldeia. Lá estávamos nós, junto à fogueira comunitária, rindo, brincando, comendo. Vistas no conjunto, parece uma daquelas sequências de montagem que vemos no cinema, com várias cenas reunidas para transmitir a ideia da passagem do tempo de um jeito que parece rotineiro. É realmente incrível a atmosfera de vida normal que os produtores da National Geographic conseguiram transmitir com tomadas feitas em tão pouco tempo. Eles foram capazes de reproduzir o clima de *banalidade cotidiana* em apenas cinco dias de filmagens...

E quando as câmeras capturaram tudo de que eles precisavam, depois das entrevistas com papai e mamãe usando a aldeia como pano de fundo, era hora de partir. Simples assim. E, ao ouvir meu pai contar a história hoje, é como se o solo da floresta tivesse sido puxado sob os pés da minha mãe.

Ela não esperava ter de partir de novo. Nós tínhamos acabado de chegar.

É preciso lembrar que meu pai não estava escondendo nosso itinerário da minha mãe, mas de fato não havia uma boa maneira de explicá-lo. E tampouco havia um jeito de evitá-lo, de seu ponto de vista. Ele precisava sustentar três filhos, só podia tirar uma breve licença no trabalho, havia apenas uma pequena brecha em sua agenda acadêmica e na agenda dos produtores para organizar aqueles cinco dias de filmagens na floresta. Eu já estava na escola, e meu pai considerava que só podia afastar-me por um breve período.

Mamãe não entendia nada disso, lógico. Sabia apenas que finalmente estávamos fazendo todo aquele percurso, naquele enorme pássaro no céu, com seus três filhos pequenos. Só podia presumir que, depois de tanto tempo, depois de uma viagem tão longa, haveria de transcorrer mais um longo tempo antes da próxima longa viagem, até que o *aqui* e o *lá* pudessem novamente se reequilibrar, de modo que, quando ficou evidente para ela que íamos de novo fazer as malas e deixar sua aldeia tão depressa logo depois de chegarmos, ela ficou muito irritada.

Eu nunca tinha visto mamãe irritada, de mau humor ou cheia de ressentimento, e provavelmente não entendi bem o que estava acontecendo. Mas, mesmo ainda pequeno, dava para ver que ela não estava em seu estado normal, mergulhada numa densa e profunda tristeza, completamente chocada, infeliz e contrariada.

Existe uma palavra na língua yanomami que chega perto de descrever como minha mãe devia estar se sentindo: *Hushuo!* Acho que resume bem a sua reação à nossa breve estada na floresta.

O outro motivo pelo qual meu pai encarava a experiência como uma virada importante era que, naqueles cinco dias idílicos na flores-

EU, YANOMAMI

ta, um veneno se introduziu na nossa vida familiar, na forma de um guia/intérprete/motorista local que fazia parte da equipe da National Geographic. Não citarei seu verdadeiro nome, pois ele é bem conhecido no território, e não quero criar problemas para minha família identificando-o publicamente. Digamos que se chamasse Armando, e, resumindo, que ele não era flor que se cheirasse. Seria difícil identificar alguma coisa específica que esse homem tenha feito para perturbar a dinâmica da nossa família no breve período em que passou conosco durante as filmagens. Mas era evidente que estabeleceu um vínculo importante com minha mãe; como visto, ele começou a conquistar sua confiança, oferecendo o mesmo em troca, e creio que ele se aproveitou do ressentimento de minha mãe para começar a lhe incutir todo tipo de ideias, convencendo-a de que estava sendo abusada pelo meu pai e, de alguma forma, sendo explorada em sua vida nos Estados Unidos. Ele não era um homem yanomami, mas vinha de outro povo indígena no território conhecido como Ye'kwana, sendo contratado pelos produtores como mais um olheiro experiente na região. Estava ali para ajudar a produção a funcionar da melhor forma, de maneira eficiente, para ajudar no transporte e na tradução, mas meu pai começou a achar que ele estava passando dos limites. Armando conhecia o território; trabalhava como guia, falando espanhol, e era um elemento valioso na equipe da National Geographic, além de aparentemente fazer bem o seu trabalho. Mas havia algo de desprezível nele, algo suspeito. Meu pai costumava chamar-nos à parte e dizer coisas do tipo: "Fiquem longe desse Armando."

Desde o início, meu pai sabia que não podia confiar nesse sujeito.

Eu era apenas um garotinho e não via o que meu pai enxergava, não podia entender do que ele não gostava em Armando, mas era evidente que ele via *alguma coisa*. O que consegui entender é que Armando deve ter visto uma oportunidade na minha mãe, uma forma de tirar proveito de certa notoriedade que ela podia ter conquistado no território. Era como as coisas aconteciam entre os indígenas com maior contato com o mundo externo na floresta, como eu viria a aprender. As pessoas com um pouco de educação formal, um pouco de exposição ao mundo moderno e industrializado muitas vezes são as primeiras a explorar o próprio povo. Todo mundo tenta explorar algum ângulo — só que, no caso, ninguém sabia ainda qual era o ângulo de Armando. Meu pai não entendia direito o que ele queria, e imagino ser possível que uma das razões para minha mãe ter ficado tão contrariada com nossa rápida volta para casa foi por tudo o que esse sujeito começou a dizer em seus ouvidos, ideias de como se separar do meu pai e continuar na aldeia.

Essa desconfiança em relação a Armando podia não ter motivo real, só que ele não se afastava — e nem mesmo quando finalmente *nos separamos* dele foi para valer. Nós nos despedimos ao deixar o território para voltar a Caracas, e não havia motivo para supor que voltaríamos a vê-lo. Mas mamãe não ficou bem depois daquilo. Para nós, seus filhos, ela parecia triste — o tempo todo. Não ria mais, como costumava rir *sempre*. Não sorria, como costumava sorrir *sempre*. Não deixava de cuidar de nós, de nos ajudar a fazer as malas, de amamentar o pequeno Danny, mas estava com a cabeça em outro lugar. E o coração também. Era como se estivesse despedaçada.

Em Caracas, ficamos cerca de dois dias hospedados na casa de amigos do meu pai. A certa altura da visita, mamãe começou a correr atrás de mim com um pedaço de pau. Não lembro o que eu fiz para irritá-la, nem sequer se cheguei a fazer alguma coisa de fato. Talvez ela estivesse apenas descontando sua raiva e frustração em mim, embora eu não saiba se foi assim que enxerguei a situação na época. De volta a Nova

EU, YANOMAMI

Jersey, ela jogava sapatos nos filhos, e nós gostávamos de provocá-la, brincando, mas atirar coisas era um gesto yanomami típico. (Quando voltei já adulto à aldeia da minha mãe, muitas vezes os membros da minha família se reuniam em torno da fogueira, jogando cascas de banana em cães e macacos importunos que se aproximavam demais do fogo.) Nós sempre levávamos aquilo na brincadeira. Mas meu pai e seus amigos encaravam aquele comportamento como algo diferente... algo *mais*. Lá estava ela correndo atrás do filho pelo apartamento de um amigo com um pedaço de pau na mão, de um jeito ameaçador; era, para meu pai, motivo de constrangimento e preocupação, especialmente considerando-se que minha mãe queria mesmo me atingir com o pau, e não apenas me assustar.

Anos depois, meu pai confessou não saber como fazer minha mãe entender que eles precisavam voltar à aldeia *nabuh* dele. Não era uma barreira de idioma, disse ele, mas uma barreira cultural — do tipo que nem sempre é possível superar.

Seus amigos forneceram uma pista para entender. Nem em um milhão de anos meu pai teria sido capaz de ter uma ideia assim e, hoje, revisitando esse período, fico espantado que não tenha sido necessário mais um milhão de anos para que ele concordasse. Mas alguém sugeriu que minha mãe precisava ficar na floresta por um pouco mais de tempo. Os amigos de meu pai o lembraram de que ela ficou afastada da família por quatro anos difíceis, longe do único mundo que conhecia. Na verdade, tinham ocorrido muitos nascimentos e mortes na sua linhagem durante o período em que nós estivemos distantes, além de muitas outras mudanças, e mamãe teve apenas aquele breve tempo para se adaptar às novas realidades da aldeia. Papai concordou, naturalmente; ele amava minha mãe, amava a vida que ela levava na floresta, detestava que a vida dele nos Estados Unidos fosse motivo de conflito para ela. Os amigos achavam que seria demais para o meu pai administrar sozinho a vida com os filhos. Como Danny ainda estava sendo amamentado, decidiu-se que ele voltaria para a aldeia com minha mãe.

Conforme os planos tomavam forma, os amigos falaram para meu pai de uma família alemã que conheciam em Caracas com três filhas pequenas, todas mais ou menos da idade de Vanessa; a família conhecia a história dos meus pais e se dispunha a ficar com ela por um breve período, permitindo que papai voltasse a Nova Jersey comigo, para concluir seu semestre enquanto eu voltava ao jardim de infância.

Não era o melhor plano do mundo, mas ainda assim era um plano. Era *algo* — uma forma de dar a minha mãe o que ela precisava. Um jeito de acertar as coisas, pelo menos por um tempo. Mas não posso imaginar o que passava pela cabeça do meu pai enquanto ele pensava em tudo isso. Era muita coisa para absorver, para levar em consideração. Não podia ser fácil para ele, assim como não podia ser fácil para minha mãe. Meu pai estava numa torrente de preocupações — com a esposa, com os filhos, com sua carreira, com nosso futuro como família. E mamãe vivenciava o próprio turbilhão.

E assim ficou decidido. Vanessa ficaria em Caracas com essa família alemã. Mamãe voltaria para sua aldeia com Danny. Na cabeça do meu pai, era apenas uma solução temporária — sabe como é, como tirar férias separadamente. Nós voltaríamos a Caracas no fim do semestre para pegar Vanessa, seguindo para Hasupuwe ou Irokai ou Wawatoi, ou onde quer que os *Hasupuwe-teri* estivessem vivendo, para passar o período de Natal com mamãe e Danny. A essa altura, mamãe já estaria melhor e mais tranquila, e a família toda voltaria para Nova Jersey. Tudo ficaria bem no nosso mundinho.

Mas não foi bem assim que aconteceu, e foi aí que Armando entrou na história de novo. Não se sabe bem por que meu pai o contratou

EU, YANOMAMI

para acompanhar minha mãe de volta ao território. Meu pai já andava profundamente desconfiado, sabia que não podia acreditar no sujeito, mas minha mãe precisava de um guia durante a viagem de volta ao Território Yanomami, e Armando parecia a escolha óbvia. Papai não estava pensando com discernimento, ou quem sabe queria deixar mamãe aos cuidados de alguém que ela já conhecia, ainda que *ele* não confiasse na pessoa — um verdadeiro dilema. Por outro lado, não havia muita opção, e papai não tinha tempo para coordenar a viagem de volta da minha mãe a Hasupuwe.

Como quer que fosse, nós mal tínhamos nos livrado daquele idiota e ele já estava de volta à nossa vida, falando coisas no ouvido de mamãe, enchendo novamente sua cabeça com ideias destrutivas em proveito próprio. Lógico que papai não sabia quão destrutivo e mal-intencionado o sujeito era de fato, podia apenas supor. Também imaginava que houvesse algo mais entre mamãe e Armando — algo próximo do que poderíamos considerar um caso. O que não é pouca coisa na nossa cultura ocidental, mas, entre os Yanomami, mal causa um dar de ombros. Para papai, era tudo; para mamãe, caso fosse verdade, não era nada.

E, mesmo com todas as suas dúvidas, desconfianças e preocupações, meu pai contratou Armando para levar mamãe de volta à aldeia, introduzindo mais uma vez esse veneno na nossa vida.

Não me recordo da viagem de volta aos Estados Unidos com meu pai ou de como era a vida sem meus irmãos e minha mãe. Lembro que papai ficou muito ocupado com o trabalho, e que retomei minha rotina. A vida seguiu adiante, só que agora faltavam peças muito importantes.

Enquanto isso, Vanessa encontrava dificuldade para se adaptar. Até hoje ela se recorda desse período como um momento traumático da sua vida, mas eu nunca consegui extrair detalhes dela. No fundo, foi o seguinte: a tal família alemã não era assim tão acolhedora e afetuosa como papai acreditou, embora eu desconfie que muito disso tivesse a ver com o fato de Vanessa ter apenas 4 anos, vivendo numa família de estranhos — lógico, eles jamais seriam acolhedores ou afetuosos o suficiente para ocupar o lugar da família dela.

Além disso, a presença de Vanessa em Caracas era motivo de preocupação para o governo venezuelano. Filha de pais de culturas diferentes, com mãe yanomami, ela naturalmente atraía a atenção da opinião pública. À medida que a história dos meus pais se tornava mais conhecida, certos funcionários do governo se mostravam cada vez mais preocupados com o fato de Vanessa ter sido entregue aos cuidados da família alemã, que logo começou a receber telefonemas ameaçadores de burocratas, perguntando pela filha de Yarima e Kenneth Good. A família julgou necessário escondê-la da curiosidade pública, o que provavelmente contribuiu para sentimentos de isolamento e perplexidade dela. Chegou a tal ponto que o pai alemão telefonou para meu pai em Nova Jersey, poucas semanas depois do arranjo, dizendo: "Não está dando certo. Você precisa vir buscar sua filha. Não tenho mais como garantir a segurança dela."

O telefonema de alerta foi feito num fim de semana, e meu pai dava aulas às segundas, terças e quintas-feiras na época. Ele ministrou as aulas de segunda e terça-feira e entrou num avião para Caracas na mesma noite, voltando a Nova Jersey a tempo da aula de quinta-feira. Com a correria, ele não pôde ir até a floresta ver como estavam mamãe e Danny, tendo sido apenas uma viagem-relâmpago para buscar Vanessa e levá-la de volta para casa.

Parece incrível que meu pai tenha sobrevivido a um período de tamanhas incertezas. Não, as decisões que tomou pela família nem sempre foram as melhores e, em retrospecto, nem sempre parecem fazer sentido, mas foram tomadas no calor do momento, com uma sensação de desespero — uma solução precipitada depois da outra. Ele não conseguia encarar a perspectiva de perder minha mãe. Estava resistindo como podia... e tropeçando.

O que eu realmente lembro — pelo menos do ponto de vista limitado de uma criança: o reencontro com Vanessa e da sensação de reintegrar certas partes que faltavam da nossa família. Não foi um reencontro cheio de lágrimas (esse tipo de coisa não acontecia na nossa família), exatamente como não houvera despedidas igualmente emotivas (também não acontecia). Mas eu realmente tinha a sensação de que as coisas voltavam aos eixos. Com Vanessa presente, sentíamos leveza em nossa pequena família. Lembro como foi ter de novo alguém para brincar, alguém para me fazer companhia enquanto papai estava ocupado na preparação de um dos seus trabalhos de graduação ou conferências. Lembro que o Natal se aproximava, e papai fazia planos para nos deixar com nosso tio para ir à Venezuela. Lembro até dessa conversa, em que papai disse: "Vou à floresta buscar mamãe e Danny." E eu ouvia como se fosse uma coisa perfeitamente natural de se dizer aos filhos, como quem diz que vai ali na loja da esquina comprar leite.

Como era Natal, papai se encheu de presentes para levar para todos na aldeia e para Danny. Essas festas não têm significado para os Yanomami, mas meu pai estava no espírito do momento, empolgado com a perspectiva de voltar a reunir a família, e assim comprou uma série de potes, panelas, facões e outros objetos, juntando-os numa grande sacola, como se fosse um Papai Noel *nabuh*. Levou também presentes para mamãe e Danny, mas se deu ao trabalho de embrulhar. Mamãe entendia o que era o Natal por conta de sua estadia em Nova Jersey e gostava muito — as luzes, os festejos, o sentimento bom no ar e em todo lugar. Mesmo levando todos os presentes para a floresta, meu pai não foi exatamente recebido de braços abertos. Contando-me a história anos depois, ele tentou dar-lhe um tom divertido, mas ela era mais triste que engraçada — *muito* mais triste que engraçada. Ele saiu do barco e foi para Hasupuwe depois de mais uma viagem exaustivamente longa, e se deparou com um bando de crianças pequenas brincando. Elas viram meu pai, aquele enorme *nabuh*, carregando aqueles enormes sacos de lixo. Ele devia ter um aspecto assustador. E quem sabe as crianças teriam ouvido histórias a respeito do meu pai, sendo instruídas a temê-lo, assim como, na época, eram instruídas a temer qualquer estranho.

Mas a parte que meu pai tentou apresentar como divertida foi a seguinte: entre as crianças que saíram correndo assustadas, quando ele se aproximou da aldeia, estava um menininho nu que papai imediatamente reconheceu como Danny. Ele não o via há meses, numa idade em que os bebês passam por acentuadas mudanças físicas, mas não havia como se enganar. Sua pele era visivelmente mais clara que a das outras crianças, e lá estava ele, gritando apavorado, correndo na direção oposta, assustado com a visão do próprio pai.

Deve ter sido terrível para o meu pai fazer todo aquele percurso para voltar a reunir a família e ver o próprio filho com medo dele, mas papai simplesmente achava graça ao relatar o episódio — ou pelo menos tentava.

HAVIA OUTRO DADO MORTIFICANTE NESSA visita: Armando ainda estava por perto, ou, ainda que não tivesse ficado por ali o tempo todo, estava naquele momento, o que era preocupante para o meu pai. É verdade que foi meu pai mesmo quem trouxe o sujeito de volta à nossa vida ao contratá-lo para acompanhar minha mãe na viagem de

EU, YANOMAMI

Caracas para a aldeia, mas ele achava que o relacionamento acabaria ali — e lá estava Armando. Quaisquer que fossem as dúvidas do meu pai a respeito das intenções de Armando, quaisquer que fossem suas desconfianças quanto à possível versão de um "caso" na floresta, ele soube que algo estava errado. Meus pais se viram uma ou duas vezes no *shabono* e finalmente se aproximaram para se cumprimentar. O clima estava tenso entre eles.

Danny logo acabou se aproximando. Voltou para o *shabono* pouco depois e encarou meu pai com hesitação por um instante, até pular nos seus braços. Infelizmente, a tensão e a incerteza que pairavam entre minha mãe e meu pai não foram superadas assim tão facilmente.

Mas eis um detalhe que ajuda a entender: quando meu pai voltou a Hasupuwe, estava um pouco óbvio entre os aldeões que Yarima retornaria com ele para sua longínqua aldeia *nabuh*. Uma coisa decorreria da outra — uma típica visão se isso/então aquilo, comum entre os Yanomami. *Se* meu pai voltasse, *então* Yarima partiria com ele para sua aldeia em Nova Jersey. Ela estaria ao lado dos filhos, ainda que sentisse muita saudade da floresta, ainda que sua família, sua linhagem quisesse mantê-la perto. Era a vida que ela tinha escolhido — e meu pai era o homem a quem ela escolhera. Armando parecia ter também esse entendimento e, quando se encontrou com Yarima e meu pai na área comunitária, fez um apelo para que ela fosse até os filhos. Disse o fundamental — de um jeito que pode ou não ter sido enganador, calculista. Não era possível saber o que ele dizia a minha mãe em particular, mas em público ele a estimulava a aceitar meu pai, a voltar com ele para a sua cidade.

Ainda assim, aquela embaraçosa tensão entre meus pais persistiu por todo o tempo em que ele esteve em Hasupuwe; papai pretendia ficar no território apenas uns dois dias, período em que tinha de juntar

99

os pertences de minha mãe e as coisas de Danny e ainda fazer outros preparativos para a viagem. Mesmo nas melhores circunstâncias, se as coisas estivessem "bem" entre meus pais, seria um momento difícil, algo que meu pai sempre sentia quando precisava deixar a aldeia, mas a situação estava exponencialmente mais difícil dessa vez. Apesar da recente experiência do grupo com as longas ausências de mamãe, meu pai teve muita dificuldade para explicar aos mais velhos da aldeia que poderia levar muito tempo até que voltassem novamente.

Os Yanomami entendiam o encontro e entendiam a separação; o espaço entre uma coisa e outra não tinha significado para eles, e era nesse espaço que se desenrolava o drama dos meus pais.

Minha mãe sabia o que significava separar-se, e andava de coração partido. Ela ajudou a arrumar as coisas, cuidou do pequeno Danny, mas meu pai teve a impressão de que ela o fazia com relutância. Aquela espécie de pânico em que ela mergulhara meses antes em Caracas? Não tinha desaparecido — ou talvez tivesse, mas agora estava de volta. Papai entendeu a situação, como explicaria mais tarde, mas achava que o humor de minha mãe melhoraria quando ela voltasse para os filhos nos Estados Unidos; ele *tinha* de acreditar nisso, disse, pois era a mulher que ele amava e era a vida e a família que haviam construído.

Logo eles chegariam a Platanal. Alguma coisa havia mudado desde a primeira visita do meu pai ao território, anos antes; as forças do mundo exterior ganhavam espaço. Ali em Platanal, por exemplo, os *Majecodo-teri* construíam um novo *shabono* usando os *Hasupuwe-teri* como mão de obra de apoio — o que parecia indicar o surgimento de uma estrutura de classes, uma aldeia próspera encontrando um jeito de explorar uma pobre. Para meu pai, era um enorme choque, uma revolução cultural, uma perturbadora indicação de que os tentáculos do mundo exterior, as forças da oferta e da procura, abriam caminho na floresta.

EU, YANOMAMI

Enquanto isso, Armando não saía de cena. Era como se papai tivesse pisado na bosta e não conseguisse limpar a sola do sapato, do jeito como Armando continuava a segui-los. Papai não conseguia entender as intenções daquele sujeito ou suas motivações ocultas.

Finalmente, um avião chegou à minúscula pista de aterrissagem de Platanal para levá-los para Esmeralda — pequeno assentamento à margem do Orinoco, e importante ponto de encontro de militares, médicos, missionários e outros trabalhadores humanitários na região. A chegada de um avião era sempre motivo de grande agitação na floresta. Como se fosse um feriado, um desfile. Os Yanomami correm à pista ao ouvir os motores, e o aparelho é escoltado por dezenas de indígenas correndo a seu lado enquanto vai parando. Há sempre enorme atividade ao redor, crianças correndo por todo lado, e foi exatamente o que aconteceu naquele dia. Papai estava ocupado com as bagagens — não havia ninguém por perto para ajudá-lo. Mamãe caminhava devagar na direção do avião, com passos tão minúsculos e hesitantes que qualquer um poderia notar que ela não queria chegar ao destino. Fazia muito calor, havia muita correria e movimento, recorda-se meu pai, e a certa altura ele notou que o afluxo de indígenas empolgados pareceu parar de repente, movendo-se na direção oposta. Foi a coisa mais estranha — como se um interruptor tivesse sido ligado. Primeiro aquelas dezenas de pessoas gritando e assobiando passaram por ele, na direção do avião que taxiava para parar; em seguida, as mesmas voltaram a passar por ele correndo na outra direção. Ele acompanhou a movimentação como se estivesse assistindo a uma partida de tênis.

Sua primeira impressão era de que pudesse ter acontecido algum ataque, ou talvez uma briga, e as pessoas estivessem se dispersando em todas as direções. Mas aquilo não o preocupava. Estava empenhado em colocar toda a bagagem a bordo, cuidar da papelada, e continuou caminhando na direção do avião. Mamãe e Danny seguiam à frente dele pelo curto caminho, desde o pequeno abrigo, junto à pista, onde estiveram. Meu pai precisou voltar uma ou duas vezes para pegar mais algumas malas, e, naquela confusão, os perdeu de vista.

Ao chegar ao avião, ele não acreditou no que via. Lá estava Danny na pista de grama, sentado sozinho, berrando como um louco. Estendia as mãos para o alto, como se tentasse alcançar alguma coisa... mas *o quê*? E mamãe não estava à vista.

Papai olhou por toda a volta sem encontrar o menor vestígio dela, e, enquanto tentava acompanhar o que acontecia ao redor, seus olhos se voltavam na direção do filho em prantos e sozinho no meio daquela pista de aterrissagem na floresta. O pobre Danny estava simplesmente aterrorizado — e papai não entendia nada. Não compreendia o que acabara de acontecer, o que poderia significar, sem saber o que fazer em seguida.

RAPIDAMENTE MEU PAI SE DEU conta de que minha mãe fugira. Ela sabia que ele encontraria Danny na pista e o levaria para nossa casa em Nova Jersey. Agora meu pai precisava decidir se ia ou não atrás dela. Sua cabeça estava a mil.

Para complicar a situação (ou deixar tudo mais confuso), Armando estava presente, tentando consolar meu pai — inclusive o aconselhando a ir atrás da minha mãe, para encontrar uma forma de trazê-la de volta. O sujeito estava jogando contra ele, mas meu pai não percebia.

Meu pobre pai não tinha muitas alternativas — nem muito tempo para pensar. Sua sensação era de que a aldeia inteira estava contra ele. O avião estava prestes a levantar voo. Ele tinha dois filhos pequenos à

EU, YANOMAMI

sua espera em casa, um trabalho, um governo local que há anos vinha tentando acabar com sua alegria e fazê-lo pagar por ter se casado com uma indígena, levando-a do seu território. Temia que se espalhasse a notícia de que Yarima o abandonara e que o governo encontrasse um jeito de usar isso contra ele.

O que meu pai fez? Pegou Danny e entrou no avião. Sabia que se a notícia dessa "separação" voasse por cima da floresta até a cidade grande ele enfrentaria problemas em Caracas. Algum burocrata podia cismar que papai estava sequestrando Danny, tirando o filho à força dos braços da mãe, e ele poderia ser detido, encarcerado ou coisa pior. Não dava para saber como as autoridades reagiriam a mais essa reviravolta, então seu novo plano desesperado era chegar a Esmeralda assim que possível, conversar com seus amigos missionários, certificar-se de que tinham entendido direito o que aconteceu e pegar o próximo voo para Caracas. Era essencial, pensava ele, tirar toda a vantagem do período em Esmeralda. Ele tratou de se comunicar com seus amigos missionários diretamente antes que qualquer boato ou mentira tivesse tempo de alcançá-los.

Ele não podia estar mais ansioso para a escala em Esmeralda, enquanto Danny apareceu com uma horrível verminose, e a situação de papai ficou ainda mais difícil. O pobre Danny estava com uma diarreia muito forte, e papai receou que ficasse desidratado, o que poderia ser um problema no longo voo de volta de Caracas para Nova York. O breve percurso de Esmeralda a Caracas não seria problema, pensou papai, que conversou com as pessoas certas e saiu da cidade o mais rápido possível. Em Caracas, meteu-se num quarto de hotel com Danny e esperou desesperadamente que a diarreia passasse antes do voo da manhã seguinte.

Felizmente, foi o que aconteceu — mas papai ainda não podia ficar tranquilo. Precisava esperar que algo mais passasse: logo depois de aterrissar nos Estados Unidos, ele teve uma terrível crise de pedra nos rins. Meu pobre pai! Tudo que podia dar errado ao seu redor aconteceu, e a dor ficou tão insuportável que ele precisou parar na emergência de um hospital a caminho da casa do meu tio para buscar a mim e Vanessa. Ele simplesmente foi entrando pela sala de emergência, segurando Danny, e desmaiou.

Meu pai passou apenas uma noite no hospital, mas, quando finalmente conseguiu chegar à casa do meu tio, não foi de todo honesto conosco sobre o que aconteceu com a minha mãe. O que ele poderia ter dito? Como dizer aos próprios filhos que a mãe não voltará a vê-los? Como explicar-lhes que o amor que ela sentia por eles não bastava para superar a dor de ter abandonado a própria família, a aldeia, seu modo de vida? Como dizer-lhes que seu coração estava partido porque a mulher que você ama, a mulher com quem construiu uma vida, não vai voltar para casa?

E deixando de lado os filhos: como admitir para si mesmo esse tipo de coisa?

Não há palavras para descrever isso — seja em inglês, seja na língua yanomami —, e assim meu pai simplesmente disse que mamãe ainda estava na floresta, e a ideia era que ela continuasse por lá mais algum tempo. E pronto. Naquele momento, fazia todo o sentido para mim; considerando-se as estranhas separações e reaproximações dos últimos meses, encaixou bem. E jamais ocorreu a nenhum de nós — nem mesmo a papai — que *mais algum tempo* pudesse significar que nunca mais voltaríamos a vê-la.

★

EU, YANOMAMI

O CAPÍTULO SEGUINTE DA VIDA de mamãe, o capítulo seguinte da nossa vida em família é um pouco confuso, e receio que grande parte dele permaneça assim para sempre. Muitos detalhes se perderam e outros foram tragados pela distância e levados pelo tempo.

Direi aqui o que eu sei, de entrevistas e conversas com amigos: Armando continuou visitando a aldeia e exercendo grande influência sobre minha mãe. Sei que ele a enganou, induzindo-a a acreditar que seus filhos estavam em Caracas e que ele podia levá-la até nós. Naturalmente, ela concordava com o que quer que Armando lhe dissesse para fazer. E éramos seus filhos, afinal.

Desse modo, ele convenceu mamãe a acompanhá-lo a Caracas. Ela foi de bom grado, porém ficou ainda mais à mercê dele na capital. Sabia-se que ela havia desaparecido da aldeia, e foi vista pela cidade por missionários da região e outras pessoas que a conheciam ou sabiam de sua situação. Não podia ser considerada literalmente uma refém, mas tampouco pôde escapar da vigilância de Armando. Ele a mantinha trancada num quarto, onde a estuprava e a maltratava. E ameaçou machucá-la se ela tentasse fugir na sua ausência.

Esse período de "cativeiro" durou dias, e às vezes meu pai recebia um telefonema de um de seus amigos de Caracas dizendo que alguém viu Armando tratando Yarima com rispidez ou agredindo-a, ou ameaçando-a em público. Nesse período, Armando também forçava mamãe a aparecer na televisão e no rádio para alegar que foi abusada e maltratada por meu pai — chegando a afirmar que foi sequestrada e levada à força para os Estados Unidos, onde foi mantida contra a sua vontade durante quatro anos.

Eu sei que mamãe não sabia em quem ou no que acreditar. Havia todas aquelas forças, todos aqueles interesses tentando puxá-la nas mais diferentes direções... uma torpe campanha de propaganda para apresentar meu pai como um homem perverso, um imperialista estadunidense, um homem branco que raptara uma amazonense inocente da floresta para forçá-la a se transformar numa típica dona de casa estadunidense. Não surpreende que ela tivesse basicamente desmoronado — e, numa trágica ironia, esse tempo todo do cativeiro ela sofria abusos desse idiota do Armando. As informações que chegavam ao meu pai mostravam quanto ele era manipulador e mal-intencionado.

No início, meu pai não achava que pudesse fazer algo para proteger mamãe àquela distância. Ele tinha medo de entrar na Venezuela. Um representante do governo o tinha procurado em casa em Nova Jersey, exigindo que voltasse ao território para se defender de uma série de acusações fabricadas. Nunca explicaram ao meu pai que acusações eram essas, apenas disseram que ele era um homem marcado: se tentasse voltar à Venezuela, provavelmente seria preso e torturado, e seus filhos transformados em joguetes em uma batalha internacional pela custódia.

No fim das contas, ficou-se sabendo que Yarima estava presa contra a sua vontade — situação que não pareceu nada boa ao Departamento de Questões Indígenas, que foi obrigado a intimar Armando a se afastar de qualquer situação que o próprio criara com a minha mãe. Logo depois, ela foi enviada de volta a sua aldeia.

Nos primeiros meses, possivelmente durante um ano ou mais, papai sentava-se conosco a intervalos regulares para gravar uma saudação em áudio e mandá-la para a floresta. Ele tinha esperança de que, ouvindo as vozes dos filhos, mamãe tivesse vontade de voltar para casa em Nova Jersey. Comprou um gravador especificamente com esse objetivo — na verdade, comprou dois, para mandar um deles para mamãe, permitindo-lhe assim ouvir as gravações. Nossas mensagens eram bem simples e infantis:

EU, YANOMAMI

Nós te amamos, mamãe.

Estamos com saudade, mamãe.

Por favor, volte para casa, mamãe.

Papai tinha um casal de amigos na Venezuela — os Dawson — e mandou-lhes essas gravações, na esperança de que pudessem subir o Orinoco para levá-las até a aldeia da minha mãe. Nunca chegamos a saber se isso aconteceu, mas, ainda hoje, tanto tempo depois, não posso imaginar como ela teria reagido. Pensem só: ela tinha sido violentada e espancada. Fora traumatizada, maltratada e forçada a aparecer na televisão para dizer mentiras sobre o marido e suas experiências nos Estados Unidos. Passara a ter tanto medo de estranhos que toda vez que um *nabuh* se aproximava da aldeia, ela corria para a floresta, para não ser afastada da família. Não confiava em ninguém — nem mesmo nos missionários que conhecia há tantos anos. Imaginá-la reproduzindo essas gravações, ouvindo nossas vozes... teria sido terrivelmente perturbador para ela.

Ainda assim, os Dawson continuaram tentando — e, ainda assim, nós insistíamos em tentar nos comunicar com ela, mas a cada mês sem notícias de mamãe, e depois a cada ano, a nova realidade começou a se impor. Mamãe se fora. Não voltaria mais.

E enquanto isso, em nossa casa em Nova Jersey, a vida seguia em frente.

9 de setembro de 2011
9:21

ALTO ORINOCO, TERRITÓRIO YANOMAMI

O pior da tempestade durou apenas cerca de dez minutos, e, à medida que o vento cedia e a chuva começava a diminuir, ocorreu-me que talvez eu devesse assumir um papel masculino mais tradicional naquele grupo. Não estava gostando de me sentir tão inútil e dispensável. Queria proteger aquelas mulheres, seja lá como me fosse possível.

Queria ser útil, sentir-me um deles.

Lógico que, naquele exato momento, não havia nada que eu pudesse fazer, nada que qualquer homem da aldeia pudesse ter feito, mas ainda assim fui em frente. A chuva ainda era forte o suficiente para nos manter abrigados debaixo das rochas, mas eu me lembrei de algo que minha amiga Hortensia Caballero comentara sobre o hábito dos homens da aldeia de buscar ajuda espiritual durante essas tempestades tropicais em algumas ocasiões.

Hortensia era a antropóloga venezuelana cuja interferência fora tão fundamental para que eu pudesse subir o rio e restabelecer contato com os Yanomami, e, durante nossa longa viagem a essa parte da floresta tropical, ela me falou dos xamãs da aldeia que dançavam e cantavam para afastar as nuvens de chuva.

EU, YANOMAMI

Como um perfeito idiota, eu pensei: Puxa, posso fazer o mesmo!

E foi o que fiz — ou pelo menos tentei. Embora a tempestade tivesse diminuído um pouco, persistia o risco da queda de galhos castigados pelo vento, fazendo com que os outros continuassem na segurança do nosso casulo. Mas eu saltei do meio das rochas, com uma coragem estúpida, e pulei bem no meio do riacho. A água nem chegava aos joelhos, e eu comecei a me movimentar como se estivesse chapinhando numa piscininha. Movimentava-me sem graça nem hesitação. E cantava — basicamente sílabas sem sentido, numa voz monótona que era o melhor que eu podia fazer em matéria de feitiçaria. Não tinha a menor ideia do que estava fazendo, mas entusiasmo não me faltava. Achava que se cantasse bem alto, dançasse com vontade e tentasse afugentar as nuvens com toda convicção, acabaria conseguindo invocar os deuses da floresta para diminuírem a tempestade. Movia-me com os joelhos dobrados, como um lutador de sumô, o que provavelmente vira num documentário do Discovery Channel, irreconhecível, daquele jeito agachado e retorcido. Em seguida, ergui o rosto na direção da chuva e levantei os braços para o céu. Finalmente, coloquei as mãos em concha em torno da boca e tentei afastar as nuvens soprando, tal como Hortensia descrevera.

Devia estar parecendo um idiota — hoje tenho consciência disso —, mas naquele momento eu estava decidido. Pensava estar ajudando, recebendo os espíritos para levar as nuvens de tempestade para bem longe, longe mesmo.

Meu comportamento era tão ridículo, tão estranho diante da experiência comum das pessoas ali presentes, que elas não tinham a menor ideia do que fazer. A certa altura, meu olhar cruzou com os das minhas duas esposas, com suas expressões de espanto e perplexidade. Elas nunca tinham visto um comportamento assim. E minha pobre mãe, que momentos antes contemplava enlevada a violenta tempestade, saboreando à sua maneira aquele momento de pausa com o filho há tanto tempo distante... provavelmente estava envergonhada por minha causa, seu xamãzinho de araque. E não era para menos. Lá estava eu me empertigando, cantando e soprando como um palhaço. Até a criancinha olhava para mim como se eu tivesse chifres, parecendo tentar imaginar o que aquele nabuh sem juízo estava fazendo, dançando na chuva feito um louco.

O tempo todo, eu sabia que aquela agitação toda não serviria para nada, mas era algo que tinha de ser feito, uma forma de liberar a tensão.

A situação prosseguiu por alguns longos momentos — um pouco longos demais, até que uma das mulheres começou a rir. E, quando uma delas começou, as outras também caíram na risada, e não demorou para que as quatro estivessem se contorcendo, às gargalhadas, apontando para mim. Mais uma vez eu era alvo de zombaria, e a essa altura me dei conta de que só me restava rir também.

Durante mais ou menos uma semana, eu fui transformado no idiota da aldeia. Ao voltarmos para o shabono, eu via uma dessas mulheres — e até minha mãe! — imitando meu comportamento com toda a seriedade, esforçando-se para não rir até o fim da exibição.

Devo dizer em minha defesa: a tempestade acabou passando. E preferi acreditar que eu tinha alguma coisa a ver com aquilo. Eu não era nenhum xamã, reconheço, mas não estava ali para ficar sentado, parado, enquanto as mulheres da minha aldeia se encolhiam num abrigo improvisado de pedras em meio a uma furiosa tempestade.

De jeito nenhum.

CAPÍTULO QUATRO

DANDO UM TEMPO

NÃO HAVIA FOTOS DA MINHA mãe expostas em casa, não que eu lembre. Nem quaisquer lembretes sobre ela — pelo menos, nada que ressoasse de forma duradoura. Isso hoje me parece estranho, mas acho que eu sequer notava na época. Era como se minha mãe tivesse desaparecido, sido apagada da nossa vida, como um dos desenhos que eu costumava rabiscar no caderno. Realmente, era a mesma coisa. Houve aquela grande mudança drástica, a grande reviravolta, e depois uma tela em branco onde minha mãe costumava estar.

Com o tempo, empurrei toda lembrança da minha mãe tão lá para o fundo que era como se ela não fosse mais uma parte de mim. Quando me dei conta de que mamãe não voltaria mais para casa, ela perdeu espaço no meu coração. Fiquei furioso, acredito. Confuso. Talvez meio assustado. Como lidar com uma perda assim, aos 5 ou 6 anos? Como ajudar uma criança a entender a súbita e absoluta ausência da mãe?

Certa vez, mais ou menos dois anos depois da nossa nova realidade, meu pai comentou o que mamãe dissera naquela estranha viagem de barco a Platanal, afirmando que queria filhos yanomami *de verdade*. Era realmente uma coisa muito estranha de se dizer — como se minha mãe não achasse que eu era bom o suficiente. Mas esse era o estilo do meu pai de criar os filhos. Só que chamar de *estilo* pode sugerir algo que ele tivesse ponderado ou procurado aperfeiçoar; não era assim com meu pai. Ele apenas conversava conosco como se fôssemos pequenos adultos, e nessa ocasião contou comentários da minha mãe como se não tivessem importância, totalmente inconsciente da dolorosa rejeição por trás das palavras.

Até que eu decidisse resgatar essa parte da minha vida, nunca me ocorreu que meu pai devesse ter seus motivos para deixar que a lembrança da minha mãe desaparecesse de casa. Não era *apenas* que fosse contra a natureza dele dar atenção demais às necessidades emocionais dos filhos quando se tratava da perda da mãe. Não, havia algo mais, penso eu. Ele certamente estava magoado com a reviravolta da partida da minha mãe, com as alegações contra ele, com a inesperada separação da mulher que amava e com quem decidira construir uma vida e formar uma família — uma família nada convencional, é verdade, mas ainda assim uma família. A ideia de decorar a casa com imagens da sua Yarima, lembranças afetuosas do tempo que haviam passado juntos, histórias para mantê-la no nosso coração e na nossa mente, deve ter sido terrível demais, dolorosa demais para sequer ser levada em consideração.

À sua maneira, na sua mágoa, meu pai fez o possível para nos ajudar a enfrentar a situação, mas soava apenas como conversa para mim. Não *significava* nada. Ou eu não entendia o que podia significar. Ou não estava me importando. Naturalmente, lá no fundo, eu me importava, mas na época eu não conseguia alcançar tamanha perspectiva. Na superfície, eu não conseguia expressar esse sentimento, então me fechei. Apaguei minha mãe e nossa relação da memória. Eu era um garoto muito decidido, e assim respirava fundo, inflava o peito e dizia a mim mesmo que não queria saber dela. Nunca, jamais. Entrei definitivamente nessa. Odiava minha mãe na época, queria que ela nem tivesse nascido. (É óbvio que nem pensava no que isso significaria para mim.)

Sempre que meu pai tentava falar da minha mãe, ou se referir a alguma tradição yanomami, ou à nossa época na floresta como família, eu me desligava. Era como se eu fosse aqueles três macaquinhos que tapam os olhos, a boca e os ouvidos, os três num só — agindo dessa forma para com esse lado da minha família, esse aspecto do meu crescimento. No caso dos meus irmãos, acho que era mais uma reação do tipo "o que os olhos não veem, o coração não sente". Danny certamente era pequeno demais para entender a ausência de mamãe em nossa vida, pequeno demais para recordar o breve tempo que passara na floresta ainda bebê. E Vanessa... quem poderia dizer o que ela pensava, o que lembrava, o que teve de enfrentar quando estava vivendo com a família alemã em Caracas? De vez em quando, já adultos, nós três falamos de como as coisas eram para nós na infância, mas só superficialmente. Recordamos histórias, mas não os sentimentos que as acompanhavam. Recordamos momentos, mas não o que significavam. E aqui não me sinto obrigado a falar das lembranças de Danny, das lembranças de Vanessa. Não estou aqui para falar em nome deles. Respeito a privacidade deles. Talvez um dia eles venham contar suas histórias — e será nos seus termos, e não nos meus. Por enquanto, vou incluí-los nessa narrativa sem tentar imaginar como lhes parecia o mundo em que vivíamos.

Mais uma vez, nunca me ocorreu que se tratava de algo que meu pai precisasse trabalhar no íntimo, superar a própria dor da perda — uma perda que era de todos nós. Eu só via a situação no que me dizia respeito. Não que eu fosse egoísta ou voltado para mim mesmo, creio eu. As crianças, afinal de contas, enxergam o mundo a partir da própria hierarquia de necessidades. E quanto a meu pai, nunca me ocorreram as suas necessidades. Eram irrelevantes — para *mim*.

Seja como for, eu guardei a raiva durante todo o meu crescimento. Tentava me convencer de que não tinha mãe. Eu me recusava a ser um homem yanomami. Era perfeitamente capaz de me virar sozinho, muito obrigado. Saberia abrir caminho *nesse* mundo... no *meu* mundo. Em Nova Jersey. E não havia nem mesmo um eventual cartão-postal de mamãe no correio, nem presentes especiais da floresta tropical, ou um telefonema no nosso aniversário, ou qualquer outra maneira de nos manter próximos ou nos unir de novo. Não havia sequer um jeito de pararmos um pouco para refletir no aniversário *dela*, pois, como contei antes, na floresta não havia datas de nascimento nem calendários.

Na floresta, se você estivesse por perto, simplesmente *era*.

Na floresta, se você fosse embora, simplesmente *não era*.

ASSIM ANDAVA A VIDA EM nossa casa quando começamos a seguir em frente sem minha mãe. Era quase como começar do zero, exceto pelas mensagens que papai nos fazia gravar. Até onde nós, crianças, sabíamos, ela nunca respondeu — não que chegassem a mim, então nem sabíamos se nossas "cartas" chegavam a ela, ou se mamãe simplesmente nos ignorava, ou se havia alguma outra explicação.

Com o tempo, essas tentativas de manter contato passando por cima das diferenças culturais foram diminuindo, e mamãe desaparecia cada vez mais da nossa vida. Lembro que, de vez em quando, eu entrava no escritório do meu pai no porão só para procurar algum indício de que ela tivesse estado ali. Havia naquele relacionamento mãe-filho uma força de atração maior e mais forte que eu, contra a qual eu nada podia fazer. Eu continuava indo até ela sem sequer me dar conta. Eu podia ter 7 ou 8 anos, ou quem sabe 10, ou 12. Talvez fosse algo frequente, mas não creio. De qualquer maneira, tenho algumas poucas lembranças específicas de estar sentado na escrivaninha do meu pai,

EU, YANOMAMI

folheando seu livro, vasculhando seus arquivos, parando para contemplar fotos guardadas da minha mãe — meio desnuda, com as pinturas feitas com grafismos indígenas, *hii-hi* ou varetas de bambu enfiados no nariz, bem diferente das mães dos meus amigos. Bem diferente das minhas lembranças, mesmo que fossem cada vez menores, a imagem que guardei era de uma mãe de certa forma "americanizada", usando roupas de acordo com nosso padrão, o cabelo penteado no estilo das outras mulheres da vizinhança, comendo batatas fritas no Burger King.

Esses momentos roubados no escritório do meu pai, contemplando imagens de como minha mãe realmente era quando estava feliz, sendo ela mesma, aconteciam cada vez menos e, com o tempo, ela começou a parecer cada vez menos real para mim. E cada vez menos relevante também. Mas o fato é que: minhas emoções deviam ser um pouco pesadas demais para eu sequer considerá-las. E como posso saber disso? Bem, anos depois, meu pai estava no porão com meu irmão e eles encontraram vários lápis quebrados. Meu pai questionou Danny, pois encontrou seus lápis partidos ao meio e achou que poderia ter sido ele. A cada episódio, meu pai tentava imaginar o que estava acontecendo, mas acabava se distraindo com alguma outra coisa e seguia em frente, até que encontraram ali dezenas de lápis quebrados. Era de surpreender que meu pai ainda não tivesse considerado o fato como um mistério. Mas não era Danny quem vinha quebrando todos aqueles lápis — era eu. Parece que, nos momentos em que eu sentava à escrivaninha do meu pai, olhando fotos, tentando alternadamente lembrar *e* esquecer a mãe que perdera, eu brincava com os lápis e os partia ao meio. Era a minha libertação, uma forma de extravasar. Quase como um tique nervoso, a maneira como eu ficava distraidamente quebrando os lápis, liberando a pressão que sentia. Todos aqueles pensamentos e emoções estavam enterrados tão profundamente, sem que eu conseguisse de fato reconhecê-los ou agir em função deles, que fervilhavam daquele jeito estranhamente agressivo.

Muita coisa desse tipo passava despercebida na nossa casa — ocultas como aqueles lápis quebrados, estavam as fotos da minha mãe que quase nunca eram vistas. Certa vez, muito tempo depois de ela ter ido embora, meu pai perguntou se nós precisávamos "dessa história de dedicar tempo aos filhos". Seu tom de voz denotava que era uma bobagem, e é lógico que nós captamos a mensagem. Pelo menos eu. Fingi que concordava com ele. Disse: "Dedicar tempo? A nós? Só pode estar brincando." Era como se dissesse ao meu pai o que ele queria ouvir, mas a triste verdade era que eu ansiava exatamente por aquilo. Um tempo *dedicado* a mim — pelo meu pai, a minha mãe, os meus pais, juntos... Tudo isso fazia falta na minha vida e eu sequer era capaz de reconhecê-lo.

Só posso imaginar como as coisas deviam ser para o meu pai. Quero dizer, eu tinha perdido minha mãe. Danny e Vanessa tinham perdido a mãe. Mas meu pai tinha perdido a esposa, sua companheira, o amor da sua vida... Não podia ser menos que devastador. Não era um casamento movido pela curiosidade, como tantas vezes escreviam nos jornais, comentava-se na nossa comunidade, ou até na família do meu pai e entre seus amigos e colegas. Não era uma novidade divertida, uma lembrança da sua época na floresta. Não, meus pais tinham uma ligação profunda, quase espiritual. Eram de mundos completamente diferentes, mas foram um só... durante certo tempo. E agora lá estava ele, pai solteiro, criando três filhos pequenos, com um trabalho exigente, intelectualmente desgastante, fazendo o melhor que podia.

Nos primeiros anos, vivíamos numa espécie de silêncio comum, cuidadosos quando se tratava de falar da minha mãe. Com o tempo, ficou evidente para nós que ela não voltaria, mas nunca realmente de-

EU, YANOMAMI

batemos o ocorrido — não de um jeito adequado para a nossa idade. Muito menos de um jeito que nos fizesse sentir acolhidos e estimulados. Às vezes, meu pai soltava um monte de expressões yanomami. Aquilo costumava me irritar, e eu começava a gritar com ele: "Pare com essa língua imbecil de índios!" Era como eu costumava chamar, *língua de índios* — como se estivesse impregnada de ocultismo e rituais secretos.

Ah, sim, e tinha mais: durante muitos anos após a partida da minha mãe, meu pai nos levava à reunião anual da Associação Americana de Antropologia. Aos 12 anos, fiquei no corredor durante uma dessas conferências com uma amiga dele da profissão. Nós a conhecíamos há muitos anos e não sei bem por que ela me chamou para conversar. Essas conferências eram realizadas no fim do ano, em novembro ou dezembro, e assim acabamos falando do Natal.

— E o que vai querer de Natal esse ano, David? — perguntou ela.

Eu era tímido, não sabia o que responder. Mas ela era persistente.

— Sim, sim — prosseguiu. — O que você quiser, eu lhe dou.

Eu fiquei todo empolgado, arregalei os olhos e respondi:

— Quero um Nintendo 64 com Mario Kart!

Aquilo foi saindo, sem freio nenhum. Por alguns breves momentos, a ideia de que aquela mulher se prontificava a comprar aquilo para mim tornou-me o garoto de 12 anos mais feliz do mundo — mas, assim que olhei para seu rosto horrorizado, eu me dei conta de que não ia acontecer.

Ela engoliu em seco — bem dramaticamente, como numa cena de filme. Como se estivesse horrorizada.

— David, estou surpresa com você. Muito decepcionada. Você quer um videogame? Logo você! Igualzinho a qualquer criança estadunidense. Eu esperava algo diferente de você — disse ela.

Seu tom de voz carregava toneladas de desprezo.

DAVID GOOD

Deus do céu, como aquilo machucou! Era como se um garoto da escola tivesse descoberto sobre minha família e estivesse me provocando no pátio — só que partia de uma mulher adulta. E uma amiga da família! Primeiro, ela me fez dizer o que eu queria de verdade no Natal, insistiu, e deu essa resposta em seguida. E não parou por aí, questionou vários aspectos da minha autoimagem, do meu desejo de me identificar com os outros garotos da minha idade. É óbvio que eu era exatamente como qualquer outra criança estadunidense — era como eu estava sendo criado! —, mas parece que isso não era o esperado. Não era o papel que eu devia desempenhar. Sob certos aspectos, não era sequer o papel que me *permitiam* desempenhar.

O tempo todo eu tinha a inabalável sensação de que o mundo nos via como uma família esquisita — pois, no início da década de 1990, não havia tantos pais solteiros na nossa comunidade, e nesse pequeno grupo dificilmente haveria algum que estivesse criando três filhos sozinho... e apenas um que viajou para a floresta amazônica para encontrar alguém com quem se casar e para ser a mãe dos seus filhos.

Nossa família estava tão distante das normas da nossa sociedade que não podia deixar de haver julgamentos e cochichos, e isso se tornou algo para eu rejeitar e me rebelar. Eu detestava que nossa família fosse assim tão visada. Um dos mais desconfortáveis exemplos disso provavelmente ocorreu quando fui obrigado a me sentar com minha professora no jardim de infância, a Sra. M., que tentava conquistar minha confiança de um jeito muito doce. Lembro que eu desprezava aquela mulher por esse motivo, em vez de confiar nela, achando que estava contra nós. Ela me colocava de lado enquanto as outras crianças brincavam ou me mantinha na sala depois da aula ou no recreio, cobrindo-me com todas aquelas perguntas pessoais:

EU, YANOMAMI

Você sente falta da mamãe? Você ama o papai? Ele bate em você? Ele toca em você?

Aos 6 anos, eu mal conseguia balbuciar monossílabos em resposta, mas já estava nítido para mim o que acontecia. Era muito desconfortável, muito perturbador. Era evidente que as pessoas consideravam nossa situação estranha e preocupante e que eu e meus irmãos precisávamos de proteção, do tipo oferecido pela assistência social.

Eu só conseguia reagir a suas perguntas com respostas automáticas: *Sim, sinto falta da mamãe. Sim, eu amo o papai. Não, ele nunca me bate. Não, ele nunca toca em mim. Me deixa em paz, sua mulher horrível.*

Meus professores e outros adultos podiam farejar o que quisessem. Podiam se dar ao trabalho de ir atrás de problemas, mas não havia o que ser encontrado. Provavelmente, a única coisa negativa possível de dizer do meu pai era estar alheio ao meu sofrimento com a perda da minha mãe e ao meu confuso senso de identidade. De vez em quando, ele sentava comigo e dizia que eu devia me orgulhar da minha ascendência, ao que eu explodia, dizendo: "Eu não sou yanomami.", ou então: "Eu odeio a minha mãe!", ou ainda: "Quem vai querer viver na selva e comer cobras?"

Às vezes, essas explosões ocorriam depois de algum incidente na escola ou com as crianças da vizinhança, que faziam perguntas sobre a minha mãe. E eram muitas perguntas. A condição de "celebridade" da nossa família não ajudava nem um pouco. Saíam reportagens na revista *People*. Havia programas de televisão, participações em conferências, tardes de autógrafos. Falava-se de um filme, um documentário. E sobretudo, muita conversa — às vezes, voltada para mim e meus irmãos, o que eu realmente detestava. (E como!) Eu me desligava o máximo que podia. Mergulhava um pouco mais fundo. Renunciava à minha herança yanomami com ainda mais convicção. Enterrava o passado do jeito que podia na minha idade, decidido a levar uma vida totalmente adaptada, normal, longe dos holofotes.

Não lembro o exato momento em que decidi que não queria mais ser yanomami. Algo específico deve ter acontecido que me fez mudar de lado. Qualquer que tenha sido esse momento, ou como se manifestou, perdeu-se ao longo dos anos, enterrado sob uma vida inteira de crise de identidade e vergonha deslocada. Hoje em dia, vejo-me desejando muito ser capaz de desfazer a distância que estabeleci entre mim e a lembrança da minha mãe enquanto eu crescia — mas óbvio que não é possível, então me contento em compensar o tempo perdido e olhar para a frente.

E, já que estamos falando disso, acredito ser útil e talvez até instrutivo olhar para trás e tentar contextualizar a rejeição das minhas origens yanomami. Por que cultivei tanto ódio e ressentimento? O que se passava na minha cabeça de menininho? O que me levava a pensar que podia tentar manter o "segredo" da minha família longe dos meus amigos?

Não existem respostas fáceis para essas perguntas, e as perguntas não param por aí, mas há um denominador comum. Do meu ponto de vista, eu internalizei a partida da minha mãe como um abandono, e provavelmente por isso passei a rejeitar essa parte da minha vida. Eu sentia como se não fosse aceito como seu filho — como se não fosse *filho* o suficiente para fazer com que ela ficasse ou quisesse me levar com ela de volta à floresta. Nunca cheguei a articular esses sentimentos, nem cheguei perto de reconhecê-los ou identificá-los dessa maneira, mas é assim que passei a compreendê-los. Sim, eu era resultado de um casamento diferente, filho de uma mulher yanomami. E, sim, essa diferença de alguma forma me isolava — numa época da vida em que eu só queria me sentir incluído.

Refletindo sobre essa época, percebo que esses sentimentos de abandono eram fruto do meu ideal ocidental. Eu tinha uma visão etnocêntrica — uma visão que criticava a decisão da minha mãe de nos abandonar. E de que outra forma eu poderia reagir? Eu era uma criança, um adolescente, um jovem adulto... Não dispunha das ferramentas ou da visão de mundo necessárias para encarar os atos da minha mãe no devido contexto. Ainda assim, aqueles antigos sentimentos continuam a me dilacerar quando me lembro daquele tempo. Fecho os olhos e vejo minha mãe largando meu irmão ainda bebê naquela pista de grama, que chorava desesperadamente, sabendo que ela talvez nunca mais voltasse a vê-lo. Choro pelo pequeno Danny, por Vanessa, por mim. Intelectualmente, entendo que era pela sobrevivência da minha mãe, para continuar respirando... para *ser ela*. E sei quanto ela deve ter lutado quando estávamos nos Estados Unidos, tentando fazer as coisas funcionarem com meu pai e três crianças pequenas.

Mas esse sou eu, pensando com minha cabeça de adulto. Na época, quando ainda tentava entender o meu lugar no mundo, eu só podia pensar com o coração.

QUANDO EU ESTAVA NA TERCEIRA série, nós nos mudamos para Long Valley — um bairro de classe média alta em Nova Jersey que reforçou quanto eu me sentia diferente. Papai achava que lá seria um excelente lugar para criar a família e em determinado aspecto era mesmo. O fato de os moradores serem brancos como a neve aprofundou a consciência sobre as minhas características físicas e de identidade como uma pessoa yanomami. Na minha lembrança, éramos apenas três crianças não brancas em toda a escola. Eu me destacava, não havia a menor dúvida — e detestava isso. É desgastante, um permanente ataque ao nosso senso de identidade própria ainda nascente, saber que, faça o que fizer, por mais que se esforce, você sempre vai chamar atenção. Será observado, apontado. E acontecia sempre comigo. Os dois outros alunos não brancos, meus compatriotas, se saíam um pouco melhor. Eles pelo menos tinham pais brancos "normais" — ambos tinham sido adotados —, com uma vida em casa bem típica, perfeitamente alinhada com o restante da comunidade.

E a minha? Nem tanto. Eu destoava de todas as maneiras possíveis, e toda noite, ao cair na cama para dormir, pensava em novas maneiras de impedir que os colegas descobrissem o meu segredo. Eu achava, nesse momento, que nenhum dos meus amigos sabia da minha mãe da floresta, mas vivia com medo de ser descoberto e ridicularizado no pátio da escola, de que alguém chamasse minha mãe de "selvagem primitiva" ou berrasse para todo mundo ouvir que ela "andava nua pela selva", com "pauzinhos enfiados no nariz". Eu ouvia essas palavras na minha cabeça, nos meus sonhos, e tinha vergonha e medo demais para conversar com meu pai.

Não havia como negar a minha ascendência, meu lugar ímpar na falha geológica entre esses dois mundos incrivelmente diferentes, mas ainda assim eu negava. Nem sequer me referia à minha mãe como "mamãe", depois que ela nos deixou; referia-me friamente a ela como "a mulher com quem meu pai se casou". Mesmo depois de ter desconectado aquele interruptor de liga/desliga, resolvendo viver no escuro, o meu passado yanomami continuava ressurgindo, especialmente à medida que eu avançava na escola. No ensino fundamental, foi longa a lista de Sras. M. que ameaçavam revelar minha verdadeira identidade, que me forçavam a encarar a história da minha família de um jeito que se adequava às expectativas *delas*, e não às minhas, mas quase sempre eu conseguia me afastar desse tipo de atenção.

A partir da quinta série, tudo ficou um pouco mais difícil. Os professores se mostravam mais inclinados a me tratar como um adulto — ou pelo menos um pequeno adulto que podia ser incitado e provocado a reconsiderar uma visão de mundo visivelmente limi-

EU, YANOMAMI

tada. Lembro-me de um momento de crise quando eu andava pelo corredor para a aula de estudos sociais. Eu estava no sexto ou sétimo ano, na Long Valley Middle School. Fechando os olhos, consigo ver perfeitamente. Eu estava passando pelos armários de ferro azul-escuros alinhados no corredor. Usava meus jeans favoritos e uma camiseta desbotada, com os cabelos longos partidos à esquerda — penteado que Vanessa e Danny não se cansavam de ridicularizar, dizendo que eu estava querendo esconder a careca. Apesar disso, sob todos os outros aspectos da aparência exterior, eu me arrumava para parecer exatamente como qualquer outro colega da escola, o que era sempre o meu objetivo. Qualquer dia em que passava despercebido, apenas mais um garoto tipicamente estadunidense na paisagem escolar, era um bom dia. Mas aquele dia estava para mudar. E mudou quando eu entrei na sala de estudos sociais e vi uma pilha de revistas *Scholastic Journal*, que chegavam quase mensalmente. A tarefa consistia em passar alguns minutos folheando a revista e, em seguida, o professor conduziria um debate em grupo sobre a leitura, geralmente informações e comentários sobre acontecimentos recentes, voltados para um público do nosso nível escolar.

Ainda faltavam alguns minutos para o sinal tocar, então peguei meu exemplar e comecei a folheá-lo, e imediatamente meu coração quase parou. A matéria de capa daquele mês era sobre o desmatamento da Amazônia e a ameaça que isso representava para os Yanomami. A matéria era ilustrada por uma dezena de fotos — entre elas (vejam só!), uma foto minha! Tinha sido tirada na nossa última viagem à floresta, quando eu tinha 5 anos. Nela, um dos meus tios me ensinava a usar o arco e flecha. Não creio que alguém na sala pudesse fazer a ligação, mas ali estava — o que poderia haver de mais improvável, mais incrível, mais horrível? Abaixo da foto, a legenda dizia: "Menino yanomami aprende a usar o arco e flecha." Entrei em pânico — era como se eu estivesse numa cela de prisão e não numa sala de aula.

Olhei ao redor e vi alguns dos colegas que também tinham chegado cedo lendo a mesma matéria, alguns na mesma página. Tentei analisar suas expressões, mas não havia qualquer indicação de que tivessem me reconhecido. Não havia qualquer motivo lógico para que alguém fizesse essa ligação, mas ainda assim eu estava preocupado. Não conseguia pensar com discernimento, apenas imaginar o pior, que seria um dos garotos apontando para mim e fazendo ruídos da floresta, e todo mundo aderindo, às gargalhadas.

Percorri a reportagem e me dei conta, com grande alívio, de que não aparecia o nome do meu pai, mas ainda assim estava obcecado e apavorado com a possibilidade de que um dos meus colegas descobrisse a verdade, de que uma parte da minha família andava nua pela floresta, derrubando macacos das árvores e comendo insetos, de que eu era o garotinho na foto. Ali em Long Valley, meu segredo era só meu — pelo menos entre os meus colegas de turma. Seja como for, ninguém disse nada e o debate que se seguiu não me entregou. A professora mandou que lêssemos a revista em voz alta e, toda vez que eu ouvia a palavra *yanomami*, era como se estivesse sendo apunhalado pelas costas.

Finalmente, a aula chegou ao fim, eu enfiei os livros na mochila e fui tentando sair de fininho — mas, antes de chegar à porta, a professora me chamou.

Eu me senti derrotado, pego em flagrante... descoberto. E fui mesmo. A professora conhecia minha história — que haveria de me acompanhar em todos aqueles anos, parte indissociável do meu histórico escolar. Mas ela também sabia que eu era discreto a respeito. E, naquele momento, de forma louvável, ela não revelou minha história aos meus colegas de classe. Apenas aproveitou a oportunidade para

EU, YANOMAMI

me perguntar de forma particular — o que para mim era sofrimento o bastante. Uma invasão suficiente. Eu me senti vulnerável, exposto. Não queria que ninguém me visse como fraco, como algo do qual eu não queria ser visto, nem mesmo por minha professora de estudos sociais. Mas nada podia fazer. Tinha de responder a suas perguntas, dizer-lhe tudo que ela queria saber, arrancar mais uma camada de mim mesmo para expor à observação dela.

Naquela noite, fiquei acordado na cama, sentindo-me impotente, sem saída, patético, envergonhado, deprimido. Queria gritar — mas gritar só serviria para chamar atenção do meu pai e fazê-lo descobrir do que se tratava. Gritar só serviria para me obrigar a arrancar mais uma camada e expor meus sentimentos... sentimentos que eu ainda não entendia.

NÃO SOU PSICÓLOGO, ENTÃO NÃO consigo imaginar o que aconteceu comigo nos dois primeiros anos após a partida de mamãe. Analisei muita coisa na terapia, já adulto, mas ainda assim podia apenas jogar as mãos para o alto e me perguntar o que me corroía na infância, contra o que me voltava, por que me voltava contra seja lá o que fosse. Mas uma coisa eu sei: eu rejeitava minha mãe, sem a menor dúvida. Sei que uma parte de mim sentia que ela nos abandonou porque não éramos bons o suficiente, amorosos o suficiente, *yanomami* o suficiente... *suficientes* o bastante. Meu pai não se saiu muito bem ao tentar mudar minha maneira de pensar. Em vez de me *dizer* que tivesse orgulho de ser quem eu era e comemorar minhas raízes yanomami, ele podia ter *mostrado* essas coisas. Não é uma crítica, em absoluto, pois sei do fundo do coração que ele fazia o melhor que podia com as ferramentas de que dispunha... Mas, *ainda assim*, ele podia ter tirado da gaveta aquelas fotos guardadas e ajudado a associar algumas histórias àqueles rostos misteriosos. Puxa vida! Como eu queria que ele tivesse entendido certas pistas, aquelas bandeirinhas vermelhas que eu agitava, para dizer-lhe que estava sofrendo. Gostaria que ele tivesse lido minha mente. Aquele "dedicar tempo aos filhos" que ele não parecia considerar necessário à saúde e ao bem-estar da nossa pequena família? Também teria sido bom.

Quando eu tinha 12 anos, nós nos mudamos para Easton, Pensilvânia — e seria mais um recomeço. Agora eu já tinha idade para me virar um pouco, abrir caminho, criar uma nova identidade para mim mesmo. Dessa vez, jurei que *ninguém*, nenhuma alma viva ficaria sabendo da minha história. Nem professor, nem amigo, nem treinador... ninguém. Eu não ficaria conhecido como o filho de uma mulher exótica da Amazônia. Não. Ficaria conhecido como *eu*. Por *mim* mesmo.

A estratégia funcionou bem, mas teve uma consequência — poderíamos chamar de dano colateral. Ao chegar ao ensino médio, eu tinha cada vez menos a ver com meu pai. Estávamos emocionalmente distantes, desconectados. Também aqui, um psicólogo diria que eu parcialmente o culpava por me sentir tão constante e desesperadamente deslocado, sem saber o que fazer com todas aquelas emoções confusas e resolver as coisas. Mas boa parte da culpa era minha, pois me faltava confiança para falar com ele a respeito.

Conforme eu crescia, passava cada vez menos tempo com meus irmãos também. Tínhamos sido muito próximos na infância, mas eu fui me afastando e não demorou para que nós três estivéssemos levando vidas diferentes. Encontrei um grupo de amigos e comecei a evitar estar em casa. Andava por nossa cidadezinha como se não tivesse o meu lugar — como se viesse de lugar nenhum. Praticava esportes, ia muito ao cinema, ficava de papo na cozinha da casa dos amigos, conversando com as mães *deles*, tentando me imaginar na vida *deles*. Ouvia-os chamar as mães e ficava louco de inveja — a simples possibilidade de dizer a palavra *mamãe* significando alguma coisa... Seria o máximo para mim. Muitas vezes nos reuníamos na casa de um dos amigos e, a certa altura, todos iam para outro quarto ver televisão ou jogar videogame, ou talvez iam para a rua, e eu ficava pela cozinha, ajudando a mãe do meu amigo a preparar o almoço ou lavar os pratos ou o que quer que fosse... Apenas sugando indiretamente uma mãe de empréstimo.

Eu era assim, tentando me esconder no óbvio, me adequar, me passar por um garoto estadunidense típico.

Um dos grandes esconderijos na minha infância era o beisebol. Acho que o fato de ser algo típico dos Estados Unidos me atraía — o grande "passatempo nacional". Representava o que eu tanto queria mostrar para o mundo... mas havia algo mais. Eu também era bom naquilo. Era um atleta razoável e a natural habilidade encaixava muito bem com o jogo. Eu era rápido — e não *apenas* rápido, mas veloz. Corria muito no campo, pegava bem a bola. Marcava como um demônio e tinha olhos de lince para a base do rebatedor. Saía-me melhor que a média como rebatedor e tinha um talento especial para voltar à base... e uma vez lá, sacudia o arremessador para fazer as coisas acontecerem.

Não estou dizendo isso para me exibir, mas para contextualizar, mostrar que é importante quando você é estimulado em alguma coisa, quando recebe algum feedback positivo, você se sente atraído. E quando esse fator positivo ajuda a esconder aquela dor ou angústia ou incerteza que está associada à vida isolada em casa, você o agarra e não solta mais.

O outro grande esconderijo que criei era uma mentira descarada e abominável: comecei a dizer que minha mãe morrera num acidente de carro. Estava tão obcecado com a necessidade de desviar a atenção da minha árvore genealógica yanomami que decidi ser melhor ter uma mãe morta. As pessoas ficavam mudas, eu sei. Hoje sei que podia ter desviado a atenção de muitas outras maneiras — podia simplesmente dizer que ela era da Venezuela, sem entrar em detalhes, ou, se quisesse impressionar mais ainda, talvez até dizer que ela era da Itália, o que poderia explicar meus traços. Podia ter dito que ela precisou voltar ao seu país para cuidar de uma tia ou um tio, o que teria explicado sua ausência... mas não foi o jeito que encontrei.

Ainda me lembro da primeira vez que disse a alguém que minha mãe tinha morrido. Estava no banco traseiro de um carro com meu amigo Kyle. A mãe dele estava dirigindo, conversando polidamente. Não sei se ela conhecia a história da minha família ou se estava apenas se fazendo de boba ou tentando ser boazinha, mas a certa altura perguntou sobre minha mãe — algo do tipo "Acho que não cheguei a conhecer sua mãe, David. Ela trabalha fora?".

Podia ser uma pergunta inocente, só para dizer alguma coisa, mas eu recebi aquilo como uma afronta. Achei que tinha de revidar e disse: "Minha mãe morreu. Morreu num acidente de carro."

Eu não tinha planejado dizer aquilo, não foi premeditado. Nem era de um jeito maldoso ou para provocar. Apenas saiu, com naturalidade... e, uma vez dito, eu sustentei. A mãe de Kyle não podia mesmo dizer muita coisa, senão pedir desculpa.

Assim que saímos do carro, Kyle me deu um soco no ombro, dizendo: "Cara, qual é? Eu soube que a sua mãe era, sei lá, de outro país. Disseram que ela teve de voltar ou algo assim."

Eu devolvi o soco, dizendo: "Fecha essa matraca, Kyle."

E ficou por isso mesmo.

A partir dali, essa era sempre a minha resposta pronta. O efeito era mágico. Acabava com qualquer pergunta — até as mais inocentes e bem-intencionadas. E o melhor de tudo era que nunca havia a possibilidade de prolongarem o assunto, insistindo com outras perguntas. O que dizer a um garoto que solta uma dessas? Ninguém vai pedir detalhes. Apenas mudar o rumo da conversa. Mas acho que não se tratava apenas disso para mim. Havia também uma camada de vingança. Lá no fundo, bem no fundo da minha mente, eu adquiria um certo poder sobre uma situação que me deixava impotente, permitindo--me assumir certo controle sobre como encarava o mundo, e como o mundo me encarava.

De vez em quando, meus dois esconderijos entravam em conflito — ou seja, um deles anulava o outro, deixando-me totalmente perdido, exposto. Certa vez, não muito depois de termos nos mudado para essa nova comunidade, quando eu estava bem satisfeito com o jeito que mantive a história da nossa família em segredo, fomos jantar com meu treinador de beisebol. Ele tinha grande interesse em mim e passava muito tempo comigo, e aconteceu certa noite, quando ele foi comigo e meu pai para comer o melhor sanduíche de filé com queijo do mundo. Meu treinador era um daqueles caras mais velhos e de cabelos grisalhos, o tipo de sujeito que deve ter passado a vida inteira num campo de beisebol. Contou muitas histórias sobre sua época de jogador, me deu um bocado de dicas para melhorar, essas coisas. Até que, no meio daquela noite maravilhosa, com aqueles sanduíches maravilhosos, aquela maravilhosa conversa sobre beisebol, meu pai tentou contar uma piada — e, de repente, meu mundo caiu. Ele se virou para o treinador e disse: "O David não é como os outros garotos que você está acostumado a treinar. Eles são levados e trazidos do treino de carro, pela mãe. Mas a mãe do David está lá na selva, nua, comendo tarântulas."

Mais tarde, eu viria a roubar e usar essa frase em entrevistas, mas doeu naquele momento. Não achei nada engraçado... de jeito nenhum. Não, era indigno. Tudo que eu queria era ser igual aos outros garotos, me adequar, e lá estava o meu pai falando de mim para o meu treinador daquele jeito constrangedor, abrindo a cortina para mostrar como eram as coisas na nossa família... e ainda por cima *fazendo piada.* Tive vontade de me enfiar embaixo da mesa e morrer. O pior era meu pai ter me exposto daquele jeito na frente do meu treinador de beisebol — que não tinha o menor motivo para me ver diferente de todos os outros jogadores, até aquele terrível momento. Afinal, o beisebol era o meu lance, o meu refúgio de segurança. Durante um tempo, era o único lugar em que eu me sentia realmente em paz comigo mesmo, o único que me fazia sentir integrado, e agora vinha meu pai simplesmente jogar tudo pelos ares.

E depois só piorou. O treinador achou aquilo a coisa mais divertida do mundo — queria levar a brincadeira no dia seguinte para o treino, disse que seria genial se eu aparecesse descalço. "Você pode percorrer as bases assim", disse, "e representar o seu povo."

Ele falava meio brincando, meio sério, mas eu estava me sentindo exposto e envergonhado na frente de um homem que eu admirava, um sujeito de cuja aprovação eu precisava desesperadamente. E ele tampouco deixou para lá. Eu tentei ignorá-lo, dar de ombros, mas durante toda a temporada o treinador sempre dava um jeito de voltar ao assunto. Chamava-me a um canto e dizia coisas imbecis do tipo: "Aí, Good, você não precisa desses sapatos. Pode perfeitamente correr pelas bases descalço."

É difícil explicar o lugar especial que eu reservara para o beisebol na minha vida. Até hoje é algo importante para mim, embora já não jogue muito. Eu cresci na Pensilvânia, logo, torço freneticamente pelos Phillies. No fim do meu ensino médio, o time tinha um *outfielder* havaiano baixo e veloz chamado Shane Victorino, que lembrava o meu jeito de jogar — a mil por hora —, e que por isso se tornou meu jogador favorito. E ainda é, no campeonato local. Hoje meus instintos se ligam com o cheiro da luva, os ritmos do jogo, que comecei a sentir quando jogava com meu pai — posso dizer que ele encontrou *algumas* maneiras de se conectar comigo fora de casa. Papai era um bom atleta, tinha um braço forte para lançamentos e, quando jogava a bola, ela vinha bater na minha luva com um firme e suave som oco... Um dos sons marcantes da minha infância.

Minha lembrança mais forte da época em que jogava no ensino médio era dispor de todo aquele espaço no centro do campo. Era a minha posição, eu me sentia seu *dono*. Cobria ali muito terreno e adorava o fato de ser todo meu. Era praticamente o único lugar em Easton onde eu me sentia realmente integrado, onde podia fazer qualquer coisa, realizar qualquer coisa... *ser* qualquer coisa. Aquele lugar era tão tranquilo, tão calmo... o que também fazia parte da grande força de atração daquele esporte. O jogo em si é mais mental — no famoso comentário de Yogi Berra, "Noventa por cento do jogo é meio mental". Não é completamente físico — pelo menos não o tempo todo. Há momentos de ação, interrompidos por essas grandes e longas pausas, muito tempo para pensar, e eu tentava usá-lo de maneira útil. Analisava o outro time. Se houvesse um garoto de tacada curta na base, eu fazia essa ou aquela adaptação no centro. Se houvesse um corredor na segunda base e nosso arremessador o estivesse marcando, eu tentava pré-visualizar sua jogada. Tentava imaginar como Shane Victorino reagiria, se anteciparia, poderia voltar-se na direção da bola um segundo ou dois antes dela.

Era bom fazer parte do time, mas eu não era um desses caras que ficam se esgoelando, berrando "Ei, rebate, rebate!" ou qualquer dessas bobagens que os garotos gritam do banco. Não achava que torcer ruidosamente pelo companheiro de time pudesse transformá-lo num jogador melhor, então usava meu tempo com finalidades mais produtivas. Analisava o arremessador. Observava seu movimento em direção à primeira base. Pegava o taco e esperava minha vez de rebater, e me vendo ali, perdido no jogo mental dentro do próprio jogo, ninguém jamais teria imaginado que eu me revirava por dentro, que havia aquele enorme buraco no meu coração... Um vazio no lugar onde costumava ficar minha mãe.

Assim, o beisebol ajudava. Mas não ajudaria por muito tempo. Logo viriam as garotas, o álcool e muitos problemas e confusões para acabar com o meu jogo.

EU TINHA 14 ANOS QUANDO experimentei bebida alcoólica pela primeira vez. Tinha encontrado um estoque de gim e vinho do meu pai num armário da cozinha. No início, não foi nada demais. Como acontece com tantos garotos, meu consumo de álcool era limitado pela dificuldade de acesso. Mas depois que provei, só queria mais — uma sede que mudaria minha vida para sempre. Lembro-me perfeitamente da primeira vez em que fiquei bêbado. Alguns goles e as pontas dos dedos começaram a ficar estranhas. Mais alguns e comecei a rir; de repente, tudo ficou tranquilo. Aquele líquido mágico levava embora minha dor, me tirava das minhas preocupações. Eu não ligava para os meus problemas — quem eu era, de onde vinha, quem sabia, quem não sabia... A única coisa que interessava mesmo era saber quando colocaria as mãos em outra garrafa — o início de um caminho sombrio e destrutivo que quase acabou comigo.

Distrações eram o que não faltava — o suficiente para me fazer acreditar que estava tudo certo no meu mundinho. Não demorou e eu tinha encontrado meu primeiro amor. Ela se chamava Sarah. Com ela eu podia falar dos meus sentimentos, das minhas emoções, da minha família. Eu nunca tivera um relacionamento assim antes. E toda aquela porcaria enterrada começou a se manifestar. E comecei a sentir esse buraco na minha vida, no lugar onde devia estar minha mãe. Faltava alguma coisa. Algo que eu não me permitia ver nem

EU, YANOMAMI

sentir até começar a colocar tudo aquilo para fora com Sarah. Até que me embebedei pela primeira vez.

Nós nos tornamos muito próximos — quem sabe, talvez de um jeito não muito saudável. Eu era realmente obcecado. Costumava sair de casa de bicicleta à noite para ir à casa dela, alguns bairros adiante. Ela me levava para o seu quarto e nós ficávamos conversando e transando, e conversando mais.

Certa noite, fomos surpreendidos pelos pais de Sarah. Eu me escondi no armário. Eles não disseram nada, mas era evidente que sabiam o que estava acontecendo. Na manhã seguinte, recebi um telefonema da mãe de Sarah, mas ela não brigou comigo. Mostrou-se bem correta. Disse que eu seria sempre bem-vindo na casa deles, que ela e o marido se preocupavam por eu andar de bicicleta no meio da noite, atravessando a cidade. Concordou também em não contar ao meu pai, para eu não ter problemas em casa, mas não sei como papai descobriu, o que o deixou furioso. O problema para ele não era que eu estivesse saindo de casa escondido. O que o tirou do sério foram os pais de Sarah terem conspirando comigo para lhe esconder algo. Meu Deus... ele ficou irado! Do ponto de vista de um pai, entendo perfeitamente sua reação. Entendo... *hoje*. Mas na época... nem tanto assim. Meu pai acabou me proibindo de ir à casa de Sarah, o que foi uma espécie de sentença de morte para mim. Quer dizer, era o meu primeiro romance de verdade. Amor verdadeiro. Eu achava que ia casar com aquela garota e perdi completamente o chão.

Mergulhei em profunda depressão, passando horas e horas sozinho no meu quarto. Sarah encarou a coisa com mais tranquilidade. Ficou chateada, mas não muito — nem por muito tempo. Voltou à sua rotina e não demorou para começar a sair com outros caras, e eu, vendo aquilo, me afundei ainda mais. Sabe aquela densa e profunda tristeza de que falei antes? Eu estava completamente nela — ou melhor, *ela* é quem estava completamente em *mim*.

Depois desse episódio com Sarah, fiz de meu pai o vilão da história, a causa de todos os meus problemas. Passei a odiá-lo. Ele tinha acabado com a minha vida. E não era só o que acabara de acontecer com Sarah. Minha mente foi lá atrás, na época em que ele conheceu minha mãe, trazendo-a para os Estados Unidos para começar sua pequena família. Eu o odiava por ter me trazido a esse mundo onde me sentia tão deslocado. Eu era diferente e detestava ser assim, e o odiava por ter causado isso.

Sentia-me vazio. Não achava que pudesse fazer algo para resolver as coisas, exceto talvez desaparecer. E foi o que eu fiz: roubei o carro do meu pai numa noite fria de fevereiro, quando tinha 16 anos, e cerca de US$ 1.200. Era um Toyota Camry bege de 1999. E até que estava em muito boa forma — até eu batê-lo num carro estacionado junto à calçada de uma rua próxima cinco minutos depois de sair de casa. O espelho retrovisor do lado do carona foi arrancado, significando provavelmente bastante dano também ao outro carro, mas eu nem parei para ver. Simplesmente segui em frente — minha primeira batida seguida de fuga, e eu só dirigia há cinco minutos.

Peguei o carro do meu pai num impulso, mas foi um impulso calculado; eu já tinha pensado bastante a respeito e sabia que conseguiria. Havia refletido sobre aquilo muitas vezes, só que nunca tinha repassado as possibilidades; era mais como uma fantasia, que às vezes eu compartilhava com os amigos. Semanas antes de finalmente tomar a decisão, cheguei até a transformar uma dessas conversas numa mentira proposital. Disse aos amigos que fugiria para o Canadá. Acho que o fiz pensando em preparar o terreno, para todo mundo ficar de sobreaviso, e, quando eu desaparecesse de fato e a polícia começasse a interrogar o pessoal, acabaria indo para o Canadá, na direção totalmente oposta.

EU, YANOMAMI

Seja como for, eu não tinha carteira de habilitação — que diabos, não tinha mais que duas ou três horas de prática de direção, o que não me impedia de ceder aos impulsos. Dei partida em direção à Filadélfia, parei num posto e comprei um mapa. Detestava o frio do inverno, então decidi descer para a Flórida. Perguntei ao caixa como chegar à Interestadual 95, ele apontou na direção certa e eu estava a caminho.

Não sei como consegui chegar à Flórida, mas cheguei. Eu ficava me convencendo a ir com calma, seguir em frente, tentar não surtar. Convencendo-me de que não precisava realmente de um retrovisor no lado do carona. Eu sempre fui muito bom em compartimentalizar minhas emoções, meus problemas. E foi o que fiz ali, com os medos e as preocupações que iam aparecendo. Ficava repetindo para mim mesmo que o medo só serviria para piorar as coisas. Esperava ser abordado pelos policiais, então coloquei gasolina e fui em frente. Sem olhar para trás. Sem pensar muito nem por muito tempo em obstáculos que pudessem aparecer no caminho.

Estávamos em 2003, muito antes de alguém como meu pai ter um GPS no carro. Eu tinha um celular, mas não telefonei para casa. Eu queria desaparecer, e não era prioridade telefonar para casa para que meu pai descobrisse que eu não estava morto. Sem me importar com nada, totalmente fora de mim, nem sequer me *ocorreu* ligar para casa. Se tivesse pensado nessa possibilidade, com certeza teria percebido que meu pai provavelmente estaria alucinado de preocupação, desorientado, espalhando cartazes do tipo "Você viu esse rapaz?" pela cidade.

Mas eu fui embora. Simplesmente fui.

Tinha colocado na cabeça que seria um sem-teto vagando pelo mundo. Arrumaria emprego na cozinha de um restaurante e dormiria nos fundos. Eu ficaria bem. Mas não estava bem. Acho que chorei durante metade da viagem. A certa altura, Celine Dion começou a cantar "I Drove All Night" no rádio e eu lembro que comecei a enxugar as lágrimas e achar graça — pensando em como vinha a calhar.

Telefonei para Sarah assim que cheguei à Flórida. Meu coração ainda era dela — então, decididamente, foi para ela que telefonei. Ela disse que estava sendo interrogada pela polícia, que todos os meus amigos estavam sendo interrogados. Uma grande bagunça. Eu não tinha pensado no enorme estrago que deixaria para trás. Eu só queria sumir, mas então comecei a me dar conta. Todas aquelas pessoas foram afetadas. Um parente próximo era perito forense especializado em informática e foi mobilizado para o caso, na tentativa de me encontrar. Na época eu não sabia, mas toda vez que eu usava o celular, ele recebia um sinal da minha localização, sendo possível acompanhar minhas idas e vindas. E ainda expediram um mandado de detenção. Eu era acusado de furto de automóvel — não porque meu pai tivesse dado queixa, mas porque alguém lhe dissera que o mandado facilitaria minha busca pela polícia.

Sarah conhecia uma pessoa na região de Tampa — um amigo de um amigo de um amigo — e me colocou em contato, e essa pessoa me colocou em contato com outra pessoa que me ofereceu um lugar para ficar. Acabou que essa outra pessoa era uma assistente social que trabalhava com adolescentes em situação de risco, e pareceu que o destino me colocou na porta daquela mulher, no seu sofá. Ela vivia numa área de trailers bem jeitosa nas imediações da cidade e ficamos sentados conversando. Ela tentou me ajudar a enxergar com maior discernimento a minha situação, de um jeito mais objetivo. Era muito amável e mostrava muita empatia com a minha situação. E também tentava me fazer enxergar a situação do meu pai. Realmente fez o que podia para que eu deixasse meus traumas de lado e voltasse para a vida familiar, mas eu ainda não estava pronto para ouvir. Só

EU, YANOMAMI

conseguia pensar que talvez pudesse ficar no seu trailer até resolver minha situação, mas, depois de uma semana, ela disse que eu precisava pensar em ir embora, que ela não podia abrigar um adolescente fugitivo, pois era crime. Eu sabia perfeitamente disso, é óbvio, mas esperava que levasse mais algum tempo para ela me mandar embora.

De lá, eu esperava voltar para Ohio, onde outro amigo de um amigo se ofereceu para me dar abrigo, mas os planos mudaram e eu fui levado para Nazareth, Pensilvânia, a cerca de 15 quilômetros de onde eu vivia em Easton. Fiquei furioso, frustrado, por ter chegado tão longe para acabar voltando para tão perto de casa, mas eu não tinha tantas alternativas. O dinheiro que peguei do meu pai havia acabado. Precisava de um lugar para ficar, e precisava ficar longe de tudo, mas tive de dirigir até a Flórida e voltar só para acabar na casa de um estranho onde podia ter chegado de bicicleta.

No fim das contas, fiquei longe durante seis meses. Ninguém na minha família sabia onde eu estava, mas não apaguei bem as pistas ao voltar à Pensilvânia. Imaginei que a polícia estaria rastreando meu telefone, e me livrei dele assim que cheguei à Flórida, só que agora, estando tão perto de casa, eu me livrei também do carro. Deixei-o no estacionamento de uma loja de conveniência em York, cidade próxima conhecida por suas gangues e, quando a polícia o encontrou, as pessoas começaram a achar que eu tinha sido morto ou entrado para uma dessas gangues — pelo menos era o que se comentava entre os meus amigos. Foi mesmo um ato egoísta de hostilidade desaparecer daquele jeito e deixar meu pai morto de preocupação, deixar os amigos tendo de lidar com a polícia em busca de informações, mas devo dizer, em minha defesa, que estava desesperado — e também não estava pensando com muita objetividade. Meu negócio era desaparecer, só isso, e eu não parei para pensar no que isso significaria para meu pai, que já tivera de enfrentar o trauma de perder a mulher — foi mesmo egoísta, imaturo, impensado.

E, sim, havia também o seguinte: uma das primeiras coisas que fiz ao chegar à Flórida foi comprar um saco de laranjas e elas ainda estavam no carro quando voltei à Pensilvânia. Já estava muito mais quente quando voltei à cidade e assim, quando abandonei o carro no estacionamento, as laranjas começaram a exalar um cheiro horrível. Só para lembrar, estávamos no meio do inverno quando saí de casa, mas a essa altura já era primavera, ficando muito quente dentro do carro, e as laranjas apodreceram. Realmente, o interior do carro estava *asqueroso*, e meu pai arquivou esse cheiro como um lembrete futuro quando recebeu o veículo de volta. Nem retrovisor, nem os outros arranhões e amassados que fui colecionando no caminho. Foi o cheiro que ficou, tanto que, quando finalmente nos encontramos, a primeira coisa que ele disse foi: "Não dava para ter tirado aquelas laranjas do carro?" Ele falou em tom de piada, e todos esses anos a pergunta virou uma espécie de frase de efeito na família, mas, na época, lembro-me de ter pensado que poderíamos ter usado aquela oportunidade de um jeito mais significativo.

Para ser justo com meu pai, ele tentou me fazer falar da fuga, mas o fez no seu característico estilo "distanciado". Escrevendo aqui, agora, tento encontrar no meu léxico uma palavra que descreva a maneira como ele encarava situações emocionalmente carregadas como essa, comigo e meus irmãos, mas não encontro. Qual o contrário de "sensível-suscetível"? Qualquer que seja a palavra, é uma boa descrição do meu pai e se encaixa bem aqui, pois o melhor que ele conseguiu comigo foi perguntar: "Isso tem alguma coisa a ver com o fato de sua mãe ter ido embora?"

Ele realmente queria saber o que estava acontecendo comigo, o que me levara a pegar seu carro e desaparecer daquele jeito durante seis meses, e tudo isso estava ligado a essa simples pergunta.

EU, YANOMAMI

Eu respondi: "Sim." E pronto, apenas uma palavra, mas não havia nada no meu tom e na minha atitude que indicasse minha vontade de dar prosseguimento à conversa, então mudamos de assunto.

Era exatamente assim que as coisas aconteciam entre nós, sempre foram assim, e o tempo todo em que estive longe de casa eu imaginava como seria essa conversa. Eu já sabia — mas, *ainda assim*, tentava imaginar. E vale lembrar que não falei com meu pai uma única vez nesses seis meses. Podia apenas chorar a noite toda até dormir, irritado com meu pai por me pressionar daquele jeito, irritado comigo mesmo por permitir que as coisas saíssem dos trilhos daquela maneira. Mas a verdade é que senti uma terrível falta dele quando desapareci — teria dado qualquer coisa para voltar todos aqueles quilômetros e pular nos seus braços para um grande abraço, do jeito como ele costumava me pegar quando eu era pequeno. Mas meu pai não era capaz de encontrar um jeito de me estender a mão e eu não encontrava motivos para voltar para casa.

E agora que finalmente voltei... bem, era como se eu nunca tivesse fugido.

PARA NÃO HAVER DÚVIDAS: MUITOS detalhes a respeito do meu desaparecimento precisam ser mantidos em segredo, mesmo depois de todo esse tempo. Por quê? Porque muita gente me ajudou, me abrigou, me aconselhou e eu não quero expô-las nestas páginas. Afinal, algumas dessas pessoas cometeram um crime, acolhendo um menor, deixando de comunicar meu paradeiro à polícia. Sou grato a elas, a todas e cada uma, e a única maneira de demonstrar minha gratidão e retribuir é deixar os detalhes fora desse relato e saltar para o momento em que decidi retomar a vida que havia deixado para trás.

Eu me despedi dos meus "anfitriões" e fui direto para a delegacia mais próxima. Aproximei-me da recepcionista e disse que era um menor foragido e que havia um mandado de detenção em meu nome. Ela anotou as informações e chamou um policial, e não demorou para que eu e meu pai nos reencontrássemos na cela.

Eu podia ter chorado... mas não chorei. Ele podia ter chorado... mas não chorou. Apenas apertamos as mãos, muito sem jeito. E ele retirou a denúncia de furto de automóvel, evitando que eu ficasse fichado como delinquente juvenil. E pronto, foi *isso*.

Durante a fuga, eu tive uma espécie de despertar emocional. Tinha passado dias e dias sozinho num quarto, meditando, lendo livros de autoajuda. Percebi que, por mais surtado que eu estivesse, quaisquer que fossem as incertezas que enfrentava, só eu poderia encontrar uma saída, então decidi voltar ao colégio e arrumar a bagunça que havia deixado para trás. Mas não sem antes dar mais um ou dois passos em falso. As coisas ficaram meio estranhas entre mim e meu pai quando voltei. Parecíamos estar às voltas um com o outro, com medo de dizer alguma coisa. Anos depois, quando li o seu livro, lembrei-me do jeito como ele rondava mamãe quando voltava à aldeia depois de uma ausência prolongada. Levava um tempo para os dois retomarem a relação de antes, e era praticamente assim na minha relação com ele. Na verdade, eu não voltei a morar em casa por uns dois meses ainda. Fiquei na casa de amigos, acampado no bosque... Em geral, tentava evitá-lo, talvez pelo que não era dito entre nós dois.

Na véspera do retorno às aulas, ele telefonou. (Ah, sim, eu estava com um celular novo — comprado com o dinheiro recebido no meu primeiro emprego, numa loja de artigos esportivos usados chamada Play It Again, Sports.)

— David, é seu pai. Você tem onde dormir esta noite?

— Por enquanto, não, mas eu me viro.

— Tem um lugar para estudar?

EU, YANOMAMI

— Não, não tenho, mas me viro.

— Tem comida?

— Sempre acho alguma coisa.

— Veja bem, as aulas recomeçam amanhã. Por que você não volta para casa?

E foi assim. Pensando nessa época, nem imagino o que fiz meu pai passar, desaparecendo daquele jeito — para então me entregar à polícia e ainda assim encontrar uma maneira de ficar longe.

Mas a volta às aulas e retomar alguma normalidade foram suficientes para me levar de volta para casa, com papai, Vanessa e Danny. No fim das contas, eu perdi o segundo semestre do segundo ano e, quando as aulas recomeçaram naquele outono, eu fiz a matrícula com a condição de recuperar as matérias que deixei pendentes ao desaparecer na Flórida. A carga de trabalho era grande, mas eu era bom aluno e tinha como dar conta. No entanto, eu não consegui me entender com todo o resto, apesar do meu despertar emocional. Eu achava que tinha juntado todas as peças, mas agora que estava em casa de novo tudo desmoronara rapidamente, e foi quando eu comecei a beber para valer. No início, era só nos fins de semana. Até que eu aumentei as doses. Comecei a beber durante a semana — e até nos horários de aula. Minhas notas iam lá em cima e lá embaixo, como um ioiô. (Melhor ainda: como uma montanha-russa, pois havia algo perigoso e emocionante em todos aqueles altos e baixos.) Eu costumava estar um passo ou dois à frente dos professores e dos colegas de turma, mas agora mergulhava naquelas fantásticas oscilações. Era o único da turma que gabaritava numa prova e fracassava na seguinte. Nunca sabia como seria, e na verdade nem me importava.

A maioria dos meus amigos bebia só para se divertir. Queriam encher a cara, matar o tempo, liberar as tensões, mas eu não bebia para ter uma sensação gostosa ou agitar o fim semana. Invejava a maneira como meus amigos bebiam sem segundas intenções — beber só por beber, ficar de porre só por ficar de porre. No meu caso, havia também uma questão emocional. Eu me embebedava mesmo, quase para apagar o que estivesse passando pela minha cabeça, mas, na época, eu não estava em nenhum processo de introspecção. Acho que não tinha ferramentas para isso, ou então tinha, mas não sabia como tirá-las da caixa e *realmente* fazer uso delas. Todos nós íamos apenas levando a vida. Logo eu me dei conta de que, quanto mais bebia, mais dava vazão àqueles pensamentos sombrios — pensamentos que havia enterrado bem fundo. Mas eles estavam lá, em algum lugar, arquivados para quando eu fosse capaz de lidar com eles. Só que nessa época ainda não estava pronto e, quanto mais eu pensava na minha mãe, que basicamente estava fora da minha vida desde os meus 5 anos, mais mergulhava naquela depressão intensa e profunda. Quanto mais pensava no meu pai, impedindo-me de encontrar Sarah, sobrecarregando-me com aquela história de floresta do passado, mostrando-se quase sempre indisponível para mim numa época em que eu tentava encontrar meu caminho, mais eu tentava me livrar daqueles pensamentos.

Acabei saindo do colégio. Fui trabalhar em tempo integral numa loja da Verizon e consegui completar uma carga horária de aulas e obter meu diploma do ensino médio praticamente na mesma época em que meus amigos concluíam o colegial. No fim das contas, foi uma daquelas situações que *acabam dando certo*. Mas, com o passar do tempo, meus problemas pareciam aumentar — assim como a defasagem entre a vida que eu levava e a visão que tinha de mim mesmo. Eu estava fora de controle, bebendo como um louco. Ao abandonar os estudos, minha ingestão de álcool aumentou de forma considerável, não apenas pelo fácil acesso à bebida, mas porque eu tinha a sensação de que era isso o que esperavam de mim. Todos os meus amigos bebiam sem moderação, mas pareciam ter as coisas sob controle. No meu caso, eu estava completamente transtornado, atirando em todas as direções e sem foco algum. Levando "sem moderação" a um novo patamar.

Um belo dia, conheci uma garota que vou chamar de Karen. Começamos a nos encontrar pouco depois de eu voltar da minha "incursão" pela Flórida. No fim das contas, ficamos juntos por quase quatro anos. Eu estava perdidamente apaixonado por ela e era mesmo incrível que Karen ficasse comigo por tanto tempo, tolerando minhas bebedeiras, meus rompantes emocionais — mas até ela tinha seus limites. Certa vez, quando Karen voltou às aulas na Susquehanna University, eu larguei o trabalho e peguei o carro para ir vê-la. A faculdade ficava a cerca de três horas de carro de Easton, mas eu estava acostumado a ir e voltar tantas vezes que não parecia nada. Mas dessa vez meus demônios internos pegaram carona no banco de trás. Eu parei num bar antes de sair da cidade e comprei uma garrafa do meu rum favorito. Assim que cheguei à autoestrada, comecei a encher a cara, e estava muito bêbado ao chegar ao dormitório de Karen. Parece incrível que tenha conseguido dirigir até lá sem apagar e, quando Karen saiu para me encontrar, eu caí de cara no asfalto.

Estava apagado... simplesmente *apagado*.

Nossa rotina, quando eu a visitava, era nos hospedarmos num hotel pulguento perto do *campus*. Eu era muito tímido nessa época, não gostava de ter gente por perto e nós também queríamos ficar longe das colegas de quarto dela, então naquele dia Karen foi me buscar de carro, levantou-me do chão e me acomodou no banco do carona. Quando chegamos ao hotel, eu fiquei dentro do carro enquanto ela fazia o check-in, e então me arrastou até o nosso quarto. Ela abriu o chuveiro, a água fria, tirou minhas roupas e me jogou debaixo da ducha gelada, e até hoje posso me ver naquele triste momento de degradação: bêbado, tremendo de frio, nu, patético... É espantoso que Karen não tenha me deixado naquele momento. Mais tarde, ela me disse que pensou no assunto, pensou muito, mas não se decidiu.

Acho que Karen realmente me amava, realmente acreditava em mim. Mas sua mãe começou a ficar muito preocupada. Começava a perceber que talvez eu não fosse a melhor companhia para a sua filha, e certa tarde me convidou para almoçar no Olive Garden.

Com os anos, eu tinha me tornado bem próximo da mãe de Karen. Ela era como uma mãe para mim. A princípio, achei que ela estava apenas me convidando para comer. E foi como encarei a coisa: almoço de graça! Mas nossa conversa ficou séria. Os olhos da mãe de Karen começaram a se encher de lágrimas. Ela parecia magoada e assustada. Minha cabeça ficou a mil. Preparei-me para o que devia estar por vir.

Na ocasião, ela me disse: "Gosto de você como um filho, David. E sei que Karen o ama. Mas estou vendo como você anda bebendo. Karen não me conta tudo, mas eu sei o suficiente para concluir que você está com problemas. Temo pela vida da minha filha se ela continuar com você."

Aquelas palavras foram como um murro na cara — eu poderia dizer que me pegaram completamente de surpresa, mas estaria exagerando. A verdade é que eu já esperava por aquilo. De alguma forma, sabia que ia acontecer. Afundei na cadeira. Eu sabia que estava me colocando em risco pela maneira como andava bebendo e, se eu estava correndo risco, também representava um perigo para Karen. Eu seguira decididamente por um caminho destrutivo e não queria arrastá-la comigo — mas isso já estava acontecendo.

Provavelmente eu poderia tentar mudar fazendo terapia. Poderia tentar argumentar com a mãe de Karen, com a própria Karen. Assim como ela decidira investir em mim, eu poderia ter encontrado uma forma de investir também e insistir por algum tempo, quem sabe até conseguir acertar as coisas. Mas não foi o que aconteceu. Eu já tinha ido fundo demais no alcoolismo para saber que não ia parar de beber. E era romântico o suficiente para saber que não podia fazer Karen passar por aquilo, então fugi. Sua mãe estava certa, eu não era boa companhia e detestava o fato de não ser boa companhia. Mas ainda assim foi difícil abrir mão. Ficamos tão próximos por tanto tempo que era como se a minha identidade estivesse conectada à ideia de ser o namorado de Karen. Era como eu me via, embora, bem lá no fundo, não achasse que estivesse à altura dela. Nunca achava que estivesse à altura de alguém, para ser honesto — como se estivesse decepcionando a própria vida.

Certo dia, em meio a todo o meu desespero, tentando juntar novamente os caquinhos, comprei um engradado de cerveja e me fechei no quarto. Continuava vivendo em casa todo esse tempo, cada vez mais distante do meu pai — e dos meus irmãos também. Eu fui próximo dos meus irmãos quando éramos pequenos, mas havíamos nos afastado do mesmo jeito que papai; não falávamos muito das nossas emoções. Andávamos juntos, nos divertíamos, mas acabava por aí e, à medida que fomos crescendo, cada um seguiu o próprio caminho. Do meu lado o que eu fiz foi largar o colégio, beber, trabalhar, sentir pena de mim mesmo, beber mais um pouco e naquele dia simplesmente aconteceu de eu estar sozinho por uma tarde. Meu plano era beber até não poder mais e desmaiar, sozinho. Pela metade do engradado, fiquei de pé de costas para a parede do quarto e caí no chão. Fiquei sentado ali por um tempão, as pernas esticadas à minha frente. Os pensamentos iam em todas as direções — para todo lado e para lugar nenhum, ao mesmo tempo. Na confusão da bebedeira, comecei a analisar minha vida de merda. Era como eu a via nessa época — e também como a vejo hoje, em retrospecto. Parecia que nada funcionava, nada se encaixava. Eu não entendia por que vivia mergulhado naquela depressão doentia o tempo todo; por que não me sentia vivo; por que acordava toda manhã com os dentes trincados; por que tudo parecia estar desmoronando ao meu redor.

Eu estava infeliz, deprimido, sem esperança, confuso.

Detestava ser daquele jeito, detestava a pessoa em quem eu havia me transformado.

Acho que, em algum nível, eu sempre soube que meus demônios internos estavam relacionados à minha mãe — ou seja, o fato de ela ter nos deixado tirou o meu rumo. Eu compreendia, mas não sabia como explorar essas questões ou como superá-las. Eu não tinha sensibilidade ou intuição suficientes para colocar minha desesperada infelicidade aos pés descalços da minha mãe — pelo menos, não de maneira consciente. Até que fiquei sabendo por Karen, e depois por outros amigos, que tinha o estranho hábito de chamar por minha mãe pouco antes de apagar para dormir. Estava tudo ligado. Eu nunca tinha estabelecido essa ligação, mas lá estava ela — um vômito emocional, um angustiado grito de socorro. Aquilo representou um salto, hoje me dou conta, e talvez não fosse justo culpar minha mãe por ter ido embora, mas foi como as coisas aconteceram na minha cabeça.

Ainda restavam algumas cervejas e, finalmente, ao acabar com o engradado, fui assolado por uma completa e total tristeza. Na verdade, *tristeza* nem chega perto de expressar o que eu estava sentindo. Era muito mais que isso. Eu também me sentia *impotente, sem esperança* e *aterrorizado*. Comecei a achar que não merecia estar vivo — e até que talvez tudo fosse muito mais fácil se não estivesse. Mais fácil para mim... *e* para meu pobre pai, que não fazia ideia de toda a minha

EU, YANOMAMI

turbulência interna. (Tudo bem, talvez ele *desconfiasse* de algo, mas ficava por aí.)

Eu estava desesperado e decidi que o melhor a fazer era me aproximar da morte. Não creio que tenha considerado o suicídio. Não era bem assim. Mas achei que ajudaria brincar um pouco com a morte, experimentar, sentir como podia ser.

E foi aí que eu parei de pensar.

Peguei uma tesoura novinha e bastante afiada, abri-a bem e pressionei o punho contra uma das lâminas. E comecei a gemer à medida que enfiava a lâmina na pele — lentamente, pois queria sentir, saber como era.

Os cortes não foram muito profundos — não deu para cortar uma veia. No fim das contas, acho que eu não queria realmente morrer ou teria feito o trabalho direito. Queria decidir se eu merecia viver ou morrer por minhas mãos. Pode não fazer sentido, mas naquele momento fazia para mim. Parecia tudo tão nítido. Eu pensava: *Minha nossa, como sou patético!* E também: *Quem sou eu para decidir se tenho um lugar nesse mundo?*

Fiz tão mau uso daquela bela tesoura que a joguei longe, enojado, e meus olhos foram até a tampa da garrafa que eu deixara cair ao meu lado, no tapete bege. Ela parecia me chamar. Imaginei o estrago que poderia fazer com a borda irregular da tampa, então a peguei e enfiei os dentes retorcidos na base do meu antebraço esquerdo, perto do punho. Minha nossa! Como doeu! Eu apertava cada vez mais forte, torcendo aquela coisa na minha pele até sentir a borda penetrando no epitélio e cortando as capilares superficiais. Desmoronei retorcendo-me com intensa dor e imaginando os rios de sangue que saltariam do meu punho, derramando-se pelo carpete.

Mas ainda não acabara. Peguei de novo a tampinha e comecei a enfiá-la ainda mais fundo na pele, arrastando-a pelo antebraço enquanto a retorcia. A cada movimento de mutilação, a cada gota de sangue e terrível fisgada de dor, eu me energizava com uma injeção de adrenalina, quase como numa ressurreição. Era tão estranho! Eu estava nas garras apertadas daquela estranheza, impotente contra ela. Não havia o que fazer senão continuar, então entornei as últimas cervejas e continuei lançando mão do que encontrava no quarto para me cortar das mais diferentes maneiras. E me cortei e retalhei e furei — desfigurei completamente a porra do braço.

Conforme me rasgava desse jeito primitivo, eu me sentia incrível, maravilhosamente vivo, e, em meu esforço de entender aquele momento ao longo dos anos, cheguei à conclusão de que era melhor para mim então sentir aquela dor intensa do que não sentir nada.

Acabei desmaiando — de tanto beber e chorar. A perda de sangue não foi o bastante para acabar com tudo e sinceramente não creio que eu estivesse tentando me matar. Não. Como já disse, não era *essa* a questão. Também não era um pedido de ajuda. Era apenas uma estúpida tentativa de voltar a sentir o que era estar vivo e não parei para pensar nas consequências, no que poderia significar.

FIQUEI TÃO PARA BAIXO DURANTE tanto tempo que nem sequer me lembro de ter chegado ao fundo do poço — mas esse momento deve ter vindo logo em seguida. Karen e eu estávamos separados há uns dois meses. Eu estudava biologia no Northampton Community College, ainda morando na casa do meu pai. Pelas aparências, podia parecer que eu finalmente tinha juntado os cacos, mas estava longe disso. Por dentro, onde realmente importava, eu ainda estava com raiva, fazendo buscas, fora de controle. Estava com 21 anos e agora que era "adulto", bebia com mais frequência e agressividade.

Eu estava numa festa no rio Delaware com colegas de faculdade. A essa altura, já era praticamente um profissional da bebedeira com-

EU, YANOMAMI

pulsiva, cercado por uns vinte caras da minha idade acostumados a perder o controle em festas até cair de quatro — a pior combinação possível. A noite começava como em qualquer outra festa. Eu era um bêbado feliz, solto e divertido. Flertava, bancava o palhaço, divertia os amigos. No fim da noite, a fachada alegre e despreocupada dava lugar ao meu lado mais sombrio. Os outros continuavam a se divertir — rindo, cantando, fazendo brincadeiras estúpidas —, mas eu, quanto mais bebia, mais mergulhava numa daquelas depressões profundas e arrastadas, como a que me acometeu uns dois meses antes no quarto.

Eu costumava ter terríveis crises de pânico, só que não as encarava dessa forma. Nem creio que tenha me ocorrido nomeá-las ou perceber que eram sempre iguais ou sequer entendê-las. Só queria me livrar delas. Independentemente do nome, as crises começaram no ensino fundamental, ocorrendo também no ensino médio, pouco a pouco se tornando cada vez mais intensas, mais apavorantes, intensificadas por toda aquela cerveja, exacerbadas pelo tempo e por um crescente distanciamento do meu pai, além da preocupação cada vez maior com o que poderia ser do restante da minha vida vivendo sozinho daquele jeito. E o detalhe é que eu sabia quando uma crise estava começando. Os batimentos cardíacos disparavam. A respiração ficava mais rasa e difícil. Era como se eu estivesse perdendo o controle — muito embora, para ser franco, nessa altura da vida eu nunca estivesse realmente no controle de nada. Eu simplesmente me deixava levar, mas nesses momentos tremia e suava, encolerizado e gemendo. Fui me livrando desses ataques de pânico com o passar dos anos, mas eles ainda me pegavam de jeito de vez em quando, sobretudo quando estava bêbado. Não havia como controlá-las, como fazê-las parar. Por um período de várias horas, eu tinha a sensação de um total colapso mental, até que desmaiava, ou aparecia aquela depressão profunda, como se eu tivesse sido virado pelo avesso. Eu ficava meio deprimido — não clinicamente deprimido, não creio, mas para baixo, completamente para baixo... em quase tudo. Eu nunca sabia quando ocorreria um desses episódios, apenas que nada poderia fazer a respeito. Era como se andasse com uma nuvem sobre a cabeça.

Lá estávamos nós, então, na casa dos pais do meu amigo perto de Belvidere, Nova Jersey, bebendo sem parar. Era uma bela casa, uma casa de veraneio, à beira do rio, e estávamos nos divertindo muito, mas o meu consumo de álcool saiu de controle. Imprudente. Cáustico. A noite não tinha começado desse jeito. A noite nunca começava desse jeito. Mas a certa altura tomou um rumo estranho e perigoso.

A ideia era beber e dormir por lá mesmo, sem preocupação com eventuais exageros. Estávamos preparados para a noite. Todo mundo arrumava alguém, conversava, dava uns amassos, badernava, desmaiava... E, a certa altura, quase ao amanhecer, eu me vi sozinho no banheiro. Enroscado em posição fetal. Chorando por minha mãe.

Tentei entender o que estava sentindo. Destruído — despedaçado, na verdade. E também terrível e, dolorosamente triste. Não conseguia colocar em palavras o que estava sentindo — não naquele momento, e mesmo agora tenho dificuldade de articular o que se passava na minha cabeça. Lembro que me levantei do lugar onde estava perto da lareira porque tinha a sensação de estar escorregando. Não encontro outra maneira de descrever. A noite estava fugindo de mim, assim como minhas emoções estavam se afastando de mim. Não queria passar vergonha, caindo no choro na frente dos amigos, fazendo uma cena. Fui para o banheiro e fechei a porta.

Eu era assim: vivia tentando superar, enfrentar.

Passados cerca de 45 minutos, levantei-me do chão, joguei um pouco de água no rosto. Fiquei me olhando no espelho por um bom tempo.

EU, YANOMAMI

Os olhos estavam vermelhos de tanto chorar. O rosto tinha marcas de amassado, bem nas bochechas, que eu devia ter apoiado numa toalha enrugada ao desmaiar. A princípio, nem me reconheci — mas, depois do que fiz, não gostei do que estava vendo.

O tempo todo eu tentava imaginar como me explicaria para aquela gente toda. Mas, pelo que pude perceber, ninguém tinha notado minha ausência. A maioria das pessoas estava dormindo, ou entretida com alguma coisa, e eu e meu pequeno colapso simplesmente não interessávamos, e cismei que não queria mais ficar naquela festa. Estava exausto e tudo o que queria era cair na minha cama, mergulhar a cabeça no travesseiro e desmaiar. Aquelas pessoas todas eram minhas amigas — amigas *de verdade*, muitas delas —, mas eu estava me sentindo exposto. Vulnerável. Não queria ser visto *daquele jeito*.

Então fui embora.

EU NÃO ESTAVA EM CONDIÇÕES de dirigir, mas não pensava com discernimento, e não consegui ponderar sobre evitar a direção. Era capaz de andar em linha mais ou menos reta até o carro, o que para mim era mais que suficiente. Capaz de abrir a porta e me jogar lá dentro. Capaz de tatear atrapalhado em busca das chaves e ligar a ignição. Pronto para dar a partida. Achei que ele me avisaria se eu não estivesse em condições de dirigir, mas o carro não disse merda nenhuma.

Naquela época, eu tinha um Toyota Camry bege-escuro com dez anos de fabricação. Era um carro sólido e confiável, mas estava desalinhado. Mesmo segurando o volante bem reto, o carro resvalava para a direita, e era necessário compensar. Eu estava sempre pensando em mandar consertar, mas acabava não o fazendo. Havia muitas coisas na minha vida que eu precisava ajustar, e aquilo podia esperar. Não era nada, uma bobagem.

Não avisei a ninguém que eu estava indo embora.

Devia ser por volta de três ou quatro da manhã. Eu não dormia havia 24 horas. As estradas estavam tranquilas — especialmente as secundárias. Eu ia em direção ao norte, tentando chegar à Rota 22, que me levaria de volta à casa do meu pai em Easton — talvez em meia hora. Estava exausto. Os nervos em frangalhos. Esgotado. Algo assim. Logo que me sentei ao volante, assim que os pneus entraram na estrada, comecei a bater cabeça de sono, mas tratava de acordar e seguir em frente. Provavelmente estava além do limite de velocidade, fazendo as curvas como se estivesse em plena luz do dia — como se estivesse sóbrio e desperto, como o esperado.

Digo provavelmente porque não me lembro, embora quisesse recordar.

Até que devo ter caído no sono e não reagi. Não sei quantos segundos de ausência foram, mas saí da estrada. Foi onde o desalinhamento entrou. E acho até que me salvou, pois fui parar no acostamento, em vez de ir de encontro a outros carros.

Quando dei por mim, o carro estava pulando e entrando num pasto, com árvores passando por mim como se estivesse a um milhão de quilômetros por hora. É possível que eu esteja exagerando. Mas o fato é que ainda tive tempo para pensar durante aquele sacolejo desordenado: *Minha nossa, olha só todas essas árvores passando a mil!* Estava escuro e eu não via nada, mas dava para perceber aquela aterrorizante precipitação de sombras. Não creio que tivesse algum controle sobre o carro nesse momento — mas também acho que nem me ocorreu tentar recuperar o controle. Eu simplesmente me deixava levar, até que algo me disse para pisar no freio, e foi o que eu fiz. Nesse exato momento, apareceu uma vala no caminho e o nariz do Camry mergulhou com tudo, parando de repente com um estrondo.

EU, YANOMAMI

O airbag pulou para fora. Muita gente não sabe, por não ter passado pela experiência, mas a súbita injeção de ar nas bolsas produz um som nauseante — como o assobio de um aspirador de pó, com alguma coisa presa chacoalhando no duto. Não é terrivelmente alto, mas é um barulho sinistro, e eu estava consciente o tempo todo — o suficiente para pensar: *Isso não parece bom. Tudo bem, esse é o barulho de quando o airbag sai.*

Quando o barulho cessou, percebi que estava com dores. Tinha soltado um gemido alto, como se tivesse levado um murro no estômago. Em seguida, percebi uma estranha sensação de queimadura nos braços — reação aos gases liberados pelo airbag. Eu tinha deslocado parcialmente a articulação esternoclavicular — que, como já diz o nome, é a articulação que liga o esterno à clavícula. Naquele momento, a dor não parecia tão forte assim, mas eu dei um jeito de me livrar do airbag, abri a porta com o pé, me arrastei para fora do carro e comecei a caminhar um pouco, tentando desanuviar as ideias.

Depois de um minuto ou dois, um caminhão passou por ali. Apesar de todo aquele movimento, eu não tinha me afastado muito da estrada, e o homem viu os faróis acesos e encostou para ver o que acontecera.

— Cara, você está bem? — perguntou ele.

Eu estava tentando ficar de pé. Tentando imaginar como ainda conseguia andar.

— Sim. Tudo bem — respondi.

Como se dizer que estava tudo bem bastasse. Como se eu tivesse condições de avaliar.

— Acho melhor levá-lo para um hospital — replicou ele.

— Não, não. Tudo bem. Um amigo meu está vindo. Já telefonei. Ele me leva — falei.

Lógico que era mentira. Eu não conseguia raciocinar. Estava abalado, em estado de choque. Assim que o caminhoneiro chegou à conclusão de que as coisas estavam sob controle, peguei o celular e telefonei para meu amigo Jeff, ainda na festa.

Ele reconheceu meu número, dizendo: "Dave! O que houve, cara?"

Eu disse que tinha batido com o carro.

Não foi nada fácil para o pobre Jeff, que a essa altura provavelmente devia ter bebido *muito mais* que o desejável, considerando-se o estado em que já se encontrava quando eu saí. Ele achava que eu ainda estava na festa, e teve uma certa dificuldade de entender o que estava acontecendo, mas acabou arrastando outro amigo para me buscar e me levar de volta para a casa.

Meus amigos ficaram preocupados. Achavam que eu tinha quebrado a clavícula. Alguém sugeriu chamar a emergência. Outra pessoa disse que eu devia ir para o hospital. Já outra achou que talvez não fosse legal eu ficar ali na casa, daquele jeito. A impressão geral era de que alguém veria o carro à margem da estrada e viria atrás de mim, e embora não estivéssemos fazendo nada de errado — não havia drogas na casa, estava todo mundo dentro da lei, o "anfitrião" tinha autorização dos pais para usar a casa —, a tendência é ficar meio paranoico às três ou quatro da manhã quando já se bebeu além da conta e um amigo bate com o carro e arrebenta o ombro.

No fim das contas, decidiu-se chamar a polícia para relatar o acidente, e que alguém me levaria à delegacia para registrar a ocorrência. Eu fui para o hospital para resolver tudo.

Depois de ser liberado, fiquei andando sem rumo pela cidade, sentindo-me completamente perdido e impotente. Acabei sentando num banco, olhando para o céu. Era muita dor, por dentro e por fora. Não conseguia pensar no que fazer, então fiquei sentado ali, parado, até que telefonei para um amigo ir me buscar, e quando ele chegou eu desmoronei, chorando.

Descansando na nossa casa em Rutherford, Nova Jersey. Da esquerda para a direita: minha mãe, eu, Vanessa e meu pai — reparem no moletom de Harvard da minha mãe.

Minha mãe segurando a recém-nascida Vanessa enquanto eu a observava. Essa foto foi tirada algumas semanas após termos deixado Hasupuwe, onde Vanessa nasceu. A batata frita do McDonald's era uma das comidas "ocidentalizadas" que minha mãe mais gostava. Vinte anos mais tarde, quando eu a reencontrei, uma das primeiras coisas que ela me disse foi: "Eu quero batata frita!"

Minha mãe estudando o alfabeto. O inglês era um idioma muito frustrante para ela, especialmente depois que nós, seus filhos, começamos a ultrapassá-la no processo de aprendizado da língua. Após muito esforço, ela conseguiu dominar sua assinatura: dois círculos irregulares.

Com meu irmãozinho, Daniel, para completar a foto — uma grande família feliz.

Havia muitas coisas no mundo ocidental não indígena que minha mãe gostava, como pegar sol à beira da piscina. Aqui ela estava com Vanessa e Daniel ainda bebê. O menino escondido atrás da toalha sou eu.

Subindo o rio Orinoco. Aos poucos, estávamos nos aproximando da minha aldeia. Uma súbita sensação de familiaridade preencheu meus ouvidos, nariz e olhos à medida que comecei a me lembrar das árvores, da água, da umidade do ar e do som do motor.

Arrumando minha rede em Hasupuwe, enquanto esperava minha mãe chegar. As mulheres e as crianças da aldeia se juntaram ao meu redor para "me conhecer melhor". Nunca senti tantas mãos sobre meu corpo ao mesmo tempo. Todos tocavam meu nariz, minhas orelhas, meu rosto e cabelo… Foi emocionante encontrar minha família indígena pela primeira vez em vinte anos.

Instantes depois de reencontrar minha mãe. Apesar de pertencermos a duas culturas completamente diferentes e não conseguirmos nos comunicar de maneira fluida usando o mesmo idioma, o laço entre mãe e filho não poderia ser rompido nem mesmo pelos longos anos ou pela distância que nos separou.

A primeira foto "em família" tirada com minha família yanomami. Eu, minha mãe e meu irmão, Ricky Martin. Amo como minha mãe colocou a mão ao redor do meu braço, de certa forma anunciando para a aldeia: "Este é o meu filho. Ele está de volta e é meu."

Ricky Martin escutando punk rock no meu MP3 player durante minha primeira viagem ao território indígena. Podemos dizer que ele é o fã nº 1 de Taking Back Sunday na Terra Indígena Yanomami.

Ricky Martin durante minha viagem de 2013 usando um telefone via satélite Iridium para falar com meu pai, que estava nos Estados Unidos. Ao fundo, um dos meus tios — com certeza se perguntando como a voz de "Kenny" estava saindo de um tijolo preto esquisito.

Fugindo do sol de meio-dia e relaxando na rede durante minha viagem ao território indígena em 2013. Essa foto foi tirada logo depois de eu ter meu cabelo cortado no estilo tradicional yanomami, o corte cuia. Aos poucos, eu estava me integrando.

Lavando roupa com minha mãe em um riacho próximo. Mesmo dentro da mata profunda, ela encontrava uma maneira de manter minhas roupas cheirosas — nada como um toque materno quando se trata de roupas limpas.

Praticando arco e flecha com os caras na minha viagem de 2013. Usamos um pequeno pé de banana-da-terra como alvo. Após algumas tentativas, acertei na mosca, o que deixou todos estupefatos. Ser capaz de caçar com precisão é um dos muitos marcadores do que significa ser um homem na cultura yanomami. Um dia vou conseguir abater meu primeiro tapir com um arco e flecha.

De vez em quando, minha mãe me surpreendia soltando algumas coisas em inglês do nada. Nesta foto, tirada durante minha viagem de 2011, ela pegou uma parte de uma jiboia-constritora já eviscerada e limpa e me perguntou: *Want some snake?* [Vai uma cobrinha?]

Rindo com Layla, a Esposa nº 1. Ela era tão gentil e paciente comigo, me ensinando tudo sobre a vida entre os Yanomami.

Uma selfie no *shabono* com Lucy, a Esposa nº 2, tirada na minha viagem de 2011. A gente realmente se dava muito bem, mesmo que eu não cumprisse com meus deveres maritais.

Rumo à pescaria na minha visita de 2011. Layla está carregando a filha, Paula, de um modo tradicional yanomami.

Esta foto foi tirada na minha viagem de 2011, enquanto eu, minha mãe e muitos outros nos amontoávamos sob duas grandes rochas, buscando abrigo de uma intensa chuva tropical. Essas pedras acabaram sendo nossa salvação, pois árvores e galhos caíam por toda parte.

Na minha primeira viagem ao território indígena, fui pescar com a minha sobrinha favorita — uma pequena espoleta. Tive que emprestar minha camisa para livrá-la de mosquitos inconvenientes.

Com um dos meus sobrinhos na viagem até a aldeia da minha mãe, em 2013. Tínhamos passado por uma longa e chuvosa noite sob um teto do *shabono* cheio de goteiras, então passamos o dia seguinte fazendo os reparos necessários. Melhorias no lar, no estilo yanomami. (E a floresta amazônica era nossa loja de materiais de construção!)

Aqui temos uma foto de uma das minhas tias carregando um monte de lenha durante a viagem que fiz em 2013. Fiquei surpreso com a força dessas mulheres. Elas também são muito graciosas, pois conseguem levar todo esse peso caminhando sobre trepadeiras, raízes e poças lamacentas sem perder o equilíbrio.

Este é o tio que me batizou com meu nome yanomami: Ayopowe, ou "desvio". Ele foi um bom amigo do meu pai durante sua estadia na aldeia. Mesmo em idade mais avançada, meu tio ainda era forte, ágil e cheio de vida.

Certa tarde, outra tia minha parou para colher alguns cogumelos quando saímos para fazer uma trilha. Ela os levou para o *shabono*, e os devoramos com carne de caranguejo como acompanhamento — um banquete improvisado!

Uma imagem noturna do *shabono* em Irokai. Eu a mostrei para minha mãe assim que a tirei e ela pareceu assustada. Provavelmente estava se perguntando como eu era capaz de capturar uma imagem dessas no mais profundo breu. Como começar a explicar o básico de fotografia e diafragma?

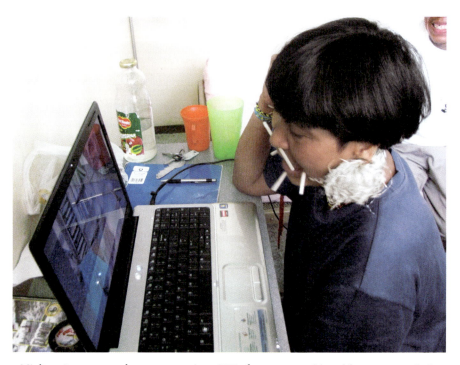

Minha mãe conversando com meu pai em 2011, durante uma visita a Mavaca, uma missão católica. Essa foi a primeira vez que meus pais se viram ou se falaram em duas décadas. Mamãe usou o Skype como se já o utilizasse há anos.

Repare na expressão de alegria da minha mãe ao falar com meu pai durante a viagem que fiz em 2013 — ele estava na longínqua Easton, Pensilvânia. Ela ficou radiante por conseguir falar com seu "Kenny" sem precisar sair da aldeia.

Após nosso encontro em Hasupuwe, em 2011, viajamos até a nova aldeia de Irokai, onde esta foto foi tirada. Da esquerda para a direita: uma das minhas sobrinhas; Hortensia Caballero, a antropóloga de Caracas que tanto me ajudou em minha jornada; minha mãe; Lucy (Esposa nº 2); eu; Layla (Esposa nº 1); uma prima; e o marido "de verdade" de Lucy — o cara que, em minha primeira noite na aldeia, me disse que estava de olho em mim.

Um momento de pausa e riso na viagem de 2013. À esquerda está Ruben, um homem yanomami da distante aldeia Coshilowateli, ou Cosh. Ao lado dele está meu amigo Andrew Lee, outra joia inestimável. Não se deixe enganar pela cara de gringo do Andrew: ele é um guerreiro da Amazônia, criado na Terra Indígena Yanomami. Andrew fala fluentemente espanhol, inglês e yanomami, além de ter se casado com uma mulher yanomami, com quem teve muitos filhos. Ele tem um grande coração e ama profundamente o povo Yanomami.

Uma habitação indígena yanomami em uma das aldeias com maior contato com o mundo não indígena no território. Repare na separação seguindo um estilo de "alojamentos", linhas de transmissão de energia, telhados de metal e luz elétrica. Apesar de a aldeia ser nitidamente mais modernizada que aquelas nas quais passei mais tempo, ainda é chamada de *shabono*.

Puerto Ayacucho vista do alto.

Posando diante das corredeiras do Guajaribo em 2013. Eu estava a caminho de reencontrar minha mãe depois de dois anos. É incrível pensar que décadas antes meu pai tirou uma foto nessas mesmas corredeiras, fazendo esse exato percurso para rever sua amada Yarima após um longo período separados.

Minha primeira selfie na floresta com minha mãe, tirada em 2011 antes de eu ir pescar com outros indígenas yanomami perto de Mavaca. Este é um dos meus registros favoritos desse período. Vejo a mim mesmo no rosto de minha mãe e vejo o rosto dela no meu. Nós somos de mundos substancialmente diferentes e, ainda assim, encontramos semelhanças profundas um no outro.

Meu Deus, eu estava um lixo.

Quando tudo acalmou, repassando mentalmente aqueles momentos ruins muitas e muitas vezes, a conclusão era sempre a de que eu tinha chegado muito perto de me matar. E perto também de talvez matar outra pessoa. Ficava me perguntando se era o fundo do poço para mim, ou se era possível afundar ainda mais, se não podia acabar me matando mesmo.

Eu ficava ouvindo a voz do policial que compareceu ao local para inspecionar e depois me telefonou. Ele disse: "Garoto, não sei como você conseguiu, mas o fato é que conseguiu desviar de todas as árvores e postes de telefone." Ele tinha seguido as marcas de freio e derrapagem deixadas pelo carro ao sair da estrada, viu o caminho percorrido, os dez ou mais obstáculos contornados que poderiam ter me matado.

E eu pensei: *Mas é óbvio, isso explica aquela aterrorizante precipitação de sombras.*

Era assim a minha vida nessa época. Eu bebia até apagar, me envergonhava na frente dos amigos (e de estranhos!), ia me abaixando para desviar das balas que passavam, juntava os cacos e seguia com a vida. E continuava bebendo e começando tudo de novo do mesmo jeito. Visto assim, não era exatamente um incidente isolado. Só que dessa vez a coisa ganhou outra dimensão. As bandeiras vermelhas que eu vinha acenando para o mundo agora ficavam um pouco mais vermelhas. E os sinais de alerta que eu vinha ignorando agora estavam um pouco mais luminosos, um pouco mais barulhentos.

CERCA DE DOIS MESES ANTES do meu terrível acidente de carro, um ou dois meses depois de Karen ter terminado comigo, conheci uma garota chamada Daisy. Ela era linda, tímida, superinteligente. Minutos depois de conhecê-la, eu já sabia que ela tinha um coração puro, cheio de compaixão. Tinha uma aura que me fazia pensar na existência de uma suave bondade que não deixava de acompanhá-la aonde quer que fosse.

Daisy foi a primeira pessoa na vida que realmente entendeu como eu estava confuso por dentro, que me ajudou a aceitar minha identidade, minha história de família. Basicamente, ela me ajudou a me aceitar. Eu passara tanto tempo negando qualquer tipo de relação com minha mãe — negando até que ela existisse! — que era como se estivesse completamente isolado desse lado da minha personalidade. Passara tanto tempo tentando me adequar, tentando parecer feliz e alegre, como qualquer outro garoto estadunidense da vizinhança, que não tinha como meu pai se dar conta de toda a dor que eu sentia.

O tempo todo, não havia espaço na minha cabeça para outra maneira de encarar o mundo, para o surgimento de uma consciência do meu eu, e só mesmo depois de uma série de conversas de bêbado (reconheço) com Daisy é que eu comecei a encarar o meu passado de um jeito positivo. Pelo menos a *reconhecer* o componente yanomami do meu DNA. Com Daisy, eu não sentia vergonha de chorar pela minha família tão esquisita, meus sentimentos de abandono, a terrível confusão emocional na qual eu estava imerso naquela altura da vida — todas essas coisas de alguma forma relacionadas à minha mãe.

Daisy era de fato como uma tábua de salvação.

Comecei a me abrir com ela, cada vez mais à medida que nos tornávamos mais próximos. Desde o início, ela percebeu que eu precisava de um amigo que simplesmente me ouvisse. Precisava de um amigo que me validasse, me dissesse que minhas instabilidades e inseguranças emocionais mereciam ser encaradas e tratadas. Nos meses seguintes, ela me incentivou a falar da dor e da angústia que eu vinha guardando desde a infância. Sentava-se comigo para ver o documentário da National Geographic sobre minha família, enquanto eu relia o livro do meu pai — e também qualquer coisa que encontrássemos na internet sobre os Yanomami.

Aos poucos, comecei a me sentir confortável comigo mesmo. E curioso. Passei a me aceitar, aceitar quem eu era — e esse sentimento parecia decorrer daquela noite terrível, de passar muito tempo olhando no espelho sem desviar o olhar e sem gostar do que estava vendo.

Daisy me fez perceber que os meus colapsos e todas aquelas formas de comportamento destrutivas eram pedidos de ajuda, maneiras de dizer que eu ansiava pela sensação de pertencimento. Ela me ensinou que não havia mal algum em chorar, sentir-me vulnerável, falar do que estava faltando na minha vida. Ajudou-me a ver que eu passara a maior parte da vida enfrentando questões de abandono e crise de identidade — e ignorá-las, dizia, só serviria para piorar minha situação. Ela me acolheu como um jovem sofrido que perdera a mãe — e, me vendo pelos seus olhos, vendo minha família pelos seus olhos, eu finalmente pude encontrar a cura.

Aqueles demônios internos... eles remontavam à minha relação de verdade com minha mãe — embora, na realidade, eu não tivesse nenhuma relação com ela. Mamãe estava fora da minha vida, fora do país, fora de tudo desde os meus 5 anos. Mas era minha *ligação* com ela que precisava ser restabelecida. Eu precisava aceitar sua decisão de se separar de nós naquela época. Precisava entender que ela não tivera escolha, na verdade. Precisava reconhecer que fora um ato de autopreservação, voltar para a floresta como ela voltou. Com esse empurrão nem tão de leve assim de Daisy, eu agora podia ver isso — nitidamente. Ao me reconectar com esses pedacinhos da cultura yanomami, ficou evidente para mim que mamãe não era feita para esse nosso mundo ocidental. Ela estava programada de um jeito completamente diferente, e tentara fazer a coisa funcionar por um bom tempo — mas o tempo todo era como se mal conseguisse respirar, como um peixe fora da água.

E assim eu a perdoei. Ela não precisava do meu perdão, nem pensara em pedi-lo, não saberia o que fazer com ele se eu achasse um jeito de oferecê-lo, mas foi um marco importante para mim — um marco que ajudou a me livrar do peso que eu vinha carregando todos aqueles anos.

Eu queria passar por cima de todos aqueles quilômetros, todos aqueles anos, dar um abraço apertado nela e sussurrar: "Tudo bem, mamãe. Eu entendo."

Como se eu ainda pudesse ter alguma ideia de como fazer isso acontecer, mesmo de longe.

Mais ou menos nessa mesma época, no segundo ano da faculdade, eu tinha aulas de anatomia e fisiologia com um professor chamado Alan Spevak, e de vez em quando o procurava fora do horário de aulas. Estava nessa fase de autodescoberta, aprendendo sempre mais sobre o povo da minha mãe (sobre o *meu* povo), chegando cada vez mais perto de um lugar de autoaceitação e do meu lugar no mundo, e durante uma dessas conversas com o Dr. Spevak começamos a falar de antropologia. Não era exatamente o seu campo — ele era biólogo —, mas ele era um cientista, um estudante da natureza humana, e eu sabia dos debates em sala de aula que seus interesses se voltavam em todas as direções. Ele falou de um curso de antropologia que fizera — ainda na graduação, penso eu — e, quando dei por mim, eu estava contando a minha a história. Simplesmente foi saindo. Depois de todos aqueles anos guardando a "história das minhas origens" para mim mesmo, a coisa simplesmente transbordou.

Como se eu tivesse sido virado de cabeça para baixo.

EU, YANOMAMI

Fiquei meio fora de mim enquanto ia falando. Quer dizer, eu estava muito consciente da impressão que transmitia. Primeiro, fiquei tenso, nervoso, com medo de expor minhas feridas abertas. Mas à medida que falava, comecei a relaxar. Comecei a perceber que o Dr. Spevak estava interessado no que eu tinha a dizer — interessado *de verdade* —, e achei aquilo uma coisa muito boa mesmo. Não sei por que eu haveria de esperar algo diferente, mas lembro que aquilo me impressionou. Eu me vi dando voz a pensamentos e lembranças que há anos não passavam pela minha cabeça — tudo estimulado pelo interesse surpreso e sincero daquele homem da ciência, um ouvinte paciente e cheio de empatia.

Em dado momento das minhas divagações, eu disse que queria ir à floresta restabelecer o elo com minha mãe — um velho sonho que eu nem sequer me dava conta de estar alimentando. Aquilo fluiu com naturalidade, como tudo mais. Assim que o disse, tomei consciência da minha vulnerabilidade, ao sair da minha zona de segurança e reclusão. Na verdade, até colocar para fora eu não tinha me dado conta de que pensava assim e, agora que aconteceu, eu me perguntava como retirar aquilo que disse. Não fazia o menor sentido — ir até o fim do mundo, sem dinheiro, sem contatos, fora de contexto, sem a menor ideia de como encontrar minha mãe nem mesmo saber se ela ainda estava viva.

E algo extraordinário aconteceu. O Dr. Spevak não me olhou como se eu tivesse perdido o juízo. Não disse que procurar minha mãe na floresta, depois de quase vinte anos, seria como procurar uma agulha no palheiro. Não, ele disse: "Uau!" Apenas isso: "Uau!" E nessa palavrinha com ponto de exclamação havia uma tremenda força. Possibilidades ilimitadas. A sensação de que eu podia jogar um pensamento assim para o Universo e, de algum jeito, fazer acontecer. Podia mobilizar a minha vontade nesse sentido.

Muita coisa aconteceu na esteira daquela palavra. *Uau*. Sobretudo, ela deu a partida numa jornada. Eu senti força em mim. Dei umas boas gargalhadas. E depois chorei. E tive que me segurar para não sair correndo pelo *campus,* abraçando todo mundo no caminho — para verem como eu estava eufórico com aquela conversa e o que podia significar. Lembrou-me de certa maneira de como eu me sentia em pé no meio do campo de beisebol, com todo aquele espaço para correr e ficar sozinho com meus pensamentos e fazer as coisas do jeito que eu achava melhor. Esperançoso. Como se qualquer coisa fosse possível.

E foi a partir daí que a minha busca começou, para me reunir, me reconectar com minha mãe. Quem poderia saber se uma coisa assim sequer seria possível? Mas, naquele momento, parecia que minha mãe estava tão perto que eu conseguiria tocá-la.

Eu poderia encontrar o caminho até ela. De algum jeito. Eu poderia fazer acontecer.

9 de setembro de 2011
10:27

ALTO ORINOCO, TERRITÓRIO YANOMAMI

A tempestade veio e se foi — só que dizer que ela veio e se foi assim, do nada, não seria justo com a tempestade. Foi bom que pudéssemos nos abrigar embaixo das rochas. Junto à chuva torrencial, havia ventos fortes e um céu escuro que mais parecia saído de um filme de terror.

Assim que a chuva parou, o céu foi voltando ao estado anterior. Uma coisa seguiu a outra. O vento parou. O calor da manhã rapidamente voltou. Durante a maior parte daqueles mais ou menos 15 minutos, minha mãe olhava pela fenda da rocha, perscrutando o céu. Estava calma, firme, despreocupada. Tinha assumido a liderança do nosso grupo. Os outros esperavam a sua orientação, a sua direção, e eu me lembro de ter pensado, vendo aquilo: Puxa, é a minha mãe. Ela sabe o que faz. *Quando teve certeza de que tinha acabado, ela saiu confiante do nosso abrigo improvisado e olhou ao redor. Em seguida, voltou-se de novo para o nosso grupo e fez um movimento abrangente com o braço, como se nos chamasse.*

— Vamos — disse, mais uma vez me surpreendendo com seu inglês. Era uma frase que ela lembrava de quando morou nos Estados Unidos, uma frase

DAVID GOOD

que certamente tinha ouvido meu pai dizer. Disse-a como se fosse uma só palavra: "lessgo" [let's go]. Como um comando. Como se fosse o que viria a seguir, uma seguindo a outra. E nós só podíamos nos mover obedecendo à sua gentil instrução.

Voltamos em direção ao shabono *abandonado, supostamente para ir ao encontro dos outros. Estávamos longe desde o amanhecer — o estilo de vida da floresta, como eu estava aprendendo. O dia começa quando clareia, então tínhamos começado nossa jornada às cinco horas da manhã — um marco arbitrário do tempo que nada significava naquela região. Se tivesse de adivinhar a hora, eu teria arriscado que eram mais ou menos 10h30, e eu estava ficando com fome. Não havia horário certo para as refeições, não que eu soubesse; nós comíamos quando era hora de comer. Pescávamos quando era hora de pescar. Colhíamos bananas quando era hora de colher bananas.*

Logo estaria na hora de comer, mas agora era hora de caminhar.

— Lessgo.

Andamos em silêncio por um tempo, e enquanto isso eu pensava na tempestade que passara. Vapores subiam do chão, nos pontos onde o sol aquecia as poças de água da chuva. Por toda parte encontrávamos provas da sua força — uma árvore derrubada aqui, um galho caído ali. Eu imediatamente me dei conta do perigo que teríamos enfrentado se não tivéssemos encontrado abrigo. Os outros lançaram mão dos seus facões para cortar os galhos caídos, abrindo caminho para os demais. Eu ajudava do jeito que podia, hesitante, mas por dentro não conseguia me livrar da ideia de que tínhamos acabado de evitar uma catástrofe. E também era o jeito da floresta — o sujeito podia estar andando, pensando na vida, e uma súbita tempestade cair, derrubando árvores e galhos capazes de esmagar qualquer um. Passar por cima daquelas árvores tombadas era um lembrete bem assustador da bela força bruta da floresta tropical. A bela força bruta do povo Yanomami. O meu povo.

EU, YANOMAMI

Saímos do jeito que tínhamos entrado. Eu era yanomami o suficiente para reconhecer o caminho, e estadunidense o suficiente para me preocupar com o fato de termos chegado bem perto de nos ferir na tempestade. E no caminho comecei a pensar na minha vida na Pensilvânia, no jeito como me prepararia para uma tempestade se aproximando. Lá, ouvimos o noticiário ou damos uma olhada na previsão do tempo pela internet. Se a previsão é de chuva, levamos um guarda-chuva ou ficamos em casa. Mas ali na floresta não existe serviço de meteorologia. O sujeito levanta da rede quando começa a clarear e se aventura pela floresta em busca de comida. Não tem como ficar sabendo como será o tempo, senão pelo que o céu indica. E quando cai aquela violenta tempestade, você se adapta. Busca abrigo.

E o faz sem sequer pensar no assunto.

Você vai vivendo o seu dia.

CAPÍTULO CINCO

EM CASA

TUDO BEM, UMA COISA ERA dizer ao mundo que eu queria encontrar minha mãe. Outra muito diferente era fazer acontecer de verdade, mas já era um começo. Eu estava muito empolgado, só pelo fato de dividir minha história com alguém. E o Dr. Spevak era um sujeito generoso, que me inspirava. Nós nos encontramos várias vezes para conversar a respeito e ele começou a recorrer a antropólogos conhecidos... qualquer coisa que achasse que poderia ajudar.

Eu estava incrivelmente nervoso ao iniciar essa jornada, pois não sabia como as pessoas reagiriam. Durante tanto tempo eu fugira da minha história, negando minha mãe e seu devido lugar na minha vida, rejeitando minhas raízes yanomami, de modo que tomar aquela solene decisão, do nada, de um lugar de ignorância... estava criando condições para ser rejeitado. Ficava achando que ouviria coisas do tipo "Ora, você não pode fazer isso" ou "Quem você acha que é, querendo encontrar sua mãe depois de tanto tempo?". Eu era o primeiro a reconhecer que a ideia era absurda, mas não queria ouvir isso de mais ninguém.

No fim das contas, caiu a ficha de que não importava muito o que os outros pensavam. Importava apenas que as pessoas mais próximas,

EU, YANOMAMI

aquelas que poderiam ajudar, aceitassem, e foi nisso que me concentrei. Incrivelmente, todo mundo abraçou a ideia — exatamente o contrário do que a minha pequena mente limitada temia. As pessoas entenderam perfeitamente e se mostravam ansiosas por ajudar, do jeito que pudessem. Daisy me incentivou o tempo todo. O Dr. Spevak, também. Assim como meus amigos.

Não sei bem por quê, mas não falei com meu pai a respeito durante cerca de duas semanas. Acho que eu queria pegar impulso, tomar coragem antes de lhe expor a ideia. Por fim, toquei no assunto com ele em casa, certa noite, bem tarde. Eu ainda estava vivendo na minha casa, mantendo em banho-maria minha relação com meu pai. Depois que eu desaparecera na Flórida, depois de passar mais algumas semanas morando com amigos ou acampando no mato, as coisas ficaram meio tensas entre nós por um tempo, mas aos poucos as arestas foram sendo aparadas e agora era como se todo aquele episódio nem tivesse acontecido.

Estávamos na cozinha, arrumando e lavando a louça depois do jantar. Só nós dois. Eu fui direto ao assunto. Disse: "Papai, estou pensando em ir encontrar mamãe."

Assim. Nada de mais.

Ele ficou surpreso, com certeza. E provavelmente meio atordoado. Eu estava sentado à mesa e ele estava de pé, e lembro que olhava para os armários da cozinha, e não para mim. Achei que talvez não quisesse que eu visse seu rosto — ou quem sabe ele não quisesse olhar para o meu. Seu rompimento com minha mãe tinha sido horrível, doloroso, e lá estava eu pedindo que ele revivesse tudo aquilo. Ele não tinha como saber como eu ficara devastado pela partida da minha mãe. Eu tinha conseguido esconder muito bem dele, recalcado minhas emoções e embrulhado direitinho, de modo que, por fora, ninguém sabia que eu estava machucado e, mais uma vez, não posso culpá-lo. Ele não sabia dos meus colapsos. Sabia que eu tinha batido com o carro naquela noite da festa, mas não o que havia me levado a isso. E, sabe-se lá por quê, mas nunca chegamos de fato a tocar no assunto — exatamente como nunca chegamos a falar daquela vez em que fugi de casa. É óbvio que ele sabia dos detalhes. Sabia que eu tinha roubado seu carro e desaparecido na Flórida, mas não sabia o que tinha desencadeado isso, além daquela conversa monossilábica que tivemos quando ele perguntou se tinha a ver com minha mãe. Num nível muito superficial, ele sabia que todas as minhas merdas tinham o objetivo de chamar a sua atenção, mas nunca tomou conhecimento da angústia que estava por trás. Eu tinha dado um jeito de sustentar a máscara do perfeito garoto estadunidense. Era uma estrela do beisebol. Cortava a grama. Entregava jornais, geralmente tirava notas decentes, tomava chá com biscoitos com os mais velhos. Meu pai não tinha motivos para pensar que houvesse algo de errado comigo. Assim, quando me ouviu dizer que queria encontrar minha mãe, não enxergou realmente o cenário emocional por trás disso. Talvez tenha entendido como se eu estivesse querendo uma aventura, como se estivesse apenas passando por uma fase.

Hoje me dou conta de que devo tê-lo pego de surpresa. De jeito nenhum ele podia imaginar; afinal, eu tinha passado todo aquele tempo e gastado toda aquela energia rejeitando minha mãe e minhas origens. Como ele poderia saber o que estava realmente acontecendo comigo?

Depois de certo tempo, ele se virou para mim com uma expressão confusa no rosto — mas confusa *mesmo*. Como se não fizesse ideia do que eu estava dizendo. Perguntou: "Por quê? Você detestava ser yanomami. Não queria saber disso!"

A única coisa que fiz foi dar de ombros. Não tinha uma resposta certa, mas não era do seu feitio esperar que eu a encontrasse. Imediatamente ele começou a tecer uma série de considerações sobre o que eu teria de pesar e contrabalançar, se quisesse levar aquilo adiante.

EU, YANOMAMI

Durante todos aqueles anos, meu pai também vinha carregando nas costas muita merda. Problemas financeiros. Problemas acadêmicos. Permanentes problemas com o governo venezuelano. Algumas coisas eu percebia, mas não sabia dos detalhes. Não parava para pensar como era o mundo que ele tinha de encarar. E devo reconhecer que, naquela primeira noite, ele nem de longe me desencorajou. Não creio que estivesse *encorajando*, mas pelo menos não foi logo descartando a ideia.

Acabamos conversando a noite inteira. Pela primeira vez, meu pai e eu conversamos abertamente sobre minha mãe. Ele me contou a história do sequestro dela, de ter sido mantida como refém naquele apartamento imundo em Caracas, obrigada a aparecer na televisão para falar um monte de merda a respeito dele. Na infância, eu não ficara sabendo de nada disso, nem mesmo de ouvir falar, e fiquei bem abalado. Era como se ele tivesse aberto a capa de um livro desconhecido, um capítulo totalmente novo na nossa vida familiar, aparecendo uma nova história nas entrelinhas. Comecei a perceber que minha mãe *de fato* tinha tentado fazer contato conosco, seus filhos. Ela *de fato* se empenhou. Mas estava tão traumatizada com os acontecimentos, tão aterrorizada com a própria segurança e a nossa, que acabou voltando para a vida na aldeia e deixando nossa família de lado.

Aquele novo ângulo da história da minha mãe no mínimo reforçava minha resolução de procurá-la, e no decorrer da noite, que se estendeu na cozinha, nossa conversa acabou se encaminhando para questões logísticas. Meu pai tinha muitas perguntas a fazer — perguntas que eu não tinha como responder. Não que ele estivesse querendo me derrubar, mas queria saber se eu tinha levado em conta essa ou aquela eventualidade, se tinha pensado seriamente em tudo. Preocupava-se com minha segurança.

Mas a única maneira que ele encontrou para falar do assunto foi lançar mão daquele velho recurso de família, o insulto que dizia muito bem como, no fundo, eu não era nada yanomami...

— Mas você tem medo de insetos, David — disse ele.

Eu sabia que ele ia mandar essa.

— Sim, tenho. Mas acho que vou ter de superar — repliquei.

Ele não estava sendo negativo, eu acho, apenas pragmático. Mas seu pragmatismo só servia para me causar dúvidas. No entanto, eu estava decidido. A vontade era forte demais para ser ignorada. Eu levaria aquilo até o fim. Conseguiria chegar à floresta. Eu encontraria minha mãe.

De algum jeito.

MEU PAI QUERIA AJUDAR, MAS não tinha mais contatos na Venezuela. O que foi uma frustração para ele — mas, afinal de contas, já tinham se passado vinte anos. Ainda assim, ele sabia muito mais que eu sobre a região e sobre a logística de uma expedição. Juntos, decidimos naquela longa noite que um bom ponto de partida seria telefonar para o Dr. Robert Carneiro, curador do Museu Americano de História Natural, em Nova York. O Dr. Carneiro era um renomado e respeitado antropólogo estadunidense. Ele e meu pai tinham convivido com os Yanomami muitos anos antes. Ele era um velho amigo da família e conhecia nossa história — inclusive os pontos altos (ou melhor, *baixos*) das minhas dificuldades —, de modo que, sob muitos aspectos, era como telefonar para um tio favorito para pedir ajuda profissional.

Na verdade, eu não telefonei — mandei um e-mail, o que podia ser considerado uma iniciativa passiva da minha parte, mas eu queria escolher muito bem as palavras. "Sou apenas um filho em busca da mãe", escrevi. "Mas está sendo difícil saber por onde começar. Já expus a ideia ao meu pai. Passamos muitas horas conversando sobre os acontecimentos que levaram à partida da minha mãe. Cheguei à conclusão de que meu pai ainda convive com as duras e dolorosas acusações que lhe foram feitas. Não quero que ele volte a passar por nada disso. Amo meu pai e não quero de modo algum piorar as coisas."

EU, YANOMAMI

Quando eu estava prestes a clicar em ENVIAR, ainda parecia meio estranho recorrer ao Dr. Carneiro de um jeito tão impessoal, mas acho que eu queria evitar qualquer tipo de confronto já de cara, e talvez encontrar uma forma de avaliar seu interesse antes de me expor. Com um e-mail, pelo menos, ele teria tempo de pensar, reconsiderar, caso sua reação inicial não fosse assim tão positiva. E eu teria tempo de pensar bem na minha resposta. Num encontro pessoal ou num telefonema, se o Dr. Carneiro tivesse contestado ou questionado minha motivação, não creio que eu tivesse lidado muito bem.

Mas no fim das contas não havia motivo para preocupação. O Dr. Carneiro respondeu quase que de imediato com uma grande manifestação de apoio e entusiasmo. "Que odisseia mais desafiadora e empolgante vai ser esta, sair em busca da sua mãe!", escreveu. "Acho uma excelente ideia o seu desejo de encontrar sua mãe na floresta onde ela vive, no sul da Venezuela. Tenho certeza de que será um momento muito emotivo quando se encontrarem. Não será uma empreitada fácil, sei que você tem plena consciência disso, mas sei também que não se deixará dissuadir por esses obstáculos."

No e-mail, ele parecia absolutamente encantado, e eu ansiava por conversar com ele e montar um plano de ação.

Há décadas o Dr. Carneiro não ia à região, de modo que *plano de ação* era uma expressão relativa, creio eu. Na verdade, ele só tinha estado com os *Hasupuwe-teri* por alguns meses; a maior parte da sua pesquisa na região fora feita entre outro povo indígena. Ainda assim, ele tinha muitos contatos no Amazonas e seu nome abria muitas portas, o que conferia certa legitimidade à minha viagem. Assim, ele começou a trabalhar imediatamente, tentando facilitar a situação para mim. Ele não estava fisicamente tão bem quando fui vê-lo em seu gabinete no museu, mas a mente continuava muito aguçada. Ele parecia saborear cada palavra minha, ponderar cada eventualidade, de um jeito meticuloso e cuidadoso. Logo enxergou os fatores positivos e negativos da pretendida viagem, concluindo que podia ser uma excelente ideia.

Um dos primeiros telefonemas que deu para me ajudar foi ao Instituto Venezuelano de Pesquisa Científica, o IVPC. Esse telefonema provocou uma reação em cadeia que acabou levando à Dra. Hortensia Caballero, a antropóloga de Caracas que tinha conhecido minha família numa das nossas primeiras viagens, quando ela ainda era estudante e eu era um bebê. Eu não me lembrava desse encontro, mas Hortensia, sim — e felizmente ela concordou em ouvir o que eu tinha em mente.

Mais que qualquer outra pessoa, Hortensia viria a ser a principal influência para abrir a floresta tropical para um *estranho de dentro* como eu, mas o mais incrível nos dias e semanas que se seguiram àquele primeiro e-mail ao Dr. Carneiro foi a grande empolgação da comunidade antropológica em geral com a minha busca. Trata-se apenas da minha impressão, é lógico, com base exclusivamente em conversas e contatos que tive diretamente com vários indivíduos e organizações. Todo mundo com quem falei sobre o assunto se mostrou caloroso, disposto a ajudar e infinitamente otimista.

O que era algo inesperado e muito bem-vindo. Meu pai não chegou a dizer, mas acredito que ele estivesse receoso com meus planos de mergulhar na história da nossa família de uma forma tão pública. Afinal, esse mergulho quase representara a sua ruína, muitos anos antes, e ele não sabia como as coisas poderiam se desenrolar se começássemos a entrar nisso novamente. Ele ofereceu ajuda, da maneira que podia, mas acho que nos demos conta de que o principal esforço caberia a mim. Ele faria apresentações nos casos em que achasse útil e, digamos, me aconselharia nos bastidores, mas basicamente eu teria de abrir caminho por conta própria de volta à floresta.

EU, YANOMAMI

Não era apenas um jeito de me motivar no início daquela grande jornada. Não, era também uma estratégia — uma estratégia defensiva. Cabe lembrar que não faltavam no governo venezuelano indivíduos que detestavam o fato de papai ter se casado com uma mulher yanomami — ele era apresentado como uma espécie de pária e, por vários anos depois da volta aos Estados Unidos, tivera de enfrentar as mais variadas acusações de ter se aproveitado da minha mãe e do seu povo. Eram essas as ideias preconcebidas por trás das acusações vindas de Caracas, desde antes do meu nascimento — acusações nunca realmente abandonadas e que foram assumindo diferentes formas à medida que a família yanomami do meu pai crescia. Durante anos ele fora atacado na imprensa venezuelana apoiada pelo governo por supostamente agir contra os interesses dos povos indígenas da floresta tropical — a tal ponto que se montara uma rede de mentiras e equívocos sobre a história da minha família, encarada como verdade por certos venezuelanos desinformados.

Além do mais, tenho certeza de que ele sentia uma terrível falta da minha mãe. Mesmo após tanto tempo.

O fato de eu tomar aquela iniciativa anos depois, buscando um jeito de voltar à região, reencontrar minha mãe, reabrindo todas aquelas antigas feridas, mexeu muito com a cabeça do meu pai. Ele certamente temia que houvesse um clamor público de protesto e que ele fosse mais uma vez apresentado como o vilão da história. E devo dizer que ele tinha suas razões: eu teria me sentido da mesma forma.

Pior que uma nova onda de publicidade negativa, havia a chance de que minhas intenções reativassem os problemas legais decorrentes da partida da minha família em 1986. Comecei a ter a sensação de que eu estava levantando toda aquela poeira de novo justamente quando ela enfim tinha assentado.

Eu não queria fazer meu pai passar por tudo aquilo, óbvio — e na verdade tentara tomar essas providências da maneira mais discreta possível, mas não havia como empreender uma expedição como aquela sem fazer um certo barulho. As pessoas estavam entusiasmadas demais com os aspectos comoventes da minha história para ficar quietas, e a comunidade antropológica é relativamente pequena e unida. Todo mundo sabe da vida dos outros e, quando se espalhou a notícia que o filho de Kenneth Good queria voltar à floresta em busca da mãe... bem, todo mundo ficou atento. Agentes humanitários, missionários, antropólogos... todo mundo ansiava para ver como se desdobraria esse novo capítulo da história da nossa família, que já foi tantas vezes contada. Mesmo pessoas que tinham contestado meu pai no passado pareciam inclinadas a deixar seus sentimentos de lado e olhar para o lado positivo — quase como se quisessem me ver providenciar um final feliz para a saga da nossa família, para que todos pudessem seguir em frente.

Em certos casos, a reação foi impressionante. Logo no início, recebemos um telefonema de um produtor da National Geographic oferecendo-se para financiar toda a viagem, em troca de direitos de filmagem — incluindo total acesso e controle editorial sobre o material final. Eles queriam filmar o reencontro com minha mãe. Queriam adaptar e aproveitar parte das cenas filmadas vinte anos antes. Diziam considerar que era uma história importante. A princípio, fiquei empolgado; não pelos holofotes da mídia, mas pela oferta de financiamento da viagem. A questão do dinheiro já era fundamental — basicamente, eu não tinha dinheiro nenhum, e começava a perceber que isso seria um problema. Mas o nome da National Geographic não significaria apenas dinheiro; assim como a bênção do Dr. Carneiro legitimou o que eu tentava fazer, aquilo conferiria um selo de aprovação à minha missão e ajudaria a projetar uma luz positiva sobre os Yanomami — também o encarei como um desdobramento encorajador.

EU, YANOMAMI

O que eu não esperava era a reação do meu pai à manifestação de interesse da produtora. Ele ficou furioso. Tivera um sério desentendimento com seus contatos na empresa pouco depois do lançamento do documentário *Yanomami Homecoming*. Considerava que durante as filmagens fora maltratado e que certos métodos de entrevista dos produtores (especialmente quando entrevistavam minha mãe) não eram éticos. Além disso, acho que também os culpava por terem introduzido no nosso meio o traiçoeiro Armando — embora meu pai é quem tivesse trazido esse homem de volta à nossa vida depois das filmagens.

Vinte anos haviam se passado, e essas feridas ainda estavam por curar.

É verdade que algumas das pessoas envolvidas no documentário original também tencionavam participar desse novo projeto e meu pai se enfurecia só de pensar na hipótese de precisar lidar com elas. Seria incrível se eu pudesse contar com o apoio da National Geographic nessa viagem, mas eu não estava ali para ir contra os interesses do meu pai. Afinal, ele era o meu pai. Na verdade, por simples respeito a ele, decidi desvincular a viagem de qualquer ação ligada à mídia. Seria apenas para mim e minha família. Melhor dizendo — para mim e minha mãe.

Falei com a minha irmã, Vanessa, sobre meus planos à medida que tomavam forma, para que ela soubesse o que eu pretendia fazer e para ver se queria mandar alguma mensagem para mamãe. Ela ficou empolgada e talvez até com um pouco de inveja da aventura. Pela primeira vez, eu trazia à tona minhas emoções conflituosas em relação à mamãe com um dos meus irmãos. Nós nunca tínhamos conversado sobre meu sentimento de abandono, minha luta em busca de uma identidade — e agora, com a iminência da viagem, tampouco falávamos dessas coisas *de verdade*. Vanessa tinha a sua vida — estava casada, com um filho pequeno e outro a caminho.

DAVID GOOD

Ainda assim, era uma chance de falarmos sobre nossa peculiar história de família e eu perguntei se ela tinha alguma mensagem ou lembrança que eu pudesse compartilhar com nossa mãe. Ela pensou um pouco e respondeu: "Não tenho realmente nada a dizer a mamãe. Não me entenda mal, David. Não guardo ressentimento em relação a ela. Desejo o melhor para você e espero que a encontre."

Ela não estava com raiva, não alimentava qualquer rancor, mas aquela viagem não tinha para ela o significado que tinha para mim.

Quanto a Danny... Dei-lhe a notícia certo dia durante um café da manhã, na casa do meu pai. Na época, ele estava terminando o ensino médio. Estávamos envolvidos cada um com suas coisas, na escola e no trabalho, e não passávamos muito tempo juntos, exceto por esses momentos em casa, entre uma e outra saída. Assim como Vanessa, ele estava com a cabeça em outro lugar em relação à minha mãe. Quando se separou dela ele ainda era pequeno demais para ter lembranças concretas, muito pequeno para fazer a ligação entre qualquer recordação real e as poucas imagens com que tivesse deparado ao longo dos anos, como o documentário que em algum momento deve ter visto.

Ele estava preparando ovos na cozinha. Nós morávamos na mesma casa, então ele ouvira as conversas sobre preparativos e suprimentos para minha viagem, mas nunca se manifestara até esse momento.

— Quer dizer que você vai à Amazônia fazer contato com as suas raízes... — comentou ele enquanto passava o braço pelo meu ombro.

— Algo assim — concordei. — Quero encontrar mamãe.

Ele me apertou com força, num caloroso abraço de irmãos, e me desejou sorte.

— Espero que encontre o que está procurando, Dave — disse ele.

E, quando nos soltamos do abraço, ele me deu um empurrãozinho, sorriu e completou:

— Você é mesmo um cretino muito doido.

EU, YANOMAMI

E acho que eu era mesmo — mas fiquei imaginando como minha irmã e meu irmão, que nasceram nas mesmas circunstâncias, se sentiam e, até onde eu sabia, não tinham aquela espécie de atração pela floresta. Talvez tivessem, mas não a expressavam ainda... não para mim, pelo menos. Seguíamos caminhos diferentes, e eles só podiam, de fato, viver a própria vida como a estavam conduzindo. Eu tinha encarado a ausência de mamãe do meu jeito e agora tentava lidar de uma forma totalmente nova, seguindo em frente, mas não cabia a mim tomar decisões por Vanessa e Danny. Podia apenas dar um exemplo, e prosseguir na minha jornada de descoberta e esperar que um dia eles fizessem o mesmo, ou não — mas isso cabia a eles.

Naquele momento, bastava para mim ter a bênção e o encorajamento deles.

HORTENSIA CABALLERO ME MANDOU um e-mail muito amável pouco depois da nossa primeira conversa, oferecendo-se para fazer todo o possível no local para preparar minha visita. Não conseguiu desencavar nenhuma subvenção ou dinheiro para pesquisa, mas seria de enorme ajuda para enfrentar toda a burocracia que me esperava ao retornar à Venezuela — basicamente, colocando-me sob sua proteção, fazendo apresentações de vital importância para mim em toda a região. No fim das contas, Hortensia tinha previsto participar da próxima reunião anual da Associação Americana de Antropologia, na Filadélfia, e assim fizemos planos de nos encontrar. Eu estava nervoso, empolgado, pois já me dava conta de que a viagem não aconteceria sem a ajuda dela, e não queria dizer ou fazer nada que pudesse indispô-la. Não queria perder aquela oportunidade de me reconectar com ela, frente a frente.

Marcamos o encontro no Starbucks de Center City, no hotel onde ela estava hospedada. Eu pedi um *Caffè Americano*. Normalmente eu peço apenas café, sem maiores pretensões, mas achei que assim ficaria parecendo mais cosmopolita. Eu estava nervoso com esse primeiro encontro, mas tudo correu de forma magnífica. Nós trocamos histórias sobre parentes há muito perdidos — ela disse que estava em busca de um parente no Oeste dos Estados Unidos e se identificava muito com o meu caso e a busca pela minha mãe. Acabamos conversando pelo restante da tarde, e o tempo todo eu pensava: *Caramba, isto pode mesmo acontecer!* Era quase como se precisasse ter marcado um encontro com Hortensia para acreditar que era mesmo para valer.

Do outro lado da mesa, Hortensia tinha a sua versão do mesmo pensamento — como se fosse necessário me encontrar, aquela criança que ela conhecera *mais de vinte anos* antes, filho multiétnico da floresta tropical, para entender todo o alcance daquela aventura.

Foi o início de uma incrível amizade — e de uma inestimável relação profissional. Eu nem poderia ter começado uma aventura tão ambiciosa sem a generosa ajuda de Hortensia — uma alma incrivelmente bela, profundamente comprometida com o povo Yanomami e seu modo de vida. Num nível prático, ela desempenharia um papel fundamental: falava inglês fluente, com um sotaque venezuelano cantante que às vezes a amarrava um pouco. Tinha muitos amigos e contatos dentro e fora do Território Yanomami. E, sobretudo, eu confiava nela. Num nível emocional, entrou em cena seu verdadeiro espírito; no meu empenho de entrar no território, ela lutava por mim de maneira tão diligente, incansável e altruísta que passei a achar que a missão de reencontrar minha mãe e me reconectar com a herança yanomami era tão importante para ela quanto para mim.

Depois do nosso encontro na Filadélfia, Hortensia cumpriu com sua palavra. E me mandava atualizações — documentos de que eu precisaria para entrar no país; o itinerário que seguiríamos quando eu desembarcasse em Caracas e fôssemos para Puerto Ayacucho; suprimentos que seria bom eu levar. Ela cuidava de tudo. Fez até uma espécie de viagem de exploração à floresta, para ver se conseguia pistas iniciais sobre o paradeiro da minha mãe. Começou a investigar e fazer perguntas — primeiro, entre os missionários da região, e logo também junto a membros dos povos que encontrava ao longo do rio Orinoco, enquanto tentava encontrar pistas dos últimos movimentos conhecidos da minha mãe.

E descobriu que todos conheciam Yarima. Na sua aldeia, nas aldeias vizinhas, ao longo do rio e floresta adentro, a história da minha mãe era bem conhecida. Ela não era exatamente uma celebridade — não creio que houvesse lugar na cultura yanomami para esta ideia, mas o casamento com meu pai, o *nabuh*, fora muito discutido; as viagens que ela fizera ao país dele e as histórias que trouxera ao voltar tinham virado lenda. Não foi muito difícil para Hortensia encontrar rastros dela.

Hortensia acabou seguindo as pistas até Koripi-wei, uma aldeia muito mais próxima do estuário. Por que ela passou a viver entre os *Koripi-wei-teri* nunca foi elucidado, mas lá estava ela.

Hortensia mandou um e-mail assim que pôde. Estava emocionada de poder dizer que minha mãe estava viva e bem — o que não poderíamos saber sem mais essa demonstração de diligência. Antes, nós só podíamos esperar que sim, e as probabilidades pareciam indicar haver pouca esperança. Para começar, eu não tinha bons motivos para supor que conseguiríamos localizar minha mãe. Os Yanomami são um povo seminômade; o povo da minha mãe — o *meu* povo! — se mudava segundo as estações, e não era de se esperar que deixasse o novo endereço. As marés e contramarés da vida na floresta os levavam a determinada parte do território num determinado período, e depois para outra, e mais outra. Uma vez feitas as colheitas e esgotados os recursos de uma área, eles se mudavam para outra região da floresta.

DAVID GOOD

A geografia era apenas uma parte do problema que eu teria para localizar sozinho a minha mãe; a cronologia era outra. É difícil calcular a expectativa de vida dos Yanomami mais isolados, já que eles não têm o conceito de calendário anual, nenhuma forma de quantificar ou marcar a passagem do tempo, além dos acontecimentos dos ciclos da vida e da aproximação da temporada de chuvas. Mas se considera que a expectativa de vida média na aldeia da minha mãe ficava a meio caminho entre os 40 e 50 anos — idade que minha mãe certamente já teria alcançado. Haviam-se passado vinte anos desde o último contato do meu pai. Muita coisa podia ter acontecido.

Eu fiquei exultante com a notícia — e comovido a ponto de chorar. Fiquei surpreso com essa reação emocional. Eu passara aqueles anos todos dizendo que minha mãe tinha morrido num acidente de carro. Para mim, por todo aquele tempo, ela estava morta. Essa parte da minha alma, minha conexão com a floresta e seu povo, também estava morta para mim. E, de repente, quando eu finalmente quis descobrir quem eu era e de onde vinha, no momento em que eu trazia mamãe de volta para a minha vida, com a ideia de reencontrá-la para voltar aos trilhos e recuperar o foco, sua saúde e bem-estar passaram a ser o mais importante para mim.

O tempo todo eu acreditava que mamãe estava exatamente onde nos havia deixado, cuidando de sua vida, mas era um total equívoco. E partindo de mim — logo eu, que apagara minha mãe do mapa tantos anos atrás; eu, que desperdiçara minha infância expulsando-a do seu lugar de direito na minha mente e no meu coração; eu, que ignorava a minha ascendência e depois praticamente passei a recusá-la —, era também meio arrogante. Eu só fiquei sabendo que mamãe estava bem ao ouvir a boa notícia de Hortensia — embora, para ser franco, tivesse me recusado a acreditar que ela *não estava* bem. Meu pai, o Dr. Carneiro, Hortensia... todo antropólogo que eu consultava sobre a viagem,

EU, YANOMAMI

todo trabalho etnográfico que lia para me preparar diziam para que eu estivesse pronto para a possibilidade de minha mãe nunca mais ser encontrada, talvez estar morta ou desaparecida no coração da floresta. Mas eu não levava isso em consideração. Eu dera uma volta de 180° na minha cabeça, indo na direção de um reencontro completo, épico e totalmente emotivo para compensar todo aquele tempo perdido.

Hortensia informou que minha mãe sorriu ao saber que eu a procurava. Perguntou sucessivamente por cada um de nós; ficou emocionada quando soube que eu queria vê-la, que Danny se tornara um homem alto e forte, que Vanessa era uma jovem mãe, que papai ainda dava aulas e estava bem. Segundo o missionário que atuara como intermediário, minha mãe de repente ficou impacientemente ansiosa pela minha chegada. Por meio do intérprete, disse: "Diga-lhe para entrar num barco e vir logo."

Não era tão simples. Ninguém pode simplesmente ir entrando em Território Yanomami. Havia toda uma papelada infinita, e vacinas, e burocracia governamental, e autorizações especiais a serem obtidas. Embora eu seja meio yanomami, não é segredo que meu lado estadunidense seria recebido com desconfiança e olhar atento. Aparentemente, mamãe tinha esquecido todo esse aborrecimento, a dor de cabeça — ou quem sabe não entendia inteiramente esse tipo de situação. Também havia a questão do financiamento. Só as passagens aéreas custariam mais de US$ 1.000. Além disso, eu precisaria comprar para os Yanomami equipamentos como facões, potes, panelas, anzóis e muitos outros produtos de aço. Teria de comprar alimentos, remédios e outros suprimentos, como uma rede, mosquiteiros e repelentes de insetos. No total, a viagem custaria milhares de dólares — dinheiro de que eu não dispunha, agora que a National Geographic saíra de cena; dinheiro que minha mãe nem sequer tinha ideia.

DAVID GOOD

Trabalhando com o mesmo intérprete, Hortensia teve a perspicácia de obter uma carta-convite da minha mãe, que seria útil constar entre os meus documentos, para reforçar a legitimidade da visita. A carta foi escrita na língua yanomami e depois traduzida para o espanhol. Eis o que dizia:

Davi, nós queremos que nos visite aqui na aldeia dos Koripi-wei. Eu sou sua mãe. Você precisa visitar sua família, seu avô, sua avó e seu cunhado. Nós com certeza queremos que venha nos visitar e trazer coisas. Precisamos de facões, potes, anzóis, tecidos e contas. São estas coisas que você precisa nos trazer de presente. Davi, pode trazer seu irmão e sua irmã. Queremos ver o rosto deles. Eu sou sua mãe, Yarima. Estou mandando esta carta para você. Com certeza vou esperar por você na aldeia dos Koripi-wei. Com certeza você precisa vir visitar sua família. Davi, com certeza você pode vir em agosto e trazer o seu sobrinho. Quero ver o rosto do meu neto.

Essa carta foi realmente notável. Fiquei emocionado ao recebê-la — embora *emocionado* talvez nem chegue perto de descrever a enxurrada de emoções que me invadiram ao ler as palavras da minha mãe. Sim, era uma tradução da tradução — e o inglês era tão ruim que só podia soar meigo e divertido para mim. Mas era a primeira comunicação com ela em vinte anos. Uma vida inteira, na verdade, e, ao lê-la pela segunda vez, e pela terceira, eu tentava imaginar como soaria a voz da minha mãe dizendo aquelas palavras. Fiquei arrasado por não lembrar o som da sua voz e ansiava por ouvi-la. Então fechei os olhos e tentei imaginar como sua aparência seria agora, antecipando o que falaríamos um para o outro quando finalmente a encontrasse.

Pensando no assunto (e podem acreditar que pensei *muito* no assunto à medida que minha viagem ia tomando forma), eu percebia que essa carta era a primeira e única indicação de que minha mãe pensara em mim e nos meus irmãos desde que voltara à sua aldeia — o que não

180

EU, YANOMAMI

era pouca coisa, pois uma parte de mim temia que ela tivesse nos tirado da cabeça ao voltar para sua vida de antes.

A carta era uma espécie de validação. E eu pensava: *São as palavras da minha mãe.* E à medida que lia e voltava a lê-las, era como se os últimos vinte anos não tivessem acontecido.

IRONICAMENTE, DURANTE TODA A PREPARAÇÃO da viagem, eu não perguntei ao meu pai uma única vez se ele queria ir junto. Teria significado tanto para ele quanto para mim. Ele não teria ido, mas não é essa a questão. Ele tinha certeza de que o governo venezuelano o prenderia, de que sérios problemas estariam à sua espera quando o avião aterrissasse em Caracas. Ainda assim, eu podia ter perguntado. Podia ter criado um espaço para ele naquele momento transformador. Mas não pensava assim. Pensava apenas em mim e na minha mãe. Precisava que aquela viagem acontecesse... para *mim*.

Meu pai me apoiou de toda maneira possível. Eu mesmo comprei a passagem de avião — que custou cerca de US$ 1.200. Mas ele me emprestou uma de suas malas caras, uma dura e impermeável para meus equipamentos eletrônicos. Comprou uma série de coisas que eu precisaria na floresta, como uma boa mochila e camisas à prova de mosquito. Levou-me ao Walmart e me encheu de suprimentos. E também de anzóis e linhas de pescar apropriados, basicamente as coisas de que os aldeões precisariam — e provavelmente esperavam receber — como presentes à minha chegada. Ele sabia o tipo de fios que as mulheres yanomami gostavam de usar para fazer saias, também tratando de providenciá-los.

Seu conhecimento de campo e as vantagens de sua experiência acumulada significaram muito para mim, mas ele também me apoiou emocionalmente. Passamos horas acumulando suprimentos e discutindo logística. Ele me deu muitos conselhos e passou conhecimentos. O tempo todo eu esperava que ele passasse o braço pelo meu ombro e dissesse: "Filho, tenho orgulho do que você está fazendo." Mas acho que já deixei evidente que ele não era *esse tipo* de pessoa e preferiu fazer o que estava fazendo. Mas eu sabia que ele estava orgulhoso.

No dia 24 de julho de 2011, eu fui para o Aeroporto Internacional de Newark. A despedida do meu pai foi meio desajeitada. Ele me deu sua bênção e eu lhe agradeci por toda a ajuda. Uma parte minha queria puxá-lo para um forte abraço, embora não nos abraçássemos há vinte anos. Mas nós éramos dois caras completamente sem jeito, tentando nos entender no meio daquele que era um grande momento — um deles mandando o primogênito para a floresta amazônica, na esperança de restabelecer contato com a mãe há tanto tempo distante; o outro ansiando por consertar as coisas e redescobrir uma parte de si mesmo num lugar que podia apenas imaginar como seria.

NA CULTURA YANOMAMI TRADICIONAL, MUITAS vezes surgem conflitos quando a população de uma aldeia fica grande demais para a área de um *shabono*. É o que costuma estar por trás das cisões de aldeias referidas anteriormente. Não é algo que chegue a ser discutido ou negociado, do jeito como podemos lidar com um impasse no mundo ocidental como o conhecemos. Tudo acontece organicamente, quase como se já fosse sabido. Simplesmente *é*. Se a população estiver grande demais, ela se divide. Um grupo fica e uma parte vai para outro local da floresta construir uma nova casa.

Foi mais ou menos o que aconteceu nos vinte anos em que fiquei afastado da minha mãe — provavelmente muitas e muitas vezes. Quando fui atrás dela em julho de 2011, após uma breve viagem de avião de Caracas a Puerto Ayacucho, continuando de barco de Samariapo a Mavaca,

EU, YANOMAMI

e de lá em outro barco até Platanal, finalmente chegando à aldeia em Hasupuwe, eu deveria estar preparado para saber que ela se mudara.

Mas pode-se dizer que era a última coisa que eu esperava. Por quê? Porque minha mãe sabia que eu estava chegando. Não sabia exatamente quando, mas sabia. Sabia que eu vinha trabalhando com uma antropóloga do Instituto Venezuelano de Pesquisa Científica. Talvez não conhecesse os detalhes, a instituição, mas sabia que eu entrara em contato com autoridades locais para conseguir ajuda. E Hortensia conhecia a região, os Yanomami e os missionários locais. Conhecia minha mãe das várias expedições de que participara. Ela me conhecia desde quando eu era bebê e não podia ter sido mais generosa, de maior ajuda para a realização dos meus planos.

Não foi exatamente uma jornada tranquila. Havia postos militares de controle, imprevistos e outros empecilhos ameaçando me barrar no caminho... mas dávamos um jeito de seguir em frente. O padre Arroldo, um dos missionários católicos comprometidos a me acompanhar no território, fez uma recomendação importante da primeira vez que fomos parados por uma guarda armada que parecia empenhada em criar problemas. Ele disse: "Vocês são venezuelanos, com seus direitos garantidos pela constituição. Você parece perfeitamente venezuelano, David. Tem todo o direito de estar aqui, então vai dar tudo certo. Simplesmente não diga nada."

Eu fiquei de boca fechada conforme seguia território adentro.

Hortensia se encontrou comigo em Caracas para a parte venezuelana da viagem, e chegamos às corredeiras do Guajaribo depois de quase duas semanas, para descobrir que minha mãe não estava mais com os *Koripi-wei-teri* e voltara para sua aldeia. Durante séculos, os primeiros exploradores europeus achavam que essas corredeiras eram a cabeceira do Orinoco, o que explica por que o rio não foi realmente explorado além desse ponto durante tanto tempo, e por que os Yanomami dessa região viveram isolados por longos anos. Eu sabia disso, é óbvio, mas colocar concretamente os pés nessas águas e vivenciar o isolamento de maneira tão plena deu vida a todos os livros de história e etnografia que eu vinha lendo.

Aquelas corredeiras representaram um marco simbólico. Eu estivera naquele exato lugar vinte anos atrás, numa das visitas com a minha família. Eu *sabia* disso, embora não pudesse lembrar. Dez anos antes *daquilo*, o barco do meu pai virara nessas águas, quando ele estava com malária, e ele perdeu tudo, menos a vida. E agora lá estava eu, preparando-me para descer aquelas traiçoeiras corredeiras num barco de alumínio com motor de popa, pilotado por um habitante local chamado Jacinto, qualificado para isso apenas, até onde eu sabia, pelo simples fato de já ter navegado por ali.

Mas Jacinto sabia o que estava fazendo. Sabia exatamente quando desviar, quando acelerar, quando desligar o motor. Conhecia as correntes.

No rio, vários missionários se juntaram a nós, e ficamos bem agarrados a nossos assentos, preparados para algum impacto — mas não houve impactos. Apenas algumas guinadas e solavancos. À medida que nos aproximávamos do fim das corredeiras, dei uma olhada na largura do rio, registrando mentalmente a distância que teria de nadar caso naufragássemos — o que sempre era uma possibilidade naquelas águas traiçoeiras.

A certa altura, nos aproximamos de uma rocha bem grande que provocava uma tração hidráulica no meio do rio. À medida que ela chegava mais perto, Jacinto continuou com o mesmo comportamento e os missionários não demonstraram qualquer medo ou preocupação, mas eu comecei a ficar temeroso. Do outro lado da rocha, a água parecia cair, e eu tive a sensação de que íamos parar lá no fundo — literalmente. Fiquei na expectativa de que Jacinto aumentasse a velocidade, pois estávamos sendo levados pela corrente. Eu achava que ele devia ser mais agressivo, mais proativo — até que finalmente, parecendo-me o último momento possível, quando já estávamos prestes a colidir com a rocha, ouvi o rugido do motor e olhei apavorado enquanto passávamos de fininho.

Comemoramos em triunfo quando o Guajaribo ficou para trás. Demos tapinhas nas mãos uns dos outros, e meu instinto observador registrou a estranha imagem que devíamos estar formando — um padre católico, uma freira, um estadunidense yanomami, uma antropóloga venezuelana, um guia local... todos unidos naquela jornada emocional.

Eu olhei para Jacinto, perguntando-me como ele podia ter se tornado tão eficiente ao navegar por aquelas águas. Um homem destemido, calmo, totalmente focado. Também me perguntava como eu poderia um dia me movimentar por ali daquele jeito, como poderia tentar descer aquelas corredeiras sozinho. Onde poderia encontrar tamanha autoconfiança? Como desenvolver aquela capacidade? Como eu seria capaz de sobreviver por conta própria naquela região longínqua do mundo?

Eu queria saber tudo que os Yanomami sabiam. Queria ser exatamente como eles. Mas achava que teria muito o que aprender.

À medida que entrávamos na floresta, lindos papagaios voavam em bando sobre nós, como se nos dessem as boas-vindas. Era algo mágico. As folhagens pareciam de um verde mais profundo, mais densas, mais acolhedoras. As árvores eram altíssimas. Podia ouvir na minha mente a música tema de *Jurassic Park* conforme avançávamos com dificuldade pelo Amazonas. E logo apareceram na margem do rio os Yanomami perfilados de pé, à nossa espera. Por mais que eu estivesse ansioso para restabelecer contato com minha mãe, desejando abraçá-la e deixar para trás todos aqueles anos separados, era uma imagem chocante ver todas aquelas pessoas praticamente nuas, com a aparência reconhecida como a do indígena, reunidas à beira do rio. De fato, eu estivera ali quando pequeno, e tinha passado meses estudando a região, mas não estava preparado para me ver naquelas pessoas. Era difícil imaginar que eu fosse um deles. Pareciam tão diferentes, tão estranhos, tão *estrangeiros* em relação a mim — mas, se eu olhasse mais de perto, poderia ver que tínhamos mais em comum do que eu imaginava.

Quando Jacinto desligou o motor e nos aproximamos da margem do rio, percebi que uma coisa era ver fotos, assistir a um documentário ou ler um livro, mas outra muito diferente era se aproximar de numerosas pessoas de aparência tão distinta. Eu visualizara aquele momento milhares de vezes, mas sua efetiva concretização era chocante, e eu não conseguia parar de pensar: *Será que eu posso mesmo ser um deles?*

Os *Hasupuwe-teri* apareceram para nos receber porque conseguiam ouvir o som do motor do barco a quilômetros — o som do progresso. O som do mundo invadindo seu espaço. Missionários, antropólogos, funcionários do governo... naquele momento, aquela boa gente já estava há séculos no mapa do nosso mundo civilizado. Mas cada visita era como se fosse a primeira, conforme fiquei sabendo. Cada ronco de motor passando pelas árvores era como uma nova música, soando pela primeira vez, e assim os aldeões se juntaram à margem lamacenta do rio para nossa chegada, ansiosos para nos ver.

Passei os olhos por toda aquela gente — a *minha* gente. As mulheres tinham os seios expostos e muitas usavam saias que pareciam feitas com videiras, ou confeccionadas a partir de roupas do ocidente industrial descartadas. Os homens usavam camisetas e shorts, alguns com logotipos e slogans que eu reconhecia do meu mundo — resultado certamente das ações humanitárias na região, ou talvez os tivessem recebido em escambos. Todos estavam descalços. As crianças corriam nuas, gritando de alegria.

EU, YANOMAMI

Aqueles eram os *Hasupuwe-teri* — o povo com quem meu pai vivera por tanto tempo. O povo da minha mãe, Yarima.

O *meu* povo.

Jacinto falou primeiro. Eu tinha estudado a língua yanomami, mas não entendi uma palavra do que ele disse nem uma palavra do que foi respondido. Mas ainda assim entendi, pelo tom e expressão corporal e correspondentes gestos de mão, que minha mãe não estava mais vivendo com aquele povo. Foi uma surpresa bem desanimadora, mas já estava aprendendo que nada era como o esperado naquela região.

Vou esperar por você, dissera ela.

Com certeza você precisa vir.

Mas não estava ali.

Eu seria capaz de chorar — de verdade. Eu passara a vida dizendo às pessoas que minha mãe estava morta. Era minha resposta pronta, no ensino fundamental, no ensino médio... Mas, naquele momento, me veio a breve e passageira ideia de que algo pudesse ter, de fato, acontecido a ela. O último contato de Hortensia ocorrera meses antes, quando ela inexplicavelmente vivia com os *Koripi-wei-teri* — a uma distância muito, muito grande da sua aldeia natal no Alto Orinoco. Ao chegar à região, ouvimos dizer que ela estava novamente com seu povo, mas não tínhamos certeza se a informação era confiável. Lá no meio da floresta, nos confins do mundo, não tínhamos como saber se minha mãe estava aqui ou ali, viva ou morta.

O fato é que *devia* ter imaginado que minha mãe poderia estar em algum outro lugar, considerando-se o que eu sabia da cultura yanomami, mas ainda assim a notícia me abalou um pouco. Eu tinha levado quase dois anos na preparação para aquela expedição. E agora estava lá, no meio da floresta, sentindo-me numa encruzilhada. Ter feito aquele caminho todo e chegado tão perto... e vê-la escapulir por entre os dedos mais uma vez... Eu achava que não aguentaria a simples ideia de perdê-la de novo.

Mas, enfim, ela não tinha ido para muito longe. Vivia com um grupo menor numa outra aldeia agora conhecida como Irokai — a cerca de meia hora de caminhada. A mesma aldeia onde vivera muitos anos antes, quando sua família se separou dos *Hasupuwe-teri* pela primeira vez.

Fiz uma pequena reunião com Jacinto e Hortensia para avaliar as alternativas, e ao fazermos menção de prosseguir na direção de Irokai usando o barco a motor, os indígenas começaram a acenar com os braços e a gritar, como se quisessem atrair minha atenção.

— O que está acontecendo? — perguntei a Hortensia.

— Eles querem vê-lo e tocá-lo — respondeu ela. — Estavam querendo muito encontrá-lo.

Embora Yarima tivesse partido, as duas aldeias estavam conectadas. Misturadas. Eram uma família. Na verdade, havia muitas tias e muitos tios e primos meus acenando da margem lamacenta do rio — e também um meio-irmão, como eu logo viria a saber. De qualquer forma, não é todo dia que um estranho aparece por aquelas bandas, então, a notícia da minha chegada iminente já se espalhara, e lá estava eu, nem de longe parecido com um estranho.

— O que devo fazer? — perguntei a Hortensia, realmente sem ter a menor ideia.

— Desça do barco — disse ela.

Foi o que eu fiz, e ao pisar no chão fui engolfado por aquelas pessoas felizes e acolhedoras. Não era nenhum povo de guerreiros selvagens. Parecia mais aquela cena final de *Contatos imediatos do terceiro grau,* na qual Richard Dreyfuss é recebido por todas aquelas criaturas alienígenas felizes e acolhedoras e escoltado até a sua nave, até o seu

EU, YANOMAMI

mundo. Eu estava muito nervoso — e super-hiper animado. E feliz por ser resgatado da vida alienígena que vinha levando no meu país.

Eu devia parecer uma criatura sobrenatural para aquelas pessoas, com minhas roupas ocidentais estadunidenses — calça cáqui, camisa para dentro da calça, cinto, sapatos. As mulheres e crianças se amontoaram ao meu redor e me tocaram. E eram risinhos e *aaahs* e *ooohs*. Puxaram meu cabelo, tocaram meus olhos, minhas roupas. Tocaram meu nariz e a barba por fazer — algo que raramente viam, já que os homens yanomami não têm muitos pelos no rosto.

Eu era uma grande novidade viva em movimento e, naquele exato momento, não estava muito seguro de como me sentia no centro das atenções. Em condições normais, nos Estados Unidos, eu teria detestado. Na infância, passara todo aquele tempo tentando me esconder dos holofotes que se projetavam no trabalho do meu pai e na nossa exótica família. Mas, ali na floresta, eu estava adorando, pois significava que eles sabiam quem eu era: significava que eu era um deles.

Decidiu-se que esperaríamos ali mesmo pela minha mãe. Um de seus filhos (meu meio-irmão!) iria correndo buscá-la, então pegamos nossas coisas no barco e começamos a percorrer o breve caminho até a aldeia, onde eu esperaria pelo retorno dela.

Antes que ele partisse, Hortensia me apresentou ao meu meio--irmão, que, pelas minhas contas, devia ser cerca de sete anos mais novo que eu — e ter uns 18 anos. Ele tinha boa aparência, com espessos cabelos pretos raspados nas laterais — no clássico estilo "recruta". Eu não entendia como um corte daqueles existia ali na floresta, na cabeça do meu meio-irmão yanomami, até que prestei mais atenção e notei que ele usava uma camisa de futebol vermelha e verde da Unimed, um short preto e vários colares de contas multicoloridas. E estava descalço, como todo mundo.

Uma estranha mistura *multicultural*.

Eu não sabia qual era o cumprimento yanomami adequado quando alguém encontra um meio-irmão pela primeira vez, então estendi o braço para um aperto de mãos, o que seria apenas o primeiro de muitos atos de estupidez que eu cometeria nessa visita. Que gesto mais sem sentido! O que eu tinha na cabeça? Os Yanomami não apertam as mãos; era como se eu tivesse lhe pedido que beijasse meus tornozelos, para se ter ideia de como o meu comportamento deve ter parecido estranho.

Hortensia o apresentou como *Micashi* e eu retirei a mão, numa tentativa tosca de me recompor, e repeti o nome.

— Micashi.

Meu meio-irmão colocou a mão no meu ombro.

— Não, não — disse ele, como se quisesse rapidamente me corrigir. Em seguida, apontou para si mesmo. — Ricky.

Falava com carregado sotaque espanhol.

— Ricky? — repeti, para me certificar.

Ele deu pequenos pulinhos — sinal de entusiasmo e reconhecimento. Parecia satisfeito por eu tê-lo entendido.

— Ricky — disse ele de novo. — Ricky Martin.

Foi um momento bizarro. Viajar toda aquela distância para encontrar na floresta amazônica a mãe que eu não via há tanto tempo, além de conhecer um rapaz apresentado como meu meio-irmão, autodenominado Ricky Martin... realmente, eu estava vivendo *la vida loca*!

Mais tarde eu viria a saber que "Ricky Martin" recentemente tinha descido o rio Esmeralda. Foi uma viagem inesquecível para ele. Lá encontrou aquelas roupas, deduzi, aprendeu aquelas poucas palavrinhas de espanhol, adotou aquele corte de cabelo. Lá provavelmente ouviu uma música de Ricky Martin, ou talvez tenha assistido a um clipe.

EU, YANOMAMI

Nossa cultura pop não tem fronteiras, percebi. E a verdade é que os Yanomami adoram adotar nomes espanhóis, então fazia sentido que eu estivesse ali diante de Ricky Martin — meu meio-irmão Ricky Martin. Tudo foi elucidado com o tempo.

— Ricky Martin — repeti.

Ele sorriu, apontou para mim e declarou que me chamaria de "Herman" — de *hermano*, "irmão" em espanhol.

Eu sorri também. Tinha recebido um apelido — um meio-irmão *e* um apelido. Já podia dizer que tinha ganhado o dia. Meu coração estava transbordando. Ainda não tinha encontrado minha mãe, mas Ricky Martin adentrara a floresta para encontrá-la e trazê-la para mim. Parecia mesmo que eu tinha chegado.

EU ESTAVA TOMADO POR ANSIEDADE, mas tentei conter a empolgação. Na sua carta, minha mãe dissera que queria muito me ver. (*Com certeza você precisa vir.*) Mas e se ela não me reconhecesse? E se eu não a reconhecesse? Não falávamos a mesma língua, então provavelmente não teríamos o que dizer um ao outro.

Comecei a ficar meio obcecado pensando em como seria o encontro. Estava nervoso, ansioso, agitado. Sobretudo, ansioso para que acontecesse logo. Tinha viajado aquilo tudo e o precioso momento ainda estava fora do meu alcance.

Enquanto caminhávamos, uma mulher mais velha se aproximou, seminua, dirigindo-se a mim numa fala acelerada. Eu não entendia uma só palavra, óbvio, mas o mais preocupante era não identificar, pelo seu estado de agitação, se tratava-se de boas-vindas ou uma agressão. Era evidente a carga de emoção contida no que dizia, mas não havia como associar essa emoção às expressões do rosto. Em dado momento, ela parecia severa e crítica; no seguinte, calorosa e agradável. Fechava a cara e sorria. Gritava e sussurrava. Era muito estranho — e inquietante. Até que ela fez a coisa mais surpreendente, mais maravilhosa. Agarrou meu rosto e me puxou para perto, como se quisesse sussurrar algo no meu ouvido. Em seguida, comprimiu o nariz contra minhas têmporas e o esfregou vigorosamente na minha bochecha — para a frente e para trás, como um animalzinho farejando a mãe. Era, explicaram-me depois, um gesto tradicional de amor e amizade, e eu teria adorado, completamente entregue ao espírito de boas-vindas, não fossem a saliva e o tabaco que agora escorriam pelo meu rosto.

(Todo mundo na aldeia masca tabaco — não do jeito como às vezes se faz nos Estados Unidos, mas com uma folha de tabaco enrolada entre a parte interna da bochecha e a gengiva. É relativamente saudável, segundo dizem, se for possível aguentar as leves borrifadas de suco de tabaco que as pessoas cospem constantemente enquanto falam.)

Chegamos à entrada do *shabono*. Ao meu redor havia imagens e marcos que eu reconhecia das fotos do meu pai. Era como se já houvesse estado ali antes — só que as lembranças estavam ligadas às imagens vistas e estudadas, e não ao tempo vivido numa estrutura exatamente como aquela, muitos anos antes. Lembranças do meu pai, não minhas.

Eu notei algo novo: uma choupana que quebrava a continuidade do *shabono*. E havia tufos de grama no meio da estrutura. Vi muitas roupas — algumas ocidentais como eu as conhecia, outras locais — penduradas em traves. Havia também uma coleção de potes e panelas. Era evidente que a aldeia recebera muitos visitantes ao longo dos anos.

Comecei a instalar minha rede e desembrulhar as coisas e, ao me acomodar, fui de novo cercado por mulheres e crianças. Sentaram-se no chão aos meus pés, as cabeças erguidas, observando cada movimento meu. E sorriam. Assim que instalei a rede, algumas crianças pularam nela. Deram muitas risadas. Os homens da aldeia ficavam ao redor,

EU, YANOMAMI

acompanhando calados a cena. Talvez não soubessem o que pensar de mim. Talvez esperassem para ver o que aconteceria em seguida.

As mulheres e as crianças falavam comigo do seu jeito acelerado, e eu apenas sorria e repetia uma palavra ou uma frase. Entrando na brincadeira, tentando alcançar camadas de lembrança infantil, eu só recordava duas frases na língua yanomami: *ya-ohi* ("Estou com fome") e *ya-posi-shiiti* ("Estou com coceira na bunda"). A primeira certamente se encaixava ao momento, pois não comíamos desde a chegada à corredeira. A segunda... não, nada a ver. Mas eu fiquei calado — estava agitado demais para falar. Estava prestes a reencontrar minha mãe, depois de todo aquele tempo. Não havia nada a dizer.

Finalmente, ela chegou, um pouco esbaforida. Tento imaginar como terá sido sua reação quando Ricky Martin lhe comunicou que eu enfim chegara. Com certeza ela ficou animada, parando o que estivesse fazendo para correr na direção do filho há tanto tempo distante. Sua chegada foi anunciada por um súbito silêncio. As risadas, as conversas, as falas aceleradas... tudo parou no instante em que minha mãe entrou no *shabono*. Todos os olhos se voltaram para ela, e depois para mim. Eu ouvia os sussurros, e percebia o nome dela em meio a eles: "*Yarima*".

Ao voltar meu olhar, imediatamente reconheci minha mãe.

Ela se aproximou trazendo nas costas uma cesta tradicional yanomami, amarrada com uma tira presa firmemente à sua testa. Eu já vira a cesta em fotos — essa estava quase transbordando de mandioca. Vestia-se de modo típico do local, o que significava quase não usar roupas. Descalça, os seios nus, ela usava uma saia vermelha. Também usava palitos *hii-hi* de bambu perfurando o nariz e o lábio inferior — as agulhas decorativas tão apreciadas pelas mulheres da floresta. No pescoço, colares de contas azuis, e flores tropicais adornando as orelhas. O cabelo era curto, no característico corte cuia. O rosto estava pintado com faixas vermelhas decorativas.

Eu sabia que encontraria minha mãe assim. Mas ainda assim fui surpreendido. Afinal, era minha mãe. No breve período em que vivera conosco nos Estados Unidos, do que eu me lembrava melhor era que ela se vestia como uma típica mulher estadunidense. Usava jeans, tinha o cabelo arrumado como qualquer outra mãe da vizinhança — muito embora não gostasse tanto assim de usar sapatos. Sempre que possível ela andava descalça. Mas vendo-a ali naquele momento, parecendo perfeitamente uma mulher típica da floresta amazônica... fiquei paralisado de espanto e admiração.

Ela tirou o cesto das costas e o colocou no chão. Eu me levantei da rede e fui na sua direção, pensando: *Meu Deus, o que vou fazer agora?* Eu estava consciente de cada movimento meu — provavelmente porque todos os olhares se voltavam para nós. Lembrei tudo que tinha lido sobre a região e aquele povo. Como cumprimentar uma mulher yanomami? Como cumprimentar uma que é sua mãe? Eu já tinha estragado tudo ao tentar apertar a mão do meu meio-irmão. Mas aquela era minha mãe; não nos víamos há mais de vinte anos; eu precisava *desesperadamente* acertar dessa vez.

Só que não havia um modelo do tipo "como fazer". Estávamos um diante do outro a poucos centímetros de distância, e eu louco para abraçá-la, mas os Yanomami não se abraçam. Não faz parte da cultura. Eles não se beijam — e, como aprendi, não apertam as mãos. Em comparação com toda a agitação de não indígenas nos encontros e partidas, os yanomami aparentemente não fazem grande estardalhaço — ao se cumprimentarem e, ao se despedirem. Pelo menos não *costumam* fazer nada disso. Ela deu um passo na minha direção e colocou a mão no meu ombro, e senti que minha mãe estava tremendo. Então começou a chorar. No início, lágrimas discretas, que rapidamente se transformaram em profundos soluços que a sacudiam, junto a gemidos de dor e felicidade.

EU, YANOMAMI

Eu logo fui tomado por lembranças da infância que envolviam minha mãe... imagens de nós dois rolando no chão da sala, dançando na cama, andando na montanha-russa, comendo batata frita. Simplesmente desmoronei, chorando com ela. As mulheres que nos observavam — mulheres yanomami, mas também Hortensia e algumas das missionárias — também começaram a chorar. Por alguns momentos, fomos todos tomados por aquele sentimento. Passado algum tempo, envolvi o braço no pescoço da minha mãe e olhei bem fundo nos seus olhos castanho-escuros, maravilhando-me por alguns instantes com a beleza deles. Com a beleza *dela*. Ela deixou a mão no meu ombro e continuou me tocando, cuidadosa para não me agarrar nem me puxar para ela. Apenas me acariciava com os dedos, como se quisesse se certificar de que eu era real. Como se talvez eu fosse um fantasma.

Eu não conseguia pensar no que dizer. Até que falei: "Mamãe, sou eu. David."

Era apenas algo para dizer, acho, e, em meio a todo aquele arrebatamento, a tremedeira e a choradeira, eu não tinha certeza de que ela tivesse ouvido ou entendido, então falei de novo. Dessa vez, disse: "Mamãe, sou eu. David. Voltei para casa."

9 de setembro de 2011
11:12

ALTO ORINOCO, TERRITÓRIO YANOMAMI

As mulheres yanomami conversam enquanto caminham. Aquelas trilhas não servem apenas para coletar alimentos e outros recursos necessários para a sobrevivência. Têm também uma função social. As mulheres aproveitam esse tempo longe da pulsação da vida na aldeia e de suas rotinas diárias para conversar e rir. Muito.

Durante o retorno ao shabono *abandonado, minha mãe estava completamente entregue à conversa com as outras mulheres. Mesmo quando estávamos abrigados junto às pedras, esperando a tempestade passar, elas falavam, falavam e falavam sem parar. Eu tentava imaginar o que estavam dizendo. Embalado pela melodia da voz da minha mãe, eu pensava nela dizendo quanto estava feliz por eu ter voltado, como admirava meu esforço para me adequar ali. Eu ainda era um trabalho em andamento, em uma transformação yanomami, ainda tateando pelos muitos costumes e rituais que tentava aprender. Era muito mais provável que ela estivesse de risinhos com a jovem destinada a ser minha esposa, contando-lhe coisas embaraçosas da minha infância; ou ainda, mais*

EU, YANOMAMI

provavelmente, algo que nada tivesse a ver comigo. Mas não conhecer a língua nos dá uma certa liberdade. Podemos inventar o que queremos ouvir.

Enquanto me preparava para a jornada de voltar para casa, fora difícil não saber como me adequar à vida na aldeia. Partindo do princípio que eu conseguiria encontrar minha mãe, será que ela ficaria empolgada ao me ver? Será que se lembraria de mim? Sim, eu recebera uma carta sua, incentivando-me a visitá-la. Sim, dava para perceber um afeto ansioso nas entrelinhas da tradução. Mas, nos momentos de dúvida, eu pensava que ela fora instruída no que dizer, relembrada de quem eu era, tentando voltar a encontrá-la depois de tanto tempo.

Felizmente, minhas preocupações eram infundadas e, quando enfim encontrei minha mãe, foi um momento tão alegre e exultante quanto eu poderia imaginar — com muitas lágrimas de felicidade. Não poderia ter sido melhor nem mais significativo. Mas agora que voltávamos para o restante do grupo, depois de uma tempestade que poderia fazer um ocidental como eu se preocupar com a segurança, ninguém parou seus afazeres. Ninguém veio correndo nos receber, nem mesmo nos ajudar a descarregar as bananas e o peixe que trazíamos. De nossa parte, não gritamos de felicidade ao rever os outros, exatamente ali onde os havíamos deixado, seguros e inteirinhos, pois certamente tinham enfrentado o mesmo perigo, abrigados da mesma tempestade tropical.

Todo mundo continuou com suas ocupações, cuidando de suas coisas, e eu tentei fazer o mesmo. A manhã já terminava, e havia alguma atividade em torno da fogueira. Depositei as bananas que trazia e fui até o fogo, para ver se podia ajudar. Havia peixe, arroz, algumas carnes. Busquei uma panela vazia e lembrei que trouxera espaguete na mochila. Não lembro mais por que tivera a ideia de trazê-lo para uma viagem tão breve, mas lá estava ele, chamando por mim, e então decidi cozinhá-lo para fazer uma surpresa. Eu ainda estava tentando me encaixar naquele grupo, tentando me adequar, e parecia uma excelente maneira de contribuir.

Eu tinha certeza de que os Yanomami já tinham comido espaguete alguma vez — trazido por algum dos missionários que visitavam a aldeia, talvez até pelo meu pai, mas eles certamente não estavam esperando por essa comida, e eu mandei ver. Dois pacotes — daria para todo mundo.

Eu só podia imaginar o que os Yanomami achavam desse tipo de comida. Perguntava-me como eles achavam que os nabuhs fazem massa. Será que pensavam que temos árvores de espaguete ou plantamos sementes de espaguete? Seja como for, eles adoraram. Preparamos apenas com um pouco de sal. Foi mesmo uma curtição, e depois fui até a minha rede, pendurada ao lado da rede da minha mãe, para lavar meu prato. Era o momento mais quente do dia, eu estava satisfeito e queria descansar um pouco antes das tarefas da tarde. Mas um outro grupo de mocinhas risonhas e conversadeiras logo se aproximou. Queriam falar comigo, só que eu não as entendia. Falavam muito depressa, ao mesmo tempo. Minha mãe não estava por perto, então não podia pedir-lhe ajuda.

Logo ficou evidente que as garotas queriam que eu cantasse e dançasse com elas — ou dançasse como elas. Uma delas praticamente me tirou da rede e me induziu a imitá-la, só que eu não conseguia reproduzir seu estilo de dança tradicional yanomami. Eu queria, mas não levava jeito. As outras cantavam, batiam palmas, fazendo uma espécie de acompanhamento, e pareciam achar muita graça na minha desorientação — e na minha incapacidade de me movimentar como as outras. Seja qual for a expressão que os Yanomami usem para total falta de jeito, era muito provavelmente a escolha que fizeram para falar de mim. Falta de jeito e de noção.

Depois de algum tempo nisso, cansei de ser alvo de risadas. Já tinha feito papel de bobo ao cantar e dançar como o xamã da aldeia, em uma tentativa ridícula de afastar a tempestade. Já tinha sido alvo de zombaria por não entender a língua ou os costumes ou o que esperavam de mim.

O espaguete pode ter ajudado, mas não mudou nada, e então decidi inverter as coisas e mostrar à minha família yanomami como dançamos e comemoramos

EU, YANOMAMI

no meu país. E saí imitando Michael Jackson da melhor maneira possível, dando o meu melhor, e o que me faltava em graça e sutileza eu compensava em coragem e determinação. Mais uma vez, a falta de jeito mandou lembranças, mas aquela boa gente não se importava. Ficaram me olhando absolutamente perplexos — nunca tinham visto nada parecido! —, com expressões que mesclavam confusão e horror.

Até que, um a um, começaram a rir.

Eu realmente tinha conseguido — e não demorou para convencer alguns deles a se juntar a mim, e durante uma hora ou mais criamos uma cena e tanto: primeiro estávamos ali apenas um ou dois, depois três, e quatro, e mais ainda, rodando em volta de uma fogueira em plena floresta amazônica, dançando feito loucos como se estivéssemos no palco do Madison Square Garden.

Eu sei, eu sei... eu tinha feito papel de bobo de um jeito e agora estava me fazendo de bobo de outro, mas achei que sairia ganhando, pois, pela primeira vez, eu me permitia estar ali totalmente entregue à alegria do convívio. Dançava sem a menor preocupação, como se estivesse na ponta final do Universo, e a única direção que me restasse seguir fosse pra cima.

Dancei como se pertencesse àquele lugar.

CAPÍTULO SEIS

MEU JEITO YANOMAMI

EU ESTAVA CANSADO DA VIAGEM, esgotado, de mau humor. O encontro com minha mãe não podia ter sido melhor, mas algo desse porte, reviver todos aqueles anos, retornar todos aqueles quilômetros para restabelecer contato com minha família, é algo que tem uma grande carga emocional.

Ainda era uma enorme novidade para mim estar ali na floresta, a mundos de distância de tudo que eu conhecia. Chamar aquilo de surreal seria um enorme clichê, e os yanomami não usam clichês, então digamos que minha mente estava a mil por hora — outro clichê, eu sei, mas chega perto. Meu coração também estava disparado. Mamãe estava ali por perto, e a sensação era de que a aldeia inteira estava ao redor da minha rede, louca para participar do drama e da animação daquele momento, além dos que ainda estavam por vir. Mamãe estava eufórica, como que embriagada pelo turbilhão de emoções, por ter o seu Davi de volta. Já eu estava mais desgastado que animado, aliviado por tudo ter ficado bem, mas sobretudo na expectativa do que ainda viria pela frente.

Enquanto tentava me acomodar e me adequar ao novo ambiente, eu me lembrava com frequência de algo que meu pai dissera sobre

EU, YANOMAMI

observar os Yanomami. Ele discorrera bastante em seu livro sobre as mudanças em seu papel na comunidade e a hesitação que experimentava entre fazer parte daquilo ou ser um cientista social. Para ele era algo muito importante. Era o que mais pesava quando ele pensava no compromisso com minha mãe, o cerne da terrível história que contava sobre a amiga de uma aldeia próxima que fora arrastada para o mato e estuprada por um grupo de adolescentes. Era o que o mantinha afastado, incapaz de interferir (ou não querendo)... no início.

E ele não se limitou a apenas *escrever* a respeito. Era um dilema que conversamos bastante antes da minha viagem. Ele disse: "Dave, certas coisas que você vai ver talvez não lhe agradem."

E com certeza logo dei de cara com o dilema, no momento da chegada. Mal tivera tempo de recuperar o fôlego, muito menos de descobrir meu papel naquela comunidade, fosse de observador ou participante. Pensei em uma série de hipóteses, mas, ao chegar, percebi que meu papel já tinha sido definido. Eis o que aconteceu: deitado na rede ao lado da minha mãe, vi dois garotos yanomami fazendo brincadeiras brutas no *shabono*. Pareciam ter 8 ou 9 anos. Um deles empurrava o outro, que começava a chorar e fazia o mesmo — nada fora do comum, exceto que, entre os *Hasupuwe-teri*, era algo muito mais sério do que eu poderia supor. A situação rapidamente piorou. Logo parecia que a aldeia inteira estava ao redor deles. Uma mulher puxou um dos garotos para o lado e lhe entregou um porrete. Em seguida, outra mulher, que parecia ser a mãe ou uma tia do *outro garoto,* entregou-lhe também um porrete. Os meninos foram instruídos sobre o que fazer com os porretes de madeira bem sólida, quase do tamanho de um cassetete policial — decididamente algo com que *ninguém* gostaria de ser agredido, nem mesmo por um garotinho.

Instigados pelos pais, os meninos começaram a golpear a cabeça um do outro. A essa altura, os dois choravam. Nenhum deles queria estar ali fazendo aquilo, mas era o que os parentes mais velhos esperavam. Era como um rito de passagem — um assustador e repulsivo —, que me parecia aterrorizante e brutal.

Meu pai tinha razão; eu não ia gostar de certas coisas que veria, e lá estava eu, mal havia chegado, enfurecido.

Um dos garotos era muito maior e mais forte que o outro, mas parecia ainda mais perturbado, embora eu não ache que houvesse alguém ali mais perturbado que eu. Os garotos estavam ensanguentados, soluçando, cambaleantes com toda aquela força e o esforço da troca de golpes. Era realmente horrível, doloroso demais de se ver e, no momento em que a cabeça de um dos meninos parecia ter sido rachada, eu fiquei furioso. Quase não me reconhecia, de tanta raiva que sentia. Realmente, eu estava fora de mim!

Mas eu me contive. Pensei que eu deveria reagir como um antropólogo; não deveria interferir; não era o meu papel; estava ali para observar, e não para participar. Todas essas ideias absurdas começaram a girar na minha cabeça, e por um momento achei que deveria dar-lhes ouvidos. Mas acabei vendo o absurdo que eram. Percebi que a batalha entre dois meninos não era uma questão de vencer ou levar a melhor — era uma questão de introduzi-los aos costumes dos adultos, preparando-os para a possibilidade de terem de enfrentar uma luta de verdade. Acho que, na nossa cultura, o equivalente seria um pai dizer ao filho que se alguém batesse nele, deveria revidar — uma mensagem do tipo "olho por olho". Mas na floresta, empunhando porretes, era um pouco mais cruel — pelo menos *para mim*. Só que aquele era o jeito yanomami e, se eu quisesse ficar no território por algum tempo e me adaptar aos costumes locais, teria de ser do *meu* jeito também. Examinando a situação, pensei: tudo bem, dois garotinhos brigaram, provavelmente por causa de uma bobagem, e era assim que os mais velhos queriam que eles resolvessem o problema. Para os mais velhos,

EU, YANOMAMI

era o momento de ensinar uma lição, uma questão de honra; mas para mim era pura e simples brutalidade, quase uma espécie de abuso infantil, obrigar aqueles dois meninos a golpear a cabeça um do outro com porretes de madeira.

Eu não sabia que diabos fazer — o que esperavam de mim, ou de que jeito eu poderia agir. Uma parte minha sabia perfeitamente que era um aspecto da cultura local — uma à qual eu pertencia apenas de um jeito muito tênue. Interferir naquela situação só serviria para me marcar explicitamente como um estranho, quando eu queria me adequar... tal como quisera me adequar quando crescia em Nova Jersey. (Engraçado como nossas necessidades e nossos desejos tendem a se fechar em círculos.) Eu não queria chamar atenção para mim, mas não podia ficar ali parado vendo aqueles dois meninos se trucidarem. Estava vivendo um choque cultural. Não conseguia me impedir de injetar minha moral e meus padrões ocidentais estadunidenses na situação.

Devo ter ficado parado ali um bom tempo, congelado, sem saber o que fazer, se é que devia fazer algo, e, nesse longo momento, os dois garotos iam perdendo as forças pouco a pouco. Um atingia o outro, o outro cambaleava e se erguia de novo, e depois de mais algumas porradas o segundo levava a melhor sobre o primeiro. Era como se estivessem em câmera lenta — quase como se tentassem *não* se machucar, pois deviam saber que a punição que infligiam se voltaria contra eles.

Por fim, não aguentei mais, mesmo com aquele ritmo mais moderado, peguei num saco uma camiseta laranja-vivo, que trouxera para doar aos indígenas da aldeia, e me aproximei de um dos meninos — o que havia apanhado mais. Vale lembrar que eu não interrompi a luta; ela já terminara. Mas o garoto estava bem mal. O couro cabeludo fora rasgado e escorriam gotas grossas de sangue pelo rosto misturadas a lágrimas. A pobre criança estava péssima — os ferimentos provavelmente eram piores na aparência que na realidade, mas, mesmo assim, estavam bem ruins. Eu tomei a iniciativa sem pensar, automaticamente fazendo o que aprendera em aulas de primeiros socorros — e ninguém fez menção de me impedir. Minha mãe, meu irmão, meus tios... todos deixaram que eu fizesse o que tinha a fazer.

Ao me aproximar do menino, rasguei a camiseta de alto a baixo, como aprendemos a fazer para estancar uma ferida na cabeça. Era uma camisa nova, e o som do rasgão estalou no ar, e eu quase podia ouvir a multidão reunida para acompanhar a batalha engolindo em seco. De repente, as pessoas começaram a gritar comigo, e dava para perceber que estavam furiosas e confusas com meu comportamento. Elas se perguntavam o que eu estava fazendo, mas pareciam ainda mais perturbadas por eu ter acabado de estragar uma camiseta novinha.

Ocorreu-me que aquelas pessoas se importavam mais com a camiseta que com os dois meninos... mas eles encaravam a situação de uma perspectiva diferente. Porém, eu não tinha muito tempo para me preocupar com aquilo, pois entrei em modo de emergência. Peguei um pouco de água e derramei na cabeça do menino, para limpar rapidamente a ferida. Fiz com que ele se sentasse — para acalmá-lo, pensei no começo, até que percebi que era eu quem precisava ficar calmo. Em seguida, amarrei uma tira da camiseta rasgada na sua cabeça, para estancar o sangramento. O tempo todo, as pessoas se limitavam a observar. Como se tivessem curiosidade de ver o que eu faria — até o menino com a cabeça ensanguentada estava confuso com meu comportamento. A essa altura, todos sabiam quem eu era, logo, eu não era um completo estranho. Minha chegada fora esperada durante meses, e Yarima parecia uma celebridade entre seu povo — era a garota que tinha ido embora com o *nabuh* de testa grande para viver bem longe na aldeia dele e um belo dia voltara. Para eles, não era problema que eu estivesse interferindo, só que não entendiam por quê. A maneira como passei uma atadura no garoto não se parecia com nenhuma

EU, YANOMAMI

bandagem que tivessem visto num ferimento na cabeça de alguém: o pobre garoto parecia um cruzamento de abóbora com pirata, com aquele retalho laranja apertado sobre as sobrancelhas.

Logo esqueceram a briga e os garotos voltaram para suas famílias, para suas áreas no *shabono*, e, aos sussurros, comentavam sobre aquele estranho rapaz com seus modos esquisitos, alheio aos costumes da floresta... ou seja, *eu*. Hortensia traduziu para mim, repetindo o que estavam dizendo — basicamente, que eu deveria saber que aqueles golpes na cabeça eram bons para as crianças. Deveria saber que os fortalecem, enrijecem a cabeça. De modo geral, a luta era vista como algo positivo. E eu, como um estranho intruso *nabuh*, disposto a estragar uma camiseta perfeita que podia ser usada de um jeito muito melhor.

Voltei a desfazer minha bagagem, sem conseguir esquecer o episódio. Sobretudo, o *dilema* não me deixava. A ideia de que eu estava ali para observar e aprender, sem interferir, ia e vinha, além de pensar que se tratava da minha família, da minha aldeia, do meu povo. Mal tinha passado uma tarde na floresta e já me afastara do ideal do antropólogo. Já tinha ultrapassado um limite. Mas eu não era antropólogo. Não podia ficar ali sentado, tomando notas, enquanto dois garotos se massacravam até sangrar. Não estava ali *apenas* para estudar aquela gente, mas para me *conectar* com eles, por isso, fiquei satisfeito por ter interferido. Pensei: *Foda-se o que esperavam de mim. Eu era um homem yanomami — como aquela gente — e haveria de passar meu período na aldeia do meu jeito.*

Essa história teve um estranho desfecho, que aconteceu apenas uns vinte minutos depois, mas continuou me perseguindo durante toda a minha estada. Bem, talvez *perseguir* seja forte demais, mas a situação me acompanhou. O garoto que saiu mais machucado da briga, o do torniquete laranja, se sentiu envergonhado com a minha manifestação de preocupação. Como se tivesse perdido a lição que deveria aprender. Tirou a atadura uns dois minutos depois, como se fosse um grande inconveniente.

Após esse enorme fiasco, passei a ser o tolo — papel que teria muitas oportunidades de desempenhar nos dias e semanas seguintes.

EU ESTAVA NA ALDEIA HAVIA algumas horas e muita coisa já tinha acontecido. Reencontrara minha mãe, conhecera meu meio-irmão Ricky Martin, meu tio Shoape, uma infinidade de tias e primos que mal conseguia identificar. Pendurara minha rede num lugar de honra no *shabono* e suportara alegremente o olhar fixo das crianças yanomami, que me observavam como se eu fosse um alienígena. Tinha "interferido" naquele pequeno ritual de espancamento, o que me tornara ainda mais estranho para o povo da aldeia.

Mas era apenas o começo.

Minha mãe veio me apresentar alguém mais. Foi inesperado, mas eu deveria ter previsto. Um grande grupo já se formara ao nosso redor, pois era raro a aldeia passar por fortes emoções assim, mas todos abriram caminho para ela logo que mamãe se aproximou. Se houvesse algo parecido com um rufar de tambores yanomami, teria sido o momento, pois chegara a hora da minha cerimônia de *Boas-vindas à floresta*! O momento em que o céu deveria abrir-se para anunciar minha chegada — a grande revelação! Mamãe estava absolutamente exultante de fazer a apresentação, quase como se estivesse planejando aquilo há muito, muito tempo. Como se estivesse esperando exatamente aquela oportunidade de me oferecer um presente de boas-vindas, uma enorme surpresa.

O presente? Uma linda jovem que parecia estar no fim da adolescência — se eu tivesse de fazer um chute aproximado da idade. A jovem ostentava o típico corte de cabelo em formato de cuia das mulheres yanomami, com as finas varetas *hii-hi* de bambu atravessadas no lábio inferior e no nariz. Ela adornava os seios nus com um colar de

EU, YANOMAMI

contas multicoloridas, usava uma saia vermelha e uma faixa de videira pendurada em diagonal no ombro — estranhamente parecida com as faixas usadas nos Estados Unidos por participantes de concursos de beleza. A jovem era deslumbrante e eu fiquei sem reação quando ela se aproximou. Não sabia o que dizer, o que fazer, nem de longe conseguia imaginar quem ela poderia ser dentro da minha família. Ela chegou mais perto e passou o braço pelo meu tronco — gesto de familiaridade que me pareceu extraordinário na região, onde esse tipo de demonstração física não era comum, sobretudo entre homens e mulheres. Ela deu uma risada e sorriu, mostrando um espesso rolo de tabaco úmido no lábio inferior.

Dei uma risada nervosa e retribuí o sorriso, e fiz o que qualquer um que quisesse se formar yanomami faria numa situação assim — passei meu braço ao redor dela e lhe dei uns tapinhas na cabeça.

É preciso lembrar que a essa altura eu não fazia ideia se a jovem era minha meia-irmã, uma prima ou quem sabe até uma tia... ou seja, eu pensava nela como um membro da família. O que não me impedia de olhá-la de cima a baixo. (Ora, ela estava seminua!). Ela era bela, mesmo que aquele toco de tabaco no lábio e as varetas atravessando o nariz me fossem exóticos; seu corpo era cheio de cortes, mordidas de mosquito, protuberâncias inflamadas por mordidas de insetos e outros sinais da dura vida na floresta. Quando se aproximou, senti o cheiro da pintura cerimonial *onoto* nas bochechas.

Falei: "Oi." Não era o mais apropriado a se dizer em uma saudação tão calorosa, mas era o melhor que eu conseguia.

O tempo todo minha mãe sorria — radiante, eu diria —, até que me disse algo que não entendi. Franzi a testa, confuso, e ela repetiu. Nada. Por fim, Hortensia se aproximou para explicar. Estivera até então um pouco afastada, registrando o encontro, e percebeu que eu estava totalmente perdido.

— Essa garota — disse Hortensia — é sua esposa.

Eu poderia ser derrubado apenas com uma pena de papagaio. Bem lá no fundo, eu estava preparado para que algo assim acontecesse durante o período na floresta — só que, para mim, ficaria mais na teoria. Meu pai me dissera que aconteceria — assim como os outros antropólogos e missionários com quem eu tinha conversado antes da visita —, então não fui completamente pego de surpresa. Ainda assim, eu achava que aconteceria depois de umas mais ou menos duas semanas, se tudo corresse bem, e um dos chefes me chamaria para sugerir que eu escolhesse uma esposa, bem como acontecera com meu pai. Poderia significar alguma coisa ou não, mas até lá eu já estaria mais introduzido na vida da aldeia.

Eu nunca soube o nome dela — não era como os Yanomami faziam —, mas a chamei de Layla na minha cabeça. Fui instruído a chamá-la pelo nome que se usa para designar uma mulher, *Sua*, e era assim que me referia a ela quando nos falávamos diretamente, mas havia nela algo que simplesmente chamava por "Layla" — como na canção de Eric Clapton.

E, antes que eu pudesse pensar no significado dessa relação com "Layla", todos os olhares se voltaram para outra garota, que se aproximara atrás da primeira. Também era linda, embora parecesse um pouco mais jovem. E também um pouco menos assertiva. Não chamava tanta atenção nem se movia com a mesma autoconfiança e determinação. Usava calças amarelas e um colar multicolorido, e, enquanto eu a examinava, imaginei onde aquelas garotas encontravam roupas e colares de contas. Minha mente questionava quem poderia ter chegado ali antes, trazendo aqueles objetos. Médicos? Funcionários do governo? Missionários?

Mas eu não tinha muito tempo para refletir sobre isso — pois aquela garota também estava destinada a ser minha esposa. Ela não se apro-

EU, YANOMAMI

ximou de mim com a familiaridade da minha "primeira" esposa. Era tímida, cautelosa — e certamente tinha seus motivos. Se eu estivesse no lugar dela, teria me olhado com atenção, com aquelas minhas roupas de pateta, aquele meu jeito de bobo, e saído correndo em direção ao rio, mas a Esposa nº 2 ficou por ali — isso eu tenho de reconhecer.

A Esposa nº 2 também seria chamada de *Sua* — só que eu decidi pensar nela como Lucy. Mais uma vez, não sei por quê, mas parecia o nome certo — como em "Lucy in the Sky with Diamonds".

No fim das contas, minhas duas esposas eram irmãs, adquirindo contornos de uma paródia do Jerry Springer no *Saturday Night Live*. Eu tive o cuidado de fazer a mesma calorosa saudação à Esposa nº 2, então me voltei para "Lucy" e disse: "Oi." Eu não queria ofender ninguém.

Cada uma das minhas esposas já tinha um marido — e uma delas tinha até um filho! Logo, a analogia da paródia televisiva começava a fazer cada vez mais sentido — e parecer cada vez mais perturbadora. Um dos maridos estava presente ali naquela "cerimônia" improvisada — mas eu ainda não tinha feito a ligação. De qualquer maneira, esse sujeito se destacava — um cara mal-encarado que devia ter mais de 20 anos, talvez até um pouco mais. Parecia perfeitamente capaz de me machucar, se quisesse — e eu estava lhe dando razões mais que suficientes. Ele era mais forte que eu — com um jeito mais de brutamontes que a maioria dos homens da aldeia — e bem largo. Eu o reconheci do percurso de barco que fizera com Jacinto e Hortensia. O homem pegara meu boné de beisebol e começara a usá-lo — de um jeito simpático, pensei naquele momento, mas agora me perguntava se estava tentando me provocar, pois se recusava a devolvê-lo.

Mamãe estava exultante por arranjar aquelas duas mulheres; para ela, eu consumaria aqueles casamentos e começaria a produzir bebês yanomami, estreitando meus vínculos com a aldeia e garantindo que jamais voltaria para a "aldeia" do meu pai em Nova Jersey. Era um jeito de me manter por perto — mas também de me tornar mais yanomami, como numa iniciação.

Para os mais velhos da aldeia, eu imaginava que aqueles casamentos se destinavam a trazer honra para os *Irokai-teri* e retribuir a homenagem. E quem era eu para criar obstáculos?

Mais algumas palavrinhas sobre o marido ciumento. Um tempo depois naquela mesma tarde, eu relaxava com um grupo nas redes enquanto os missionários preparavam uma refeição de boas-vindas com arroz e peixe. E também café — nós tínhamos trazido nosso café, mas fiquei surpreso com a qualidade do deles. Eu estava tomado por aquelas imagens, aqueles cheiros, aqueles sons... tentando absorver de uma vez o meu novo ambiente. Falava-se muito, mas eu não entendia nada, além de algumas poucas palavras ou frases. Felizmente, Hortensia estava ali para traduzir, como se comprometera a fazer nessa primeira etapa da jornada.

Era uma cena tranquila e agradável — mais uma vez, tudo que eu poderia ter imaginado para minha primeira tarde e minha primeira noite. Até que, de repente, o mesmo sujeito do barco e do momento em que fui apresentado a minhas duas esposas pulou de sua rede e caminhou na minha direção. O tom, a atitude, a postura... tudo nele era agressivo, ameaçador.

Enquanto ele se aproximava, virei-me rapidamente para Hortensia.

— Quem é esse sujeito? — quis saber.

— É o marido dela — respondeu Hortensia.

— De quem? — perguntei.

— Daquela — disse ela, apontando para a Esposa nº 2.

Eu pensei: Meu Deus!

A Esposa nº 2 — a mais jovem, a tímida. Ela tinha casado com aquele brutamontes, um sujeito com quem eu não queria me meter.

EU, YANOMAMI

Ele parecia bom de arco e flecha, bom no facão, mãos rápidas. Grandalhão o suficiente para me partir em dois. A última coisa que eu queria na vida era me meter no casamento do sujeito e tomar-lhe a mulher.

Ele berrou alguma coisa ao se aproximar de mim. Postou-se a alguns centímetros de distância e gritou outra coisa. Até que fez uma pausa, como se tentasse descobrir se ainda faltava dizer algo. E voltou para sua rede. Em questão de poucos passos, passou da ameaça a uma atitude passivo-agressiva.

O tempo todo as pessoas em volta riam alegremente, como se acabassem de ouvir a frase de efeito de uma piada complicada. Todos os olhares estavam voltados para aquela estranha e inesperada cena — e agora todos estavam em cima de mim, para ver como eu reagiria.

Minha mãe permaneceu sentada ao meu lado. Sequer fez menção de interferir ou mesmo de me defender de alguma forma. Apenas ficou ao meu lado.

Virei-me de novo para Hortensia, em busca de uma explicação.

— Muito bem, o que foi *isso*? — perguntei.

— Ele quer que você saiba que ele é marido da sua esposa. Quer que tome muito cuidado, pois ele pode ficar muito enciumado — explicou ela.

— Então por que estava todo mundo rindo? — indaguei.

— Porque ele mudou de ideia no fim e disse que não precisava se preocupar, pois ele não ficará enciumado.

Ainda assim, eu fiz uma nota mental: *não mexa com a mulher desse sujeito*.

MAIS TARDE, NESSE PRIMEIRO DIA, o chefe yanomami me comunicou por meio de um intérprete que os homens da aldeia queriam me ajudar a construir uma choupana — algo que ajudaram *meu* pai a construir trinta e tantos anos antes. Achei legal, um simpático lembrete de como as coisas eram na época.

Enquanto isso, eu dormiria numa rede no *shabono*. Não dormi muito bem naquela primeira noite. Mamãe esperava que eu me convertesse de imediato em um yanomami. Ela era sempre assim — queria que eu me movimentasse, dormisse, respirasse, comesse, *agisse* como um yanomami. Até a medula. Eu era seu filho, voltei para ela depois de um *wayumi* de muitos, muitos anos, e haveria de estar junto ao seu povo, ao *nosso* povo, como um deles. Ela estava decidida. O que significava que eu dormiria junto à fogueira sem mosquiteiro. Que comeria larvas de insetos e carne de macaco e qualquer coisa que ela colocasse no meu prato. Que andaria por ali seminu — eu poderia me dispor a beber as misturas que os Yanomami faziam, mas não estava preparado para circular tranquilamente nu, ou usando um daqueles porta-pênis tradicionais que aparentemente todos os homens da aldeia usavam. (Você já *viu* um desses? Praticamente não precisa de manual — o sujeito prende o prepúcio a uma corda amarrada em volta da cintura. Não é uma visão das mais agradáveis — nem das mais confortáveis.)

Significava também que eu largaria os sapatos — embora isso fosse um problema para mim. Minha mãe apontou para meu Reebok e disse: "*Zapatos, shami!*". Sapatos, ruim!

Tentei andar descalço naquela primeira tarde e à noite, pois queria muito mesmo agradar a minha mãe, mas a sola dos meus pés não era resistente o suficiente para enfrentar o solo da floresta. Assim, sempre que voltava para a minha rede, eu calçava de novo o tênis, até que minha mãe começasse de novo a apontar para mim.

"*Zapatos, shami!*"

Eu havia esquecido que meu pai passara as duas primeiras noites na floresta com uma lanterna e um facão na rede, mas acabei fazendo a mesma coisa. Não fiz a ligação até voltar aos Estados Unidos, relendo

EU, YANOMAMI

seu livro, mas lá estava eu, agarrando uma lanterna e uma faca junto ao peito, ouvindo os sons da noite, espantando insetos, tentando ficar confortável, perguntando-me como me adaptaria àquele lugar maravilhoso e selvagem. No fim das contas, eu segurei aquelas duas armas de sobrevivência muitas vezes naquela primeira noite, e ainda muitas outras nas noites seguintes.

Eu estava empolgado demais para dormir, mas também assustado. É bom lembrar que estava em plena floresta, sem falar a língua local, pouco familiarizado com a flora e a fauna, aterrorizado com os insetos, completamente isolado do único mundo que conhecia. Por mais animado que estivesse por rever minha mãe e me conectar com as minhas raízes yanomami, estava preocupado também por estar fora do meu habitat. E como estava! Aquilo começou a mexer com minha cabeça, cada vez mais conforme escurecia e a noite se arrastava. Devo confessar que, deitado ali na rede, sem conseguir dormir, eu pensava em todas as histórias de violência e guerra que, durante todos aqueles anos, tinham representado a imagem recorrente daqueles povos. Esqueça os animais selvagens que podiam ou não estar espreitando na floresta; esqueça os mosquitos, animais rastejantes e maruins. Eu estava mais preocupado com os Yanomami das aldeias próximas. As palavras de Chagnon pairavam no ar noturno sobre minha rede e me deixavam apavorado, enchendo minha cabeça de imagens medonhas. Histórias de estupro, ataques vingativos, investidas de grupos rivais... tudo se repetia, num infindável círculo vicioso, por mais que eu tentasse me desligar.

No meio da noite, quando você está cercado de dezenas de estranhos que dormem roncando sem saber muito bem o que fazer com você, debaixo de uma cúpula de terrores selvagens invisíveis que nem consegue começar a elencar... a sua imaginação viaja um pouco. Sobretudo se houver um marido ciumento, desconfiado de você, a poucas redes de distância. E assim estava eu, completamente apavorado. Sem mais nada para me distrair, os sons da floresta eram amplificados no meio da noite, e eu ficava ali deitado me perguntando que diabos tinha passado pela minha cabeça para embarcar naquela aventura. E também me perguntando o que poderia estar espreitando na floresta, pronto para saltar sobre mim. Era realmente intenso. O fato de estar ali, tão longe dos confortos de casa, tão longe de qualquer coisa que pudesse identificar como civilização. Logo eu! Que sempre morrera de medo de aranhas. Em casa, eu surtava só de ver uma joaninha, caramba! Se uma abelha entrasse pela janela, eu pirava completamente. Ao longo de toda aquela primeira noite (e das que se seguiram), fiquei ouvindo em silencioso pânico os sons de galhos se partindo, insetos chiando e zunindo, animais selvagens noturnos remexendo nos arbustos além da clareira do *shabono*. Queria desesperadamente que houvesse um botão de volume para eu girar, diminuir aquela mortífera ambientação sonora da floresta... mas aquelas criaturas não se calavam!

Eu ouvia um graveto quebrar-se a distância, levantava a cabeça e apontava o facho da lanterna na direção do ruído. *O que seria aquilo? Um invasor de uma aldeia próxima? Um jaguar?* A lanterna nada revelava e eu me perguntava por que ninguém mais ouvia aqueles ruídos.

A certa altura, no meio dessa primeira noite — podia ser uma hora depois de todo mundo ter caído no sono, mas podiam ser três ou quatro também —, tive a sensação de que o ar ao meu redor estava sendo deslocado por algum animal de sangue quente lentamente se aproximando da minha rede. À espreita. Preparando-se para atacar.

Merda.

Pulei da rede, facão na mão. "Quem está aí?", eu vociferava baixinho. Não queria acordar ninguém, mas, ao mesmo tempo, me perguntava por que seria o único ouvindo aqueles barulhos. Muito sem noção, eu mantinha a voz bem baixa, apesar de querer ser ouvido.

EU, YANOMAMI

Liguei a lanterna e fui iluminando a área ao redor da minha rede, mas não via qualquer sinal de movimentação estranha. Estava esperando dar de cara com o marido ciumento da Esposa nº 2 — afinal, o sujeito tinha me ameaçado na presença de toda a aldeia poucas horas antes. Para mim fazia todo o sentido que ele viesse tentar me pegar durante o sono, quando ninguém mais estivesse olhando, para preservar a honra do seu casamento.

— Quem está aí? — perguntei de novo.

Mal falei e me arrependi. Era realmente outra bobagem. É óbvio que se houvesse um intruso espreitando na noite, ele não teria a menor ideia do que eu estava dizendo. E se fosse um animal... não menos estúpido. Tão absurdo quanto começar a cantar ali mesmo.

Mas não havia nada, ninguém. Passado algum tempo, percebi que nenhum dos meus parentes yanomami estava acordado e me convenci de que era tudo minha imaginação. Mamãe dormia profundamente na sua rede, bem ao lado. Meu irmão Ricky Martin estava do outro lado do *shabono*, roncando tranquilamente. E eu não passava de um bobalhão de Easton, Pensilvânia, andando por ali de cueca, torrando a paciência dos grilos e sapos que provavelmente se escangalhavam de rir, cantando e coaxando *Olha só aquele idiota! Volta pra cama, seu cagão!*

AO LONGO DE TODA AQUELA primeira noite, minha mente não parou. Em meio à agitação e apreensão, parecendo que seria comido vivo por cobras e jaguares, espancado até a morte por maridos ciumentos, eu ficava tentando imaginar como mamãe e eu ocuparíamos nossos dias. Uma coisa era percorrer aquela distância toda para reencontrá-la, mas outra muito diferente era que encontrássemos um jeito de realmente interagir — para que eu me inserisse na vida da aldeia e minha mãe e eu enfim encontrássemos pontos de conexão significativos.

Só para explicar: a essa altura eu não fazia ideia do tempo que permaneceria na aldeia. Fui para a Venezuela com a passagem só de ida, e a volta em aberto. Se continuasse me debatendo naquelas noites intermináveis, seria uma estada breve. Mas se me adaptasse e me sentisse confortável... quem sabe? Na melhor hipótese, imaginava, ficaria com mamãe por vários meses — o suficiente para sentir plenamente a vida na floresta e fincar bases sólidas para que ela retribuísse a visita.

Deitado ali, acordado, comecei a perceber pela primeira vez que, decididamente, não tinha planejado aquela viagem levando em conta todos os aspectos que deveria. Agira de modo impulsivo e irracional, e agora estava com a sensação de que as duas próximas semanas pelo menos passariam de forma muito lenta e sofrida. A situação não me havia preocupado, nem sequer me ocorrera, mas agora só conseguia pensar nisso. Mas antes que eu pudesse sentir culpa, antes de me preocupar em saber como em sã consciência conseguiria dormir em plena floresta, como me adaptaria, o sol começou a surgir na nossa pequena clareira e, enquanto o *shabono* clareava com as primeiras luzes do alvorecer, já havia movimento por toda parte. Minha mãe foi uma das primeiras a acordar e se levantar da rede, movimentando-se num frenesi de atividade. Ia para lá e para cá, aqui e ali, preparando-se... para *alguma coisa*. No momento em que todos adormeceram na noite anterior, não ficara nítido para mim o que aconteceria na manhã seguinte ou pelo restante da minha visita. Nunca fomos tão longe em nosso planejamento — durante meses, a única preocupação que tínhamos era chegar a esse lugar, a esse momento, e tudo estaria ao nosso alcance com a nossa chegada. Só que agora lá estava minha mãe, se movendo de um lado para outro como um brinquedinho de corda.

Eu só sabia ao certo que nosso barqueiro Jacinto ficaria conosco ao longo do dia com seu barco a motor, pronto para nos transportar para

EU, YANOMAMI

a nova aldeia da minha mãe, Irokai, a cerca de dez minutos de distância subindo o rio. Não imaginamos, ao chegar, que mamãe não vivia mais ali em Hasupuwe, o que agora estava evidente — e como meu plano era passar tanto tempo com ela quanto possível, mergulhando da maneira mais significativa possível na vida cotidiana da aldeia, para me conectar com seu povo, *o meu povo*, fazia todo o sentido levantar acampamento para onde ela de fato vivia, onde se sentia confortável.

Mas antes que eu pudesse sair da rede e traçar novos planos, mamãe e irmã Antonietta já tinham tomado as providências. Fui informado que nós iríamos pescar — e não ficaríamos ausentes por muito tempo.

Assim como Hortensia Caballero, irmã Antonietta desempenhou um papel-chave na minha odisseia e ela conhecia minha família há muito tempo — só que não me ocorrera fazer contato com ela antes da minha visita. Mas ela se revelou uma freira de muita importância. Há décadas ela estava em missão no território yanomami. Se tivesse de dar um palpite, eu diria que a senhora tinha cerca de 60 anos na época, só que não dava para perceber vendo-a em ação. Ela era saudável, ativa, forte — boa com um facão ou ao oferecer um sábio e caloroso conselho. Também era capaz de estripar um animal, pescar piranhas e acionar um motor de barco. Certa vez, tratou uma infecção no meu pé com água quente misturada a sal e folhas de manga em um balde — deixando evidente que sabia como sobreviver na floresta.

Passei a encarar irmã Antonietta como nossa "irmã da floresta", mas sem perder de vista sua ligação espiritual com aquele lugar. Ela estava sempre bem disposta e com um sorriso no rosto. Sua risada animada e contagiante, que tantas vezes eu ouvira, era algo a ser guardado na memória, e ali, naquela viagem improvisada para pescar com minha mãe, enchia o ar como uma canção.

Rapidamente me vesti, empolgado com minha primeira expedição pesqueira no Amazonas. Minha última pescaria tinha acontecido cerca de 15 anos antes, quando eu ainda era um menino. Eu nem tive tempo de fazer perguntas — nós simplesmente fomos. No barco, não chegamos a ir muito longe — apenas alguns minutos rio acima, até um pequeno estuário onde o afluente desembocava no rio principal. Jacinto conduziu o barco até a margem e mamãe pulou na água sem dizer uma palavra.

Suas intenções logo ficariam óbvias quando começou a cavar à margem do riacho com seu facão — isto é, óbvias para todo mundo, menos para mim.

— *Qué está haciendo?* — perguntei a irmã Antonietta. [O que ela está fazendo?]

— *Está sacando gusanos* — respondeu ela. [Está pegando minhocas.]

Lógico. Minhocas. Eu não sabia o que era viver ao ar livre, mas aquilo fazia todo o sentido para um novato como eu, como também fazia sentido pular do barco para ajudar. Foi o que eu fiz. Só que eu não tinha como me comunicar direito com mamãe, além de imitá-la, sorrindo e mantendo-me por perto. Pulei na água, de tênis e tudo, peguei um facão e comecei a cavar. Não me saí muito bem, mas minha mãe foi muito bem-sucedida, enfiando a lâmina na lama e desencavando dezenas de minhocas escorregadias, e eu me esforçava para imitá-la. Sempre que ela virava para mim, eu sorria. Agachei-me na margem bem perto dela, e lá estávamos nós, lado a lado, cumprindo nossa tarefa — uma tarefa de mulheres, ficaria eu sabendo mais tarde, o que causou certa preocupação no barco. Jacinto se virou para irmã Antonietta e perguntou:

— Por que ele está fazendo isto? Davi é homem. Não deveria desencavar minhocas.

— Está fazendo por amor à mãe — respondeu a freira.

Eu ouvia a conversa, mas não conseguia entender o que diziam — não que meu espanhol fosse ruim, mas porque estavam muito distantes.

EU, YANOMAMI

Hortensia me contou mais tarde os detalhes. Naquele momento, eu estava empenhado em reproduzir cada movimento da minha mãe, sorrindo como um doido, tentando mostrar eficiência. E também estava distraído com o comportamento dela, pois, assim que me aproximei para agachar ao seu lado, percebi que estava chorando. Eu não sabia o que fazer, como consolá-la, ou mesmo se devia tentar. E ela continuou cavando em silêncio.

Durante algum tempo, nada mudou e mamãe continuou chorando o tempo todo.

Sentia uma enorme sensação de impotência por estar tão perto dela e ao mesmo tempo tão distante. Estávamos os dois ali sozinhos, sem ninguém ao redor para servir de intérprete, sendo possível apenas oferecer companhia um ao outro. Eu não conseguia dizer se era um belo e afetuoso momento entre mãe e filho há tanto tempo separados ou um momento incrivelmente constrangedor entre dois estranhos.

Como quer que fosse, a sensação de estranhamento durou apenas alguns minutos, e nós pegamos as minhocas e continuamos a pescar. Ao voltar, fui até Hortensia para relatar o acontecido. Mas irmã Antonietta chegara primeiro, e Hortensia já sabia das minhocas, da pescaria e do choro.

— Você sabe por que sua mãe estava chorando, não é? — perguntou Hortensia.

— Não, na verdade, não sei — respondi.

— Ela estava chorando por estar ao lado do filho — explicou ela.

— O que ela falou? Comentou algo com Antonietta?

Hortensia repetiu o que minha mãe dissera a irmã Antonietta:

— Isso ficará para sempre marcado na minha memória.

E, ao ouvir essas palavras, prometi a mim mesmo sempre lembrar--me delas.

★

NÃO DEMOROU PARA CAIRMOS NUMA pequena rotina. Levantávamos com o nascer do sol e realizávamos alguma tarefa ou pegávamos uma trilha. O tempo parecia voar — mesmo à noite. Havia tanto trabalho a fazer dentro e fora do *shabono* que, no fim de um longo dia, eu estava cansado demais para fazer qualquer outra tarefa que não desabar. Não havia tempo para me revirar na rede, preocupado com os terrores noturnos — isso foi apenas no primeiro dia.

Cerca de dois dias depois, decidi mostrar fotos à minha mãe. Com ajuda de um intérprete, ela pedia notícias dos meus irmãos, do meu pai, e achei que seria bom mostrar-lhe como eles estavam. Na verdade, eu esperava a oportunidade perfeita para compartilhar várias fotos de família, achando que seria uma excelente maneira de nos reconectarmos e talvez até superar a barreira idiomática e a grande distância entre nós. Meu laptop estava cheio de fotos recentes e antigas, da nossa época na floresta como uma família. Eu criara uma apresentação de slides com todos nós, desde a época em que minha mãe se fora até o presente, e, quando surgiu o momento certo, sentamos juntos e eu abri o arquivo.

Para minha mãe, duas maravilhas aconteciam — primeiro, as imagens de cores brilhantes que podíamos ver naquela máquina estranha no meu colo; depois, que ela estivesse vendo imagens da sua distante família *nabuh*, seus filhos agora adultos, seu marido já mais velho. Eu nem podia imaginar o que se passava na sua cabeça, mas ficava feliz de ver seus olhos reluzentes a cada nova imagem na tela, o amplo sorriso abrir-se ainda mais. Lá estava Danny, apenas um bebê quando ela se foi, agora um adulto. E Vanessa, agora mãe. E também papai, com muito menos cabelo.

Em seguida, mostrei-lhe algumas fotos mais antigas da família, da época em que minha mãe vivera nos Estados Unidos. Cada imagem

EU, YANOMAMI

dela própria mais jovem, com sua família mais jovem, trazia uma doce recordação, e começamos a achar graça e a rememorar a vida que levávamos juntos. É engraçado, mas mamãe logo se acostumou com a tecnologia. No início, olhava para o laptop meio receosa, mas, passado algum tempo, era como se tivesse usado um computador a vida inteira.

Estávamos nos divertindo muito, e eu abri uma pasta com fotos dos *Hasupuwe-teri* vinte anos antes, achando que seria uma excelente maneira de continuar com os bons momentos. Grande erro — e eu devia ter desconfiado. Na verdade, *desconfiei*, mas fui levado pelo turbilhão de recordações e me esqueci de ter um pouco de cuidado com as crenças yanomami. Esse é um povo que acredita em superstições e rituais relacionados à morte e ao sepultamento. O ponto central se refere à crença de que não devem restar traços dos mortos. Eles incineram todos os bens do falecido, cremam o corpo e não deixam qualquer lembrança ou vestígio. Eu sabia de tudo isso, pela pesquisa que fizera antes de viajar, de conversas com meu pai, mas fui tomado pela empolgação e esqueci completamente onde estava, o que estava fazendo e, ao passar as imagens, vimos uma foto de um dos meus tios. Um tio que eu lembrava como alguém bondoso e paciente. Ele fez meu primeiro arco e flecha quando eu ainda era pequeno. Eu estava louco para saber notícias dele — e, acreditem ou não, eu não lembrava seu nome.

E então perguntei.

Outro grave erro.

A foto do meu tio ainda estava na tela, virei-me para minha mãe e reparei no seu rosto. O sorriso franco se fora. Ela passava a impressão de insuportável tristeza, profunda dor. Imediatamente eu entendi o que havia feito. Segurei sua mão e comecei a pedir desculpa, mas as palavras me fugiam. Só conseguia dizer "Sinto muito". E repetia, sem parar. Ela segurou minha cabeça e a puxou suavemente para sussurrar no meu ouvido o nome do meu tio. Virei-me para ela e estava a ponto de repeti-lo para me certificar de que ouvira direito. Antes, porém, mamãe me cortou, levou o indicador aos lábios e fez *ssshhh*. E começou a chorar — com delicadeza.

Eu também chorei — porque mamãe estava chorando; porque meu amado e bondoso tio morrera; por ter sido idiota de fazê-la defrontar-se com a imagem dele e sua lembrança na minha maquininha mágica.

Ficamos ali sentados com nosso luto por um bom tempo — eu, com o computador apoiado nos joelhos; cada um esperando que as lágrimas secassem. E, naquele momento, apenas uns dois dias depois da minha chegada, eu fui capaz de avaliar o enorme vão entre os dois lados da minha família. Sim, minha mãe pode ter sido uma dona de casa estadunidense por um tempo. Sim, pode ser dessa forma que eu a enxerguei durante todos os anos em que ficamos separados. Sim, podiam ser aquelas as imagens que eu guardava no meu laptop. Mas no coração, bem lá no fundo, ela sempre fora uma mulher da floresta amazônica.

OLHANDO PARA MINHA PRIMEIRA VISITA à floresta, é como se eu estivesse repassando uma vida inteira de recordações — uma vida de recordações compactadas nessas poucas semanas. Eu mantive um diário — apesar de minhas anotações serem uma total confusão —, com o objetivo de ajudar a contextualizar essas memórias.

Muitos desses momentos convergiram num todo, deixando-me com a sensação, a impressão, o sentimento de vinculação, uma observação sobre determinado aspecto da cultura yanomami, no que se refere à minha experiência pessoal. Mas alguns outros se destacam...

Houve nessa viagem um momento Flintstones-Jetsons, um choque de cultura entre a Idade da Pedra e a Era Espacial, e aconteceu na mis-

EU, YANOMAMI

são católica em Mavaca. Aconteceu repentinamente, mas eu poderia ter planejado. Depois de umas duas noites em Hasupuwe e uma breve visita a Irokai, nós voltamos à missão. Hortensia precisava retornar a Caracas, e decidimos viajar juntos até a missão para nos despedir lá.

Minha mãe nos acompanhou nessa breve viagem. Nós acabamos de nos reencontrar, depois de uma vida inteira, e ela ainda não queria sair do meu lado.

Nós estivemos em Mavaca mais ou menos uma semana antes, quando entramos no território. Eu detestei a ideia de deixar a aldeia de mamãe tão pouco tempo depois da chegada, mas era esse o plano. Os missionários achavam interessante que eu experimentasse abrir caminho na vida yanomami — e conforme a viagem acontecia, eu só concordava. Mas, agora de volta a Mavaca, tive a sensação de estar me enganando e fugindo de uma plena vivência da experiência yanomami. Eu já percebia diferenças consideráveis entre a aparência e o comportamento dos indivíduos yanomami de "missão", expostos à cultura não indígena durante décadas, e os da aldeia da minha mãe, que praticamente não têm contato com estranhos.

Ainda assim, a vida na missão tinha vantagens que eu não levara em consideração — destacando-se entre elas a antena de satélite que os missionários católicos instalaram desde a época do meu pai no território. E também havia eletricidade, obtida graças a um gerador a diesel.

E o que significava tudo isso para um indivíduo estadunidense yanomami conhecedor de tecnologia? Skype!

Por si só, não era nenhuma revelação. Eu já tivera algumas conversas por Skype com meu pai quando estávamos indo para o território. Não, a revelação foi a ideia de colocar meus pais em contato de novo. Peguei minha mãe pela mão e a conduzi a uma salinha onde guardava parte das minhas coisas. Era apenas um cubículo com telhado de zinco e chão de cimento. No começo, mamãe não fazia ideia de onde eu a estava levando, mas, ao chegarmos, apontei para o meu laptop, instalado numa mesa improvisada.

Vale lembrar que eu já lhe havia mostrado esse laptop na aldeia — foi nele que vimos juntos as fotos de família. Então, ela sabia que a máquina tinha poderes sobrenaturais inexplicáveis. Devia ser de alguma forma enfeitiçada.

Apontei para o computador e falei o nome do meu pai.

— Kenny.

Ela olhou do laptop para mim de novo, na maior confusão. Repetiu o nome em tom de pergunta:

— Kenny?

Percebi que não estava fazendo o menor sentido para ela, e levantei a mão e a abaixei como se quisesse bater no ar — um gesto ocidental geral para interromper a conversa. Disse então:

— *Waiha.*

Espere.

— *Waiha* — repetiu mamãe.

Sentei em frente ao computador e o liguei. Parecia uma eternidade, enquanto esperávamos o Skype conectar, com o jingle monótono que acompanhava a chamada. Aquilo ficou tocando e tocando, e mamãe ficou olhando fascinada, perplexa. Do outro lado, eu sabia que o computador de papai tocaria sem parar até ele atender, e me ocorreu que eu talvez devesse ter combinado aquela chamada, pois havia uma boa chance de ele não estar disponível.

Por fim, ele atendeu. A pequena tela do meu laptop foi tomada pelo rosto dele. Lá estava o rosto do meu pai, o Kenny dela — um pouco mais velho, é lógico.

Então eu disse:

EU, YANOMAMI

— Papai, estou aqui com a mamãe. Quer falar com ela?

É óbvio que ele queria falar com ela. Sem hesitar por um minuto que fosse. Ele levou alguns instantes para relembrar a língua yanomami, mas logo os dois estavam dialogando, como se não se tivessem passado vinte anos desde a última vez que conversaram. Como se fosse a coisa mais natural do mundo estar falando daquele jeito.

Um dos detalhes peculiares dessa conversa pelo Skype foi como minha mãe aparentemente *se adaptou* à tecnologia com muito mais facilidade que meu pai. Ele não parecia capaz de olhar para a câmera do seu computador, nem perceber que o contato também era visual... mas é assim mesmo com os pais, certo? Eles podem ser meio sem habilidade para essas coisas.

Mamãe, contudo, não conseguia tirar os olhos da tela — embora a princípio tivesse ficado um pouco desorientada com a aparência do meu pai. Ele perdera quase todos os cabelos desde a última vez que ela o vira, e a calvície não é comum entre os Yanomami, por isso, acho que ela ficou um pouco assustada ao vê-lo daquele jeito. Ela já tinha visto imagens dele assim na apresentação de slides, e sua aparência não era uma *completa* surpresa — mas ainda assim deve ter sido chocante, desconcertante, vê-lo daquele jeito. Ela o fez colocar um chapéu — um boné de beisebol que estava perto de sua mesa — e depois disso ficou tudo bem.

Foi um momento tocante, forte, incrível. E também meio estranho — quer dizer, ouvir mamãe e papai conversando como se tivessem se encontrado na semana anterior, todos juntos de novo em Nova Jersey... era como se tivéssemos entrado numa máquina do tempo. A maneira como eles interagiam, mesmo por meio do Skype, era natural e fluida. E depois de pegar o ritmo, papai mostrou total domínio da língua — ou pelo menos *parecia* perfeito aos meus ouvidos destreinados, mas o que importa? Apesar de todos aqueles quilômetros, dos anos decorridos, da enorme distância que os separava, era evidente que meus pais ainda se amavam. Ainda estavam muito ligados — e ali estavam eles, pela primeira vez em vinte anos, de novo reunidos no mesmo ambiente. Quer dizer, mais ou menos...

Como já disse, foi um momento estranho, mas também maravilhoso — realmente maravilhoso. E quando a chamada foi encerrada e a tela escureceu, mamãe se aproximou hesitante do laptop. Tocou-o cuidadosamente, com reverência... como se fosse um talismã do nosso mundo *nabuh*.

Um mundo que ela chegou a conhecer.

MUITA COISA SE PERDE NA tradução quando me comunico com a minha família yanomami. Não é só uma questão de linguagem — são os costumes, os conceitos, os referenciais. No mundo dito ocidental, há certas verdades universais que todos nós aparentemente percebemos, sem importar onde e como somos criados. Entendemos o conceito de comércio, a ideia do que se ganha e se gasta define nossos dias. Entendemos a noção de percorrer longas distâncias — um mapa simples do planeta e o nosso lugar nele. Entendemos a ideia de divisão do tempo, de construir o futuro.

Em sua maioria, minha família yanomami não é capaz de ter uma real compreensão do que está além das fronteiras da floresta. A floresta é o que eles conhecem e se tornou a sua visão de mundo. Para um observador, pode parecer algo limitador, mas quando se está na parte mais profunda e remota dela, o que mais se pode saber? Quando meu pai passava um período lá e depois se ausentava por meses e anos, os *Hasupuwe-teri* aparentemente entendiam apenas que ele era de alguma outra aldeia yanomami, muito distante. Viam que ele chegava com todos aqueles objetos alheios à sua experiência — roupas, facões, anzóis,

EU, YANOMAMI

ferramentas, alimentos, remédios —, mas era como se ele os tivesse encontrado em alguma outra aldeia e trocado por outras coisas para trazê-los. Meu meio-irmão me vê com esses objetos e faz a mesma associação mental. Eu cheguei às margens do Orinoco com os mesmos estranhos objetos que lhes são úteis. Só posso tê-los trocado em algum outro ponto do rio ou em alguma parte desconhecida da floresta. Ele quer ir comigo à minha aldeia nos Estados Unidos para conseguir um pouco do que eu trouxe e voltar para casa com eles, e talvez, quem sabe, encontrar algo de que ainda nem faz ideia.

É difícil. Até um homem yanomami tão "experiente" como Ricky Martin, arranhando no espanhol e tendo algum convívio com o posto avançado dos missionários em Esmeralda, tem dificuldade de pensar além da típica transação de escambo. Como fazê-lo entender que nossas trocas envolvem uma moeda? A ideia de que ganhamos "dinheiro" para "comprar" coisas está muito além do seu raciocínio. Salários, empregos, impostos... é uma linguagem totalmente diferente, um horizonte mental desconhecido, e quando lhe explico tudo isso, ele mal consegue se aproximar. Eis o que estou querendo dizer: certa vez, achei que estava fazendo grandes progressos, explicando-lhe que trabalho muito lá na minha aldeia nos Estados Unidos. Disse que preciso fazer muitas coisas para comprar as passagens aéreas e entrar naquele grande pássaro que voa pelo céu, comprar as panelas, os potes e as linhas de pesca e outros produtos de que sua aldeia precisa tanto. Mesmo tentando fazer isso da forma mais explícita possível, eu me perguntava como poderia fazer com que ele me entendesse. Eu não podia. No fim da minha longa e tortuosa descrição, ele assentiu com a cabeça, como se estivesse tudo entendido. E acho que estava mesmo, em certo sentido — só que a sua resposta foi: "Ah, sim. Você tem de trabalhar muito mesmo no seu jardim. Seu jardim deve ser muito grande. Vou com você aos Estados Unidos e vou ajudá-lo com o seu enorme jardim."

Suspirei.

NÃO QUERO GENERALIZAR E DAR a entender que os Yanomami são um povo que não convive com o rio, pois há aldeias espalhadas pela Amazônia que durante muitos anos viveram à beira do rio ou perto dele, mas, na *minha* experiência, os Yanomami são sobretudo um povo terrestre. Vivem na floresta e, sempre que precisam se aproximar do rio ou percorrê-lo, tratam de fazê-lo com muito cuidado. Historicamente, o *meu povo* Yanomami sempre viveu no interior da floresta, longe do grande rio, que até recentemente não era tratado como uma via aquática importante ou um recurso essencial. Era simplesmente algo a atravessar, percorrer, pular ou circundar.

A pesca ocorria nos regatos, e evidenciava uma surpreendente manifestação de engenhosidade. Os Yanomami usam muito a pesca com linha — e por isso meu pai gastava tanto dinheiro para levar anzóis e linha a serem usados como bens de troca em suas muitas viagens ao território; como isca, usam a boa e velha minhoca, como já vimos. Mas quando o tempo permite, também pescam de um outro jeito, inteligente e sofisticado. Represam um riacho de peixes abundantes. Tendo criado uma espécie de bacia, mergulham um cipó nela, aparentemente dotado de estranhas propriedades que são liberadas depois que ele já está razoavelmente mergulhado na água. Os peixes, atordoados, boiam inermes na superfície, onde eles podem simplesmente pegá-los e juntá-los em seus cestos. Não parece justo com os peixes — mas é mesmo incrível que os Yanomami tenham feito essa descoberta. O povo não tem como explicar cientificamente que as toxinas contidas no cipó, embora inofensivas para os seres humanos, interferem no funcionamento das guelras dos peixes, mas aprenderam ao longo

EU, YANOMAMI

de gerações que um cipó encharcado no lago rende uma abundante safra pesqueira, bastando estender a mão.

Uma questão de causa e efeito, em pleno funcionamento.

AQUI VAI OUTRA LEMBRANÇA QUE se fixou no meu arquivo de imagens mental do tempo que passei na floresta. E, como acontece com tantas recordações minhas, vem acompanhada de uma observação cultural — no caso, sobre uma tradicional tarefa das mulheres entre os *Irokai-teri*, a coleta de lenha.

Quando cheguei pela primeira vez à aldeia da minha mãe, não entendia por que essa função era sempre atribuída às mulheres yanomami, pois é um trabalho braçal, pesado. Não conseguia compreender. Certa manhã, dias depois de voltar de Mavaca para Irokai, fui com mamãe e algumas outras mulheres, só para relaxar e observar. Ainda estava me acostumando ao ambiente, então pretendia apenas ficar por perto, observando minha mãe no que fazia.

E levei um susto — bastaram poucos minutos, e fiquei muito chocado com a força e a resistência daquelas amazonenses. Minha mãe é uma mulher minúscula — e, pelos padrões yanomami, já nem é tão moça assim, mas lá estava ela, investindo contra aquelas árvores, pegando pesado. Parecia mesmo incansável, forte como uma fisiculturista. E também havia algo de engenhoso na maneira como cumpria a tarefa. A maneira como as mulheres yanomami carregavam a lenha cortada muito se parecia com o jeito de carregar bananas, só que em cestos maiores. O cesto é preso a uma alça passada pela testa para distribuir o peso, a ser carregado nas costas, enquanto a pessoa caminha arqueada.

Eu estava me sentindo inútil, enquanto observava mamãe, minhas tias e minhas esposas tendo todo aquele trabalho, e decidi sair da inércia e ajudar de alguma forma. A Esposa nº 2 — "Lucy" — estava mais próxima de mim quando cheguei na área de trabalho, e fiz

DAVID GOOD

menção de pegar seu cesto, que ela colocara no chão, começando a enchê-lo de lenha.

Eu disse: "Vou cuidar disso." Em inglês. Como se minha jovem esposa tivesse ideia do que eu queria dizer — e não apenas as palavras, mas o gesto, pois a maioria dessas mulheres dificilmente vê um homem alguma vez fazer esse tipo de trabalho.

Ainda assim, Lucy recuou e ficou observando enquanto eu tentava levantar o cesto. De pé ao lado das outras, começou a achar graça enquanto eu passava a alça na testa, dobrava os joelhos como um lutador de sumô e procurava me endireitar com o cesto cheio nas costas. Caramba, como era pesado! Eu reuni até as últimas forças, cada gota de dignidade para não desmoronar — e tive de levar a carga até a fogueira comunitária no *shabono*, que na melhor das hipóteses ficava a uns vinte minutos dali. As mulheres faziam repetidas viagens, indo e vindo, e eu estava aliviando a carga para apenas uma delas, o que foi suficiente para quase acabar comigo.

Entrei na fila atrás de um grupo de três mulheres que voltavam para o *shabono* e notei que caminhavam com muita graça, mesmo com a pesada carga nas costas. Andavam com os pés ligeiramente para dentro, quase como se seguissem na ponta dos pés pelo solo da floresta — e eu delas apenas me arrastar atrás conseguia, ofegante, tropeçando em cipós e raízes, escorregando na margem lamacenta do riacho. A certa altura, acabei caindo, derrubando a lenha de Lucy para todo lado, o que desencadeou mais uma rodada de risinhos.

Fiz com a mão um sinal dispensando a oferta de minha mãe em ajudar a recarregar a lenha espalhada. Pensei: *Meu Deus, se essas mulheres podem, eu também posso.* Pensava ser mais forte que elas, mais resistente... mas na verdade nem chegava perto.

Na realidade, eu estava atrasando todo o processo. Sem o enorme cesto que eu carregava, mamãe e as outras podiam ter cortado outra

EU, YANOMAMI

carga e feito uma segunda viagem de volta, mas atrasavam o passo para me esperar, e, mesmo quando eu conseguia ficar de pé e avançar um pouco, ficava aterrorizado com os galhos baixos e os cipós soltos pelos quais passava no caminho de volta à aldeia. Cada galho, cada cipó estava coberto de formigas-de-fogo — às centenas — e, cada vez que eu encostava em um deles, as formigas caíam no meu pescoço e eu começava a gritar de susto e dor. Elas eram minúsculas, quase imperceptíveis, mas machucavam demais, especialmente quando atacavam em bando. Sendo assim, fiz todo o percurso de volta batendo no pescoço e na testa, tentando afastá-las, e os constantes tapas me fizeram perder o equilíbrio uma vez ou outra, jogando-me no chão com toda a lenha.

Mas consegui chegar à aldeia e despejei a carga junto à fogueira. No fim das contas, só "ajudei" durante mais ou menos uma hora, e além de não ter realmente cooperado em nada, também fiquei envergonhado, exausto, irritado comigo mesmo por não ser capaz de desempenhar uma tarefa tão simples.

Pensei: *Muito bem, Dave, você está bem longe de casa, mas também está bem longe de ser um yanomami.*

NO INÍCIO, A COMUNICAÇÃO ERA difícil. Não estou dizendo apenas que era complicado entender palavras e frases yanomami — na verdade, essa era a parte fácil. A situação piorava pela *maneira* como as coisas eram ditas, e no que *não* era dito. Era necessário acostumar-me a muitas sutilezas. Por exemplo, notei que os Yanomami não balançam a cabeça para indicar *sim* ou *não*, diferentemente da nossa cultura, mais gestual. Foi difícil livrar-me desse hábito.

Sim, na língua yanomami, é *awei*. Serve como resposta para praticamente tudo, caso você esteja de acordo com a discussão. Muitas vezes pode ser usado para acompanhar a fala de alguém, como um *ã-hã* quando alguém faz uma pausa no meio de uma longa história.

Quando usado dessa maneira pode ser mais resmungo que concordância — um comentário genérico podendo significar qualquer coisa.

Mesmo criança, eu percebia isso — e já era motivo de confusão para mim. Tinha uma vaga recordação disso, quando ainda estava crescendo, mas se repetiu quando eu estava vivendo entre os *Hasupuwe-teri*. Eu tinha 5 anos e brincava no riacho com outras crianças. Tinha visto filmes caseiros dessa cena quando me preparava para voltar à floresta, alguns incluídos no documentário da National Geographic sobre nossa família, então tudo parecia bem familiar. Eu me lembrava daquelas crianças. Lembrava os rostos, o jeito como sorriam e riam. Para mim, não eram diferentes das crianças com quem eu brincava no jardim de infância nos Estados Unidos, com a diferença de que eu estava vestido e elas nem tanto. Não nos falávamos diretamente, exceto na linguagem universal da brincadeira. Corríamos atrás uns dos outros, imitávamos nossos movimentos, despreocupados, apenas como crianças. Não importava quem éramos nem de onde vínhamos. Nossa ascendência não fazia diferença. Só importava nossos 4, 5 ou 6 anos e a floresta era o nosso playground.

Seja como for, minha compreensão da língua yanomami era quase nula nessa época — e ainda é! —, mas eu entendia algumas palavras e frases simples. Algumas eram ditas pela minha mãe em Nova Jersey, outras eu tinha captado ali na floresta, simplesmente prestando atenção. Pelo menos dava para acompanhar.

E lá estava eu, brincando, nadando e me divertindo muito com uma garotinha mais ou menos da minha idade. A certa altura do dia, nós nos separamos do restante do grupo e voltamos ao *shabono*. Éramos como primos correndo pela floresta — e quem sabe *de fato* fôssemos primos. Depois de um tempo, essa garotinha yanomami começou a falar, falar, falar, tão depressa que meu parco conhecimento da língua não me per-

EU, YANOMAMI

mitia acompanhar. Mas eu também não estava muito interessado em ouvi-la. Por alguns momentos, fiquei totalmente perdido, mas sabia o suficiente para improvisar uma resposta, quase em piloto automático:

— *Awei*.

E a situação se repetiu, muitas e muitas vezes — e nem acho que eu estivesse enganando a garota, induzindo-a a acreditar que estava entendendo tudo o que ela dizia. Mas minha desorientação parecia não importar, pois ela não parava. Ela falava o que queria; eu não entendia nada. Íamos seguindo pela trilha e ela falava e falava, e eu respondia *sim* e *sim*. Sem parar.

A história continuou por algum tempo, provavelmente cerca de vinte minutos, até que decidimos parar para descansar, sem nem combinarmos, o que foi ótimo, pois conversar a respeito não faria o menor sentido. Durante todo o tempo até esse momento eu estava sempre emitindo um *awei* ou outro, sempre que achava adequado. (Era como se cantássemos uma canção dialogada juntos e nenhum dos dois soubesse a letra!) Depois de pararmos, a garotinha veio para cima de mim de um jeito brincalhão, mas agressivo. Chegou perto demais e eu a empurrei. Ela puxou minha camisa; eu a arranquei de suas mãos. Ela disse algo que eu não entendi; e respondi do único jeito que eu sabia.

Awei.

Aparentemente eu estava mandando uma mensagem contraditória, pois o tempo todo a garotinha vinha pedindo a minha camisa. Só isso. Gostou da cor, creio eu. E o tempo todo, sem me dar conta, eu respondia que tudo bem. Era do que ela falava: queria a porcaria da minha camisa. E eu respondia o tempo todo que lhe daria, mas quando chegou a hora de efetivar a transação, sem querer reneguei o trato.

Ela se aproximou de mim de novo.

Eu a empurrei.

Ela voltou a puxar a camisa.

Eu puxei a peça de volta.

Por fim, joguei a garota no chão e a deixei ali, chorando, e ao chegar de volta onde meu pai estava lhe contei o que havia acontecido. Mas a notícia do incidente já chegara a ele antes de mim — outra dura verdade sobre a vida numa aldeia yanomami, onde não há segredos, tudo o que acontece é do conhecimento de todos. Mas, para ser justo, naquele momento eu não conhecia a língua. Ouvir não teria ajudado nada. Para mim, tudo aquilo não passava de um monte de sílabas sem sentido, fora o que eu tinha aprendido em casa, com a minha mãe. Como a palavra que significava *sim*.

Por sinal, já que estamos falando disso, *ma* é a palavra yanomami que significa *não*. Parece que não basta um único *ma* para invalidar uma tarde inteira de *aweis*, pois durante todo aquele puxa-de-cá, puxa-de-lá eu ficava dizendo *ma* e *ma* e... nada!

E no fim das contas, eu fiquei com a minha camiseta e a garotinha, com dois joelhos ralados, e ambos podíamos trocar aquela transação fracassada por uma aula da língua yanomami.

QUANDO EU VOLTEI À FLORESTA quase vinte anos depois, ainda havia um problema de comunicação com as mulheres yanomami. A história com minhas duas esposas foi divertida no início, até que começou a me deixar nervoso. Eu não queria ofender ninguém na aldeia, e certamente não queria decepcionar minha mãe, mas não tinha interesse em "casar" com nenhuma daquelas lindas garotas. Talvez nos Estados Unidos eu me interessasse em "namorar" — mas ali na floresta não tinha nenhum restaurante italiano aonde pudesse levá-las para comer, tomar vinho e conhecê-las um pouco melhor. Daquele jeito, não conseguia imaginar por que haveriam de se interessar por mim.

Minha primeira ideia foi tentar me afastar de cada uma daquelas relações — ou pelo menos tirar o corpo fora a cada momento constrangedor que aparecesse. Certa manhã, uns dois dias depois da minha chegada, estávamos tomando banho no rio Orinoco — minhas duas esposas e várias outras pessoas, entre elas Hortensia, que servia de intérprete para mim.

Quando já estávamos no rio há algum tempo, chamei Hortensia e com ela fui até a Esposa nº 1. Precisava dizer algo e contava com a ajuda de Hortensia, e lhe pedi que traduzisse: "Já tenho uma esposa na minha cidade natal. Lá de onde venho, só podemos ter uma. Não posso ter outra."

Mais uma vez eu projetava minha mentalidade ocidental etnocêntrica num costume local que nada tinha a ver com essa realidade. Achava que, se eu explicasse que já estava "comprometido", a conversa de casamento subitamente acabaria. Quase como pedir o telefone de uma garota no bar e receber como resposta uma conversa sobre namorado ou marido. Na minha cabeça, eu achava que assim poderia contornar a situação. Bastava dizer que já era casado. Pronto. Problema resolvido.

Mas não foi bem assim.

A Esposa nº 1 — "Layla" — respondeu, furiosa: "Você é yanomami. Sou sua esposa yanomami. Agora você está aqui, na minha aldeia. Agora teremos muitos filhos juntos!"

E ponto final.

A verdade é que minhas duas esposas eram boas companheiras. Passei a contar com elas — e sempre gostava do tempo que passávamos juntos. Realmente, foram de enorme ajuda no meu esforço para atender às exigências e peculiaridades da vida na floresta. Por exemplo, nunca deixavam faltar comida e água para mim, sempre atentas à segurança da minha rede e ao tamanho certo das minhocas para o anzol, ao tabaco fresco sempre ao meu dispor. Quando percorríamos trilhas, sempre chamavam atenção para pedras escorregadias ou quaisquer outros perigos que aparecessem no caminho. Tornaram-se amigas de confiança, e reconheço que comecei a me sentir ligado a elas — mas não de um jeito romântico ou sexual. Era mais como uma amizade sincera, mas, por trás daquilo, eu sabia que estavam me cortejando, arranjando as coisas para que pudéssemos acabar como *marido* e *mulher.*

Eu sabia, mas não fazia muita ideia de como lidar com isso — e, assim, não fiz nada.

Um dos momentos mais íntimos que tive com Lucy foi quando ela sentou por trás de mim com as pernas em volta dos meus quadris. Começou a passar lentamente os dedos no meu cabelo, examinando atentamente o couro cabeludo. A princípio, não entendi o que ela estava fazendo, até que ficou evidente: catava piolhos! É um ritual comum entre os Yanomami, um gesto de amizade, de parentesco. Vai além da simples preocupação com a higiene. Tem mais a ver com o sentimento de proximidade, de fazer algo pelo outro, apoiá-lo. Acho que o mais próximo desse tipo de comportamento que podemos chegar na cultura ocidental como a conhecemos é quando pedimos a um amigo que coce nossas costas, penteie nosso cabelo ou nos faça uma massagem no ombro.

Em seguida, mudamos de posição e eu retribuí o favor — *você faz isso por mim e eu faço isso por você* —, e Lucy se sacudia de tanto rir enquanto eu imitava seus movimentos e fingia estar catando piolhos. E enquanto nos entregávamos a essas práticas estranhamente íntimas, dei-me conta de que aquela era a versão Yanomami de dois jovens namorados dando-se as mãos e flertando. Eu não pretendia enviar esse tipo de sinal, mas ele estava ali.

Rapidamente eu me tornei mais próximo de Lucy. A Esposa nº 1 — "Layla" — constantemente me importunava, me pressionava, lembrando-me de meus deveres maritais, pois eu não fazia sexo com ela. Tinha uma abordagem um pouco mais agressiva. Já Lucy era mais tranquila, relaxada. Acho que entendia que eu não estava a fim de me casar e aparentemente aceitava o fato. Ficamos amigos, e mamãe

EU, YANOMAMI

parecia sentir especial prazer com essa relação, pois queria muito, muito mesmo que eu formasse uma família yanomami. Mas minha cabeça não aceitava. Eu não era nenhum guerreiro, caçador, coletor, pescador ou xamã yanomami. Era apenas um garoto meio perdido que cresceu nos Estados Unidos, mas capaz, nas horas de necessidade, de fazer um sanduíche decente de pasta de amendoim com geleia.

Passada quase uma semana, não restaram dúvidas de que eu deveria engravidar uma daquelas duas jovens. Era o meu papel, o meu destino, o meu dever. Era a mensagem que minha mãe e minhas tias não cansavam de me transmitir. A única maneira de sacramentar meu lugar na comunidade. Mas, como disse, eu não queria.

Ainda assim, minhas duas esposas se mostravam divertidamente incansáveis na sua busca. Certa tarde, bem no início, puxei o mosquiteiro na minha rede e me encolhi lá dentro. O dia estava quente e todos descansavam das tarefas habituais. Assim que me aconcheguei confortavelmente entre as laterais da rede, vi que Lucy se aproximava. Segurando na corda que sustentava a rede, ela sorriu para mim. Era realmente bonita. Devolvi o sorriso e tentei imaginar que tipo de garota Lucy seria nos Estados Unidos. Provavelmente aquele tipo de mulher que vai direto ao ponto, ouve música punk e usa roupas da Hurley. Não daria a mínima para certas coisas materiais que determinadas garotas com quem eu saía desejavam tanto, como roupas de grife, joias caras e maquiagem. Ela faria compras em liquidações, usaria pulseiras de cânhamo e ouviria Bob Marley. Brincaria com insetos, subiria em árvores e lutaria para salvar a floresta tropical.

E pensei no seu papel na minha vida ali na floresta. Minha mãe e os líderes indígenas pressionavam para que eu consumasse os casamentos, e naquele momento eu só podia imaginar que mamãe tinha instruído Lucy quanto a isso. Olhei para a rede de minha mãe e vi que ela nos observava. E o negócio é o seguinte: eu realmente queria

DAVID GOOD

agradar minha mãe, ser um bom filho, adaptar-me à vida na aldeia. Queria estar à altura das expectativas que ela alimentava em relação a mim, realizar seus sonhos a meu respeito. Sobretudo, não queria decepcioná-la, então fiz o que achava que se esperava de mim: permiti que Lucy sentasse na minha rede, afastando-me um pouco e abrindo espaço para ela. E logo já não estávamos sentados, mas deitados, bem aconchegados, exatamente como a gravidade nos obriga a fazer quando estamos compartilhando uma rede feita para uma pessoa só. Seu braço repousava no meu peito, e ela começou a passar os dedos pelo meu braço — como qualquer garota estadunidense faria. Eu sentia seus seios pressionados nas minhas costelas.

E era realmente muito agradável estar ali deitados juntos. Tenho de reconhecer que fiquei excitado. Não é todo dia que podemos nos espreguiçar numa rede com uma linda amazonense com seios nus. Mas a barreira cultural era grande demais para ser superada. Entrei em pânico e recorri a velhas desculpas do tipo *Estou muito cansado!* Fingi que estava caindo no sono, na esperança de que ela se cansasse e fosse embora.

Mas Lucy não ia desistir assim, não. Tinha outra coisa em mente, e não arredou o pé. Começou a pressionar os lábios no meu braço, chegando até o ombro. Ela era como os insetos mordedores que o mosquiteiro deveria manter longe, só que ela estava pelo lado de *dentro*, e nua, e era maravilhosa, e flertava agressivamente. Lucy começou a mordiscar meus ombros, e eu não tinha mais como me segurar. Mas, como disse, era *demais* para mim, então pulei da rede e soltei uma das poucas frases na língua yanomami que tinha guardado na memória:

— *Peheki yarimou!* [Venha, vamos nadar.]

Só que eu devia saber, pela leitura do livro do meu pai, que era exatamente a maneira errada de me livrar de Lucy. Basta lembrar que *vamos nadar* era uma espécie de eufemismo local, invocado por maridos yanomami com tesão para convidar a esposa a desaparecer

EU, YANOMAMI

com eles no riacho mais próximo ou à margem do rio para ficarem juntos em relativa privacidade. Mas na hora eu não fiz a conexão — e Lucy, louvado seja seu coração yanomami cheio de excitação, entendeu minha confusão, meu desinteresse ou minha total falta de noção, e não insistiu.

E então fomos nadar — sem segundas intenções, apenas nadar mesmo. Afinal, Lucy era uma jovem legal, cheia de energia, acostumada a subir em árvores. Topava qualquer coisa. E assim nós nos levantamos da rede e partimos para nossa aventura seguinte — "escoltados" por duas outras mulheres e algumas crianças, então pelo menos eu estaria seguro.

A caminho do rio, pensei: *Tranquilo, me livrei.*

Mas por quanto tempo?

OS INDIVÍDUOS YANOMAMI QUE EU CONHECI e passei a amar têm um modo muito simples e intuitivo de encarar o mundo. Eles são autênticos, sem lugar para hipocrisia em sua cultura. Simplesmente resolvem os problemas, sem se dar conta de que estão no meio de um quebra-cabeça. As respostas acabam vindo, mesmo quando não são buscadas.

Por exemplo, não existem palavras específicas para cada tipo diferente de folha, cada tipo diferente de árvore que os yanomami possam encontrar, mas eles sempre sabem para que serve a folha, para que não serve, que frutos comer, que frutos evitar. Parece que esses conhecimentos eram inatos. A coisa em si pode não ter um nome específico, mas para que aquilo serve, o que pode proporcionar... de alguma forma, eles sabem.

Eu já sabia disso ao ir para a floresta, mas é necessário viver com essa boa gente para entender seu modo de pensar. Uma parte vem pela língua — o que eles decidem expressar e o que simplesmente é sabido. Cheguei à conclusão de que havia algo muito puro e elegante na maneira como esse povo se comunica. Suas interações são despojadas, básicas, sinceras e autênticas. Nuance? Tom? Esse tipo de coisa simplesmente não faz parte dessa realidade. Se alguém estiver zangado, deixa bem explícito que está zangado, em termos simples. Se estiver triste, vai ficar triste... e você vai saber. Praticamente não existem motivos para que um indivíduo yanomami deixe de expressar suas emoções. Nada é contido nem privado. O script social que parecemos seguir no ocidente não tem equivalente na floresta.

Algo para se pensar: quantas conversas com estranhos você puxou num elevador cheio? Os Yanomami achariam muito estranho que ocidentais como nós, estivéssemos juntos no mesmo ambiente, ou na mesma caixa de metal, no caso, sem trocar uma única palavra. É desse jeito impessoal que nós vivemos. Na nossa cultura, estamos condicionados a proteger nossas emoções com um escudo; os homens, por exemplo, muitas vezes são ensinados a não chorar em público. Na floresta, se um homem está incomodado e sente falta do filho, vai expressar abertamente sua tristeza; ele vai chorar, sem vergonha nem preocupação com o que os outros poderiam pensar ao vê-lo chorando. Não chega a ser um problema para eles.

O sentimento da vulnerabilidade, de estar sendo julgado ou criticado... essas coisas não têm lugar na vida do povo yanomami, e comecei a achar que era mesmo algo muito bom. Por quê? Bem, os Yanomami são muito saudáveis, ajustados, positivos. Seu comportamento é quase uma ausência de comportamento — tudo é como parece. Descobri um senso puro e absoluto de propósito permeando a cultura, livre dos conflitos e da angústia do nosso chamado mundo civilizado. Não há hipertensão, nem transtorno do estresse pós-traumático, nem transtorno do déficit de atenção com hiperatividade, nem ideação suicida. Depressão? Fadiga crônica? São problemas nossos, que simplesmente não existem na mente e na psique de um indivíduo yanomami.

EU, YANOMAMI

O povo yanomami simplesmente *é*... sem pensar a respeito.

Levou alguns dias, talvez até uma semana ou mais, mas eu comecei a entender por que meu pai se sentira tão em casa na floresta, por que se sentia tão atraído por aquela gente e seu estilo de vida elementar. É uma vida com base na reciprocidade. Você dá e recebe, e cada lado da transação é perfeitamente entendido. É de fato algo incrível — um grupo de setenta ou oitenta pessoas vivendo debaixo do teto do mesmo *shabono*, e todos se entendem. Existe na vida da aldeia uma suave harmonia que eu nunca vira nos Estados Unidos. Imagine só compartilhar uma casa com quase uma centena de parentes próximos e distantes... e não só por uma noite, ou um fim de semana, mas durante gerações. Não vai acontecer, certo?

Para quem vê de fora, as diferenças entre a cultura do mundo ocidental industrializado e a do mundo ocidental indígena podem parecer evidentes à primeira vista. Não que os yanomami parem para observar o próprio comportamento e se maravilhar com a simples elegância da sua vida, mas é fácil perceber. Não há nada sintético no estilo de vida yanomami. Nenhuma dicotomia marcada entre natureza e gente — estão conectados, são um só. Não havia nada de "feroz" na gente da minha aldeia — não que eu pudesse ver. Mesmo a aparente ferocidade dos dois meninos levados a se golpear com porretes logo depois da minha chegada não era nada parecida com a mentalidade guerreira que de certa forma eu esperava encontrar. De fato, parecia brutal, mas é uma tradição destinada a preparar esses meninos para a virilidade e ensinar-lhes uma lição, para resolver disputas sem recorrer a violência letal — lição aprendida por seus pais e pelos pais dos seus pais...

Minha aldeia yanomami parece uma sociedade igualitária, embora exista uma forma de liderança, bastante fluida em comparação com a maneira como nos governamos. As decisões não são tomadas de forma unilateral, mas coletiva. Os indivíduos agem com uma autoridade que

241

lhes é conferida pela idade, sabedoria, linhagem. O chefe decide que está na hora de um *wayumi* — um longo percurso pela floresta —, e se a aldeia concordar um grupo será formado, preparando-se para a jornada.

Simples assim.

E até os chamados líderes da sociedade yanomami não sobem em nenhum pedestal. Não vivem em outro nível, de um modo diferente dos outros homens da aldeia. Ainda precisam caçar. Ainda precisam pescar. Você pode ser o melhor xamã da aldeia, mas ainda assim terá suas tarefas cotidianas a desempenhar.

Os papéis de gênero são rígidos, mas são um pouco mais flexíveis do que se poderia esperar. Sabe-se lá por quê, só as mulheres podem caçar caranguejos — uma excursão que lhes permite conversar e socializar. Só os homens vão à caça — durante todo o tempo que passei na floresta, nem uma única vez vi uma mulher pegar um arco e flecha, demonstrando que a divisão é bem definida. Homens e mulheres podem pescar, mas cozinhar é com as mulheres. Não que os homens evitem — sabe como é, colocar mais algumas bananas no fogo —, mas preparar os alimentos é considerado trabalho das mulheres. Muitas vezes eu via minha mãe repousando na rede, e de repente ela se levantava, ao se dar conta de que os homens voltavam exaustos para o *shabono* depois de uma trilha, apressando-se a lhes preparar alguma comida.

O xamanismo é reservado exclusivamente aos homens. (São muito raros os relatos de mulheres xamãs — e aconteceu de eu conseguir ver uma delas em ação!) Mas os homens xamãs são por tradição os que usam a planta alucinógena *epena* — mais uma vez, com raras exceções. Para os Yanomami, a inalação de plantas alucinógenas faz parte de um ritual espiritual sagrado. Para minha sensibilidade ocidental estadunidense, não passa de uma *viagem*, mas na floresta atende

EU, YANOMAMI

a uma finalidade mais elevada. Por isso, é vista como uma atividade masculina, pois não se considera que as mulheres estejam ligadas aos espíritos dessa maneira.

O ritual é antecedido de uma complexa preparação. São colhidas sementes da árvore da *epena*. As sementes são encontradas em grupos de seis ou oito numa longa e delgada vagem. Saem dali grudentas, quase como se tivessem sido recobertas por uma espécie de cola, e são deixadas secando ao sol. Em seguida, as sementes secas são misturadas com saliva e as cinzas da casca de uma árvore *hisiomi* e moídas, obtendo-se um fino pó cinzento que é colocado para secar num pequeno pote e inserido num bambu oco de cerca de um metro de comprimento — o chamado *mokohiro mo*. Os xamãs colocam o equivalente a uma colher de chá desse pó numa das extremidades, e a outra é levada à narina da pessoa — sendo necessárias, portanto, duas pessoas. A pessoa que está na extremidade com o pó o assopra para a cavidade nasal da que se encontra na outra extremidade... e bum! Começa a *viagem*.

Pude assistir a esse ritual quase diariamente durante a minha primeira viagem à floresta — em geral protagonizado pelo mesmo grupo de pessoas mais velhas da aldeia, na mesma hora do dia, da mesma forma. Não quero menosprezar nem desrespeitar a prática de forma alguma, mas ela me lembrava de um grupo de amigos de bebedeira rondando pelo bar local no meio da tarde, entornando enquanto as mulheres arrumavam a casa e preparavam a comida. Havia algo de preguiçoso, decadente. Para os Yanomami, no entanto, nada era mais sagrado, e eu passei a respeitar, e confesso que não deixava de ser emocionante ver aqueles homens reagindo aos estímulos da *epena*, começando a dançar e cantar. Entravam por aqueles cantos xamãs ritualísticos, usando um outro tipo de língua yanomami — quase uma linguagem cifrada. Até meu pai e certos missionários da região que

243

DAVID GOOD

falavam com fluência encontravam dificuldade para entender parte do que os xamãs diziam quando entregues aos espasmos dos cantos da *epena* — os *henimou*.

Logo no início da minha visita, eu fui convidado a aderir ao ritual, mas sempre recusava. Considerava uma honra, mas o ceticismo estava lá. Não tenho medo de drogas recreativas, mas aquele ritual parecia tão exótico, tão incerto, tão além da conta que a princípio resisti. Ainda assim, achava a prática tão fascinante que sempre que estava no *shabono* na hora da *epena* me sentia atraído — digamos, como antropólogo. Observava com grande admiração e assombro enquanto os mais velhos da aldeia cheiravam aquele pó da floresta, praticando aquelas ações com grande respeito pelos espíritos. Cada homem parecia reagir de maneira diferente. Alguns dançavam e cantavam com total entrega; outros pareciam confusos e perdidos em sua jornada espiritual; outros ainda saíam de tal maneira de órbita com os efeitos soporíferos da planta que me dava vontade de chegar perto e cutucá-los com um pedaço de pau só para me certificar de que ainda estavam vivos.

Certa tarde, eu estava com minha mãe quando os homens começaram a história da *epena*. Nós paramos para observar, e eu lhe perguntei:

— *Epena,* você?

Ao que ela respondeu:

— *Ma,* você.

EU SABIA QUE MEU PERÍODO na floresta chegaria ao fim, mas houve belos dias que não pensei no calendário ou nas minhas responsabilidades em casa. Não diria que meu relógio corporal mudara *completamente* para o tempo yanomami, mas eu estava chegando lá. Mais uma bela sucessão de dias como aqueles, e a passagem do tempo já não significaria grande coisa.

EU, YANOMAMI

Mas não demorou — não demorou nada! — e chegou a hora de partir. O dia de ir embora espreitava por trás de cada alvorecer, e agora tinha chegado. Padre Nelson, outro missionário católico, apareceu na aldeia certa noite para me buscar, junto a uma freira, irmã Yarmila. Eu sabia que viriam até mim, mas pensava de forma genérica. Podia ser naquele dia ou no dia seguinte; naquela semana ou na próxima. Já era noite quando eles chegaram, então se assentaram na praça e decidiram voltar comigo na manhã seguinte.

No instante em que os vi, meu coração ficou apertado. Sentei na minha rede e não conseguia mais sair. Ainda nem tinha ido embora e já estava com saudade daquele lugar, daquela gente. Não fiz nada, não disse nada — como se estivesse paralisado de tristeza. Ao meu redor ouvia os sussurros e murmúrios dos amigos e parentes em meio ao rumor pelo *shabono* de que Ayopowe, como me chamavam, se preparava para ir embora, além do fungar e conter de lágrimas das crianças, que aparentemente tinham uma infinidade de motivos para se aproximar da minha rede.

Depois de um bom tempo, comecei a guardar minhas coisas, só para fazer algo. Enquanto as arrumava, Layla, a Esposa nº 1, rapidamente se aproximou da minha rede e se aboletou. Ficamos ali sentados por um longo e doce momento. Ela estava acompanhada de sua filha Paula, e me lembro de pensar como era interessante minha esposa ter dado à filha o nome de Paula; era um nome espanhol.

Sentados ali, eu via minha mãe olhando para nós da sua rede. Eu sabia que ela também fungava e continha as lágrimas. Também acreditava que ela estava por trás daquela urgente visita de despedida de Layla. Ela é inteligente e intuitiva, além de conhecedora das coisas do mundo ocidental, e eu acreditava que mamãe queria que os missionários testemunhassem aquela visita doce-amarga da minha

DAVID GOOD

esposa com a filha, para que soubessem que eu tinha uma família ali em Irokai — que eu fazia parte dos *Irokai-teri*.

Não cabia ao padre Nelson nem à irmã Yarmila decidir se eu deveria ficar ou partir. Eu tinha tomado providências quanto a isso semanas antes; precisava continuar com a minha vida na Pensilvânia; queria dar prosseguimento aos meus estudos e entrar para a faculdade — quem sabe estudar antropologia ou biologia. Mas, sobretudo, havia obrigações financeiras a cumprir — eu tinha pagado muitos custos da viagem com cartão de crédito, e precisava voltar para casa e começar a cuidar disso. Por mais que eu quisesse, não podia ficar ali no território e desaparecer para sempre. Todo mundo sabia disso, mas, ao mesmo tempo, naquele momento não era algo realmente importante.

Meu mundo estava me chamando. Mas, ao mesmo tempo, o *meu* mundo já se abrira para incluir aquele lugar especial, aquela gente especial.

Não havia muita coisa que eu pudesse dizer a Layla, mas ficamos ali sentados nos balançando por algum tempo. Passei o braço pelo seu ombro e dei-lhe um apertão de despedida. Foi um pouco estranho. Dava para sentir os olhos da aldeia inteira em nós... em *mim*. E o silêncio também. Era como se eu estivesse no corredor da morte, arrumando lentamente minhas coisas, esperando o alvorecer para minha sentença ser executada.

Mamãe apareceu depois de algum tempo e tomou o lugar de Layla na rede, e agora estávamos ali *os dois* sentados e balançando em silêncio. Não havia o que dizer. Nós dois sabíamos o que aquele momento significava. Depois de um tempo, fui caindo no sono — a arrumação poderia esperar até a manhã seguinte. E as despedidas também.

Em retrospecto, nem posso imaginar o que minha mãe pensava naquele exato momento. Não creio que entendesse que eu fora à floresta apenas para uma breve visita. Na sua cabeça, deve ter pensado que

EU, YANOMAMI

chegara a sua vez, a sua hora comigo. Eu passara todo aquele tempo com meu pai na sua aldeia *nabuh*, e agora ficaria com ela por todo aquele tempo em Irokai. Deve ter sido como encarou a situação — exatamente como presumira tantos anos antes que a viagem de cinco dias com a National Geographic compensaria todos aqueles anos em Nova Jersey. Deve ter sido uma grande decepção para ela, depois de tanto tempo longe do filho, voltar a se separar dele tão rapidamente.

Pela manhã, acordei com o sol e continuei a arrumar as coisas. Andava pelo *shabono* de coração pesado. A aldeia estava estranhamente silenciosa. Algumas crianças começaram a chorar.

Por fim, todas as minhas coisas já estavam arrumadas e empilhadas. Faltava apenas a rede. Padre Nelson se aproximou e anunciou que estava na hora, e eu peguei a corda da rede. Fora presa num nó corrediço, e eu dei um leve puxão. Quando ela caiu no chão, tive a sensação de ser o regente de uma grande orquestra. Ela ergueu meu braço, minha batuta, e de repente o *shabono* foi tomado pela música do choro. Crianças, mulheres... todo mundo chorava. Até alguns homens engoliam lágrimas, mas o único homem adulto que eu vi chorando abertamente foi meu meio-irmão Ricky Martin. Ele estava mesmo inconsolável com minha partida — e quando o vi sofrendo daquele jeito, sofri também.

Fui até ele, tirei o boné de beisebol da cabeça e o coloquei na sua — era apenas um boné branco, que ganhei de um dos missionários durante a viagem. Ricky Martin — Micashi — se sentiu honrado.

Ele sorriu. Eu sorri também — então dei um tapinha na viseira do boné de um jeito brincalhão e disse, em inglês:

— Nós nos vemos, irmão. Eu volto. Prometo.

Padre Nelson percebeu que eu estava com dificuldade de me despedir dos aldeões, então se aproximou para me aconselhar:

— É melhor se apressar. Quanto mais ficar aqui, mais difícil será para todo mundo — disse ele.

É óbvio que ele tinha razão.

Virei-me para ficar de frente para a pequena multidão que se formara na minha área do *shabono*. Levantei a mão, acenando. E disse: "*Ya-ko*." Estou indo.

Comecei a caminhar em direção ao rio, seguido pela pequena multidão. Minha sobrinha favorita correu na minha direção e começou a puxar minha camisa. Estendi a mão para ela. Eu amava aquela garotinha — tinha uma personalidade explosiva, um bocado de ousadia. Facilmente se destacava entre as outras meninas da aldeia. Ela segurou minha mão até chegarmos ao rio, chorando e fungando. Tentei manter a compostura, mas em vão. Não conseguindo mais me segurar, comecei a chorar também.

Ao chegarmos à margem do rio, virei-me para minha mãe. Queria muito dar-lhe um abraço apertado, mas, como já disse, não é o jeito dos Yanomami. Mas, mesmo assim, eu queria tê-la nos braços, tocá-la, segurá-la, e acabei lhe dando um quase abraço.

Em seguida, despedi-me de Layla e Lucy, e, ao olhar de novo, mamãe tinha desaparecido na multidão — quase como se quisesse aproveitar aquela última oportunidade para demonstrar que agora eu estava ligado à aldeia pelas duas esposas. Na cabeça da minha mãe, imagino que ela encarou meu período na aldeia da seguinte maneira: eu tinha chegado como uma criança, para restabelecer contato com ela; e voltaria como homem, para constituir família com minhas duas esposas yanomami.

Virei-me para olhar uma última vez para minha família da floresta e disse: "*Ya-ko!*"

CAPÍTULO SETE

DE VOLTA

AS CÂMERAS FORAM UMA CONSTANTE na minha infância — tanto na floresta quanto na selva de Nova Jersey e da Pensilvânia. Durante o período que minha mãe passou nos Estados Unidos, meu pai deu muitas entrevistas aos meios de comunicação, e havia agitação suficiente para manter aquelas câmeras viradas para a nossa família por vários anos. O que era bom por um lado e ruim por outro. Bom para o meu pai, porque dava publicidade ao seu trabalho, ajudando a desviar parte da curiosidade de que era alvo por sua relação com minha mãe. E não tão bom para mim, especialmente depois que mamãe foi embora, pois eu não tinha onde me esconder, numa época da vida em que só pensava em desaparecer na multidão. Parecia que as pessoas não se cansavam da nossa história — um antropólogo estadunidense voltando da floresta amazônica com a noiva yanomami para criar uma família em um subúrbio dos Estados Unidos. Parecia coisa de cinema, e assim vivemos debaixo dos holofotes da fama por anos. Na verdade, pouco antes do lançamento do livro do meu pai, a história da minha família quase virou mesmo um filme. A certa altura parecia que Alan Alda faria o papel do meu pai num filme com base na história dos meus pais — para você ver a atenção que estávamos chamando.

249

Um dia, meu pai foi entrevistado por um repórter da WABC-TV, a afiliada local da ABC — um jovem jornalista chamado Steve Hartman. Meu pai logo se deu bem com Steve. Ele se encontrou conosco, as crianças, para nos entrevistar. Encontrou minha mãe. Passava tempo com a gente. Anos depois, papai me contou que, mais que qualquer outro repórter que tivesse acompanhado nossa história naquela época, Steve tinha *entendido* a nossa família. Havia uma conexão entre eles. Steve nos tratava com justiça, respeito e uma boa dose de alegria. As matérias que publicava eram verdadeiras e tocantes, pessoais e de coração aberto. Durante algum tempo, Steve alimentou a expectativa de transformar essas entrevistas num documentário ou numa minissérie — embora, como no caso do filme com Alan Alda, o projeto não viesse a se concretizar. Em parte, porque meu pai desistiu, pois foi quase na mesma época em que os produtores da National Geographic manifestaram interesse, e papai voltou atrás no projeto com Steve para fechar o que considerava uma oportunidade mais interessante.

Vinte anos mais tarde, ao voltar para casa depois de reencontrar minha mãe na floresta, Steve tornou a me procurar. Ele nunca esqueceu minha família, disse. É lógico que ficara frustrado com a desistência do meu pai naquela época, mas também disse que entendia seu gesto. Contou que poderia ter feito o mesmo se estivesse no lugar do meu pai — afinal, é difícil dispensar um documentário da National Geographic.

É bom frisar que eu não tinha nenhuma lembrança nítida de Steve naquelas primeiras entrevistas — eu era apenas uma criança. Mas ele se lembrava da família Good; sobretudo, viria a me dizer, lembrava-se da gigantesca defasagem cultural que deve ter separado meus pais e os aproximara. A essa altura, Steve trabalhava como produtor na CBS News. Ele leu no *Pocono Record* uma reportagem a meu respeito feita pela Associated Press, relatando minha viagem à aldeia da minha

EU, YANOMAMI

mãe. Não era uma matéria muito grande, mas chamou sua atenção. O curioso é que, quando lera a reportagem, Steve estava justamente tentando me localizar pela internet. Começou a pensar na minha família, deduzindo que Vanessa, Danny e eu já seríamos jovens adultos a essa altura, quando pediu a seu assistente que nos procurasse no Google para ver o que encontrava, e foi essa busca quase casual que levou a essa reportagem — uma coincidência e tanto, pois eu acabara de voltar da floresta, onde minha família yanomami acreditava em espíritos, no destino, esse tipo de coisa, e eu me inclinava a acreditar que Steve e eu tínhamos mesmo de nos reencontrar.

A partir dessa coincidência, começamos a conversar. Steve dizia que ali havia uma história a ser contada, talvez até para o *60 Minutes*. Eu não via muita televisão, mas até eu sabia que o *60 Minutes* era o máximo em matéria de programa jornalístico. Steve conversou com os produtores executivos e recebeu aprovação, então começamos a falar de uma segunda expedição à aldeia da minha mãe. Eu sempre tinha planejado voltar mais cedo ou mais tarde, de preferência mais cedo, mas o dinheiro andava apertado. Eu estava no segundo ano da faculdade e lutando para pagar as contas, o aluguel, a mensalidade. (E também achava que, de vez em quando, provavelmente fosse bom comer alguma coisinha — sabe como é, para manter as forças.) Foi esse pontapé inicial do *60 Minutes* que acelerou a programação dessa nova viagem.

Um dos talentos de Steve como jornalista era saber fazer as perguntas certas — daquele tipo que parece óbvio e natural, só que fora do alcance quando tentamos voltar a conversa sobre nós mesmos. Os encontros com Steve e alguns outros jornalistas que me entrevistaram ao voltar me obrigaram a contemplar a transformação pela qual eu havia passado com essa viagem. Por um lado, eu tinha me reconectado com minha mãe e voltado a despertar meu interesse pela minha história familiar. Por outro, tinha saído completamente da minha zona de conforto e enfrentado certos aspectos negativos do meu processo de crescimento, transformando-os em gigantescos fatores positivos. Nesses dois níveis muito básicos, a viagem representou um autêntico ponto de virada para mim. Ela me forçou a olhar para mim mesmo — meu passado, meu presente, meu futuro — de um jeito totalmente diferente.

Devo reconhecer que levei algum tempo para me readaptar ao meu estilo de vida nos Estados Unidos. Em comparação com as primeiras expedições do meu pai à floresta tropical, eu não me ausentara por muito tempo, apenas alguns meses, mas nesse período passara por uma transformação gigantesca — *amazônica*, na verdade. Fisicamente, eu era outra pessoa e perdi 10Kg. Embora estivesse aparentemente seco e frágil, sentia-me forte e saudável. Durante meses minha dieta consistira nos alimentos mais puros, extraídos diretamente da terra, livres de conservantes, produtos químicos ou aditivos. Eu comia sobretudo banana e peixe, com carnes e frutos frescos quando havia disponibilidade. Tirando o espaguete que levara comigo, não comi massa. Não por muito tempo, mas o suficiente para que meu sistema digestivo se adaptasse, e, quando voltei aos Estados Unidos, tive muita dificuldade de manter os antigos padrões alimentares — hambúrgueres, batatas fritas, chips, refrigerantes... todas aquelas porcarias baratas que eu costumava engolir às pressas. Só conseguia comer salmão e banana, empurrando com cerveja. (Não sei por quê, mas a capacidade de beber cerveja não foi afetada pelo período em que passei na floresta.)

A mudança, porém, não foi apenas física: eu não me via nem encarava mais o mundo da mesma forma, só que não me dei ao trabalho de processar essa mudança. Retomei minha vida — faculdade, amigos, falta de dinheiro e de uma ideia bem definida do que queria fazer —, mas por baixo da habitual rotina estava inquieto, em busca de algo. Aquele tempo com mamãe e minha família yanomami me fez pensar que eu estava destinado a fazer algo mais, algo *maior* na vida. O vasto mundo

EU, YANOMAMI

estava à minha espera, mas por baixo de tudo isso havia a agitação da mídia para me distrair dos meus questionamentos. Eram entrevistas, palestras, encontros com Steve na CBS News e com pessoas da Discovery Channel, que também queriam documentar minhas experiências.

O que eu devia ter feito nesse período logo depois do retorno era relaxar, imaginar-me de um outro jeito por aquele novo e estranho ângulo. Havia muita coisa a ser processada, levada em consideração. Por muitos anos, eu tinha lutado com minha identidade, com o sentimento de falta de vínculo, com o abandono da minha mãe. Tinha estragado tudo no colégio, estragado meus relacionamentos... Puxa vida, eu estava uma bagunça só. E tudo isso tinha me levado à floresta, para começo de conversa. E lá, finalmente, eu alcançava um sentimento de identidade mais sólido que nunca, uma nova compreensão da vida da minha mãe, de sua relação com meu pai, da determinação de ferro e da resistência do nosso povo.

Eu ainda não sabia qual era o meu lugar, mas pelo menos voltei dessa viagem sabendo que tinha... *algum lugar* para mim.

Sei que pode soar piegas, mas na floresta eu me sentia vivo — de forma absoluta e completa. Meus sentidos ficavam aguçados para aquele lugar presente, e meu senso de identidade também se exaltava. Eu nunca me sentira mais sintonizado com o mundo ao redor e o meu lugar nele que na aldeia da minha mãe, e logo comecei a pensar em como voltar lá e continuar explorando aquela espécie de estado de exaltação. Lembro-me de ter pensado ser meio irônico o jeito como a vida dos *Irokai-teri* pode parecer pequena em comparação com as frenéticas maravilhas do mundo moderno, mas era exatamente essa pequenez que abria todas aquelas novas possibilidades para mim.

E minha relação com meu pai se transformou completamente depois da viagem. Passamos da complicação por eu ter fugido de casa durante seis meses na época do ensino médio a um confronto quase incerto quando tentamos ignorar o episódio, e depois a um lugar de mútuo respeito a partir do momento em que eu me mobilizei para a viagem à floresta. E agora que eu voltara, tínhamos pela frente um enorme território em comum — experiências a compartilhar, pontos de conexão a serem explorados juntos. Eu tinha um novo entendimento do trabalho que ele havia desenvolvido na floresta, das dificuldades enfrentadas ao se apaixonar pela minha mãe, da dor que certamente viveu quando a vida na floresta separou nossa família. E acho que ele tinha um novo entendimento de *mim* — eu deixei de ser um garoto completamente perdido e me tornei um homem do mundo e um aprendiz de antropólogo, tudo graças àquela viagem.

Eu fui à floresta encontrar minha mãe, encontrar a mim mesmo, e de algum jeito, ao longo do processo, desenvolvi também um vínculo com meu pai.

Tudo estava misturado na minha cabeça, grandes e pequenos pensamentos, e o reencontro com Steve Hartman aconteceu exatamente nesse momento, o que me fez pensar com mais urgência em voltar à floresta — talvez para mais uma breve estada, ou quem sabe, dessa vez, para uma visita mais prolongada. O melhor do novo encontro com Steve e das ponderações que isso me trouxe foi a maneira como me vi forçado a pensar no que seria possível, e não no que era impossível. Certa vez, numa espécie de ensaio para uma entrevista, cheguei a me ouvir dizendo que talvez pudesse viver na floresta — *viver*, ficando lá de verdade, torná-la a minha casa em caráter permanente, *tornar-me* yanomami. Acho que nunca tinha pensado dessa forma antes, e lá estava eu, dizendo aquelas coisas em voz alta, abrindo-me com uma pessoa que mal conhecia. Quase como se estivesse externando a ideia para ver como soava — como *eu* soava, falando a respeito. Talvez uma parte de mim quisesse ver a reação de Steve — sabe como é, se me olhava de um jeito estranho, com ar de indulgência ou superioridade, ou se o seu olhar brilharia com as novas possibilidades.

EU, YANOMAMI

Mas bastou eu dizer, e a ideia tomou conta de mim, tornando-se o meu principal foco, o meu objetivo.

Porém, uma coisa é *dizer* tudo isso e outra é colocar em prática. Nesse ponto, eu ainda era um garoto sem iniciativa, raízes ou direção, andando pelo mundo a passos hesitantes. Praticamente só me sentia no controle para planejar uma nova expedição, e, por todos esses sentimentos, por causa do momento, da injeção de adrenalina e empolgação que tomou conta de mim desde a volta da Venezuela que comecei a fazer sérios planos com Steve para uma segunda viagem.

É mesmo assim que as coisas funcionam, não é? Você pensa em um plano, e ele o leva a um outro, e mais outro...

FALANDO DE PLANOS... ÀS VEZES, a vida nos apresenta um desvio maravilhoso e temos de alterar a rota de uma hora para outra. Aqui cabe uma breve explicação: nos meses transcorridos desde a minha primeira visita à floresta, comecei a namorar uma garota chamada Chrissy. A química foi ótima, e durante algum tempo as coisas correram muito bem entre nós. Eu gostava de sua energia, sua sede de viver, e ela parecia atraída pelo meu gosto por aventura. Chrissy adorava ouvir histórias sobre o período em que passei na floresta, e eu adorava contá-las, e assim surgiu uma espécie de conexão e atração imediatas. Até que arranjei confusão e dei um jeito de estragar tudo. É como meus relacionamentos se desenrolam — quando as coisas vão bem, está tudo ótimo, e daí acontece alguma coisa. E quase sempre é por minha causa. Eu achava que estragava meus relacionamentos pela relação ruim que tinha com minhas raízes yanomami, a maneira como me sentia sempre sem vínculos. Esse fora um dos motivos que me levaram à floresta, para começo de conversa. Eu acreditava que se não me conhecesse ou não confiasse em mim mesmo jamais me permitiria ser conhecido ou digno de confiança. Estava tudo ligado à maneira como rejeitei minha mãe, minhas raízes yanomami, minha história, ou talvez tivesse a ver com os sentimentos de rejeição e abandono na infância, quando mamãe foi embora — sabe como é, talvez fosse uma medida preventiva, uma oportunidade de rejeitar e abandonar os outros antes que eles fizessem o mesmo comigo.

Mas agora que eu *conheci* minha história, aceitei minha ascendência e estabeleci contato com minha mãe para resolver a situação, todos os sentimentos deveriam ter ido embora, mas aquela garota maravilhosa surgiu e eu só tinha o meu velho eu de sempre a oferecer.

É mesmo difícil mudar, creio eu, e assim Chrissy e eu concordamos em ser apenas amigos e seguir cada um o seu caminho — quero dizer, até descobrirmos que ela estava grávida. (Esta notícia foi aquela maravilhosa e inesperada curva do destino, só para lembrar.) Chrissy queria muito ter o filho, e eu era completamente a favor — mas sem nenhum preparo. Ela já estava com cerca de vinte semanas quando eu concluí meus planos de voltar à floresta com o *60 Minutes*, e cismei que boa parte da preciosa carga de bateria do meu telefone por satélite seria dedicada a saber como Chrissy estava passando. Eu não estaria ao seu lado no sentido físico — a meio mundo de distância, na verdade —, mas estaria presente desse jeito tecnológico, e teria de ser assim.

Foi mesmo difícil acreditar que eu seria pai. Uma ideia terrível, na verdade. E também empolgante — mas sobretudo terrível. A imagem do nosso bebê — uma garotinha, ficamos sabendo! — estava à minha frente o tempo todo enquanto me preparava para a partida. Uma parte de mim detestava estar de partida, mas eu ainda estava empenhado em resgatar a parte yanomami da minha vida. Não achava que pudesse ser um bom pai para minha filhinha se nunca mais voltasse à floresta, então foquei no Plano A, apesar de um Plano B já começar a tomar forma.

★

EU, YANOMAMI

O MODO DE OPERAÇÃO DA CBS News, como de qualquer outro grande veículo de notícias, não é "pagar" pelas reportagens — o que significa que a CBS não financiaria minha viagem. O motivo, explicou-me Steve Hartman, era que a divisão de notícias da rede se dedicava a cobrir o noticiário, e não a produzi-lo. Eles não podiam induzir a matéria. Eu entendia, do ponto de vista do código de ética do jornalismo televisivo, mas à medida que Steve me explicava, lembrei-me do dilema sobre o qual meu pai escrevera em seu livro, o conflito que eu experimentara entre ser um participante e um observador nas minhas primeiras horas na floresta. O mesmo ocorria com os jornalistas: podiam observar, mas não podiam participar. Mas não havia nada no código jornalístico que me impedisse de pegar carona nos transportes que o *60 Minutes* providenciaria para sua equipe em terra, desde que eu fosse por minha conta até Caracas. Da capital, eles teriam de me filmar durante o restante da viagem, precisariam levar sua equipe de filmagem até o interior, e as câmeras teriam de estar focadas em mim — então, era bastante legítimo que eu pegasse uma carona.

Outra conversa preliminar decisiva que tive com Steve era sobre a importância de tratar minha família yanomami com respeito. Expliquei que ele e sua equipe teriam de levar bens de troca — potes e panelas, facões, grãos, fios... tudo que eu mesmo teria de levar —, e assim eu poderia abater os custos *desses* produtos do meu orçamento.

(Não fazia sentido levar objetos duplicados para a aldeia da minha mãe — embora me venha a sensação de que eu queria assinar meu nome no cartão do presente coletivo do casamento de um amigo sem contribuir com nada.)

O interesse de Steve serviu como uma espécie de relógio para meus vagos planos de uma segunda viagem — sobretudo porque o envolvimento da CBS News facilitaria o levantamento de fundos necessários, que eu estimava ser de cerca de US$ 6 mil. Não é tanto dinheiro assim, se comparado aos US$ 250 mil com que a Universidade Estadual da Pensilvânia contribuíra para o financiamento da primeira expedição do meu pai ao território, mais de 35 anos antes. Ainda assim, era uma quantia enorme para mim; eu era um aluno de pós-graduação, sem meios visíveis (nem *invisíveis*) de sustento, sem possibilidade de vincular a viagem ao meu campo de estudos, sem qualquer expectativa de obter financiamento de pesquisa, de modo que o valor poderia até ser um quarto de milhão de dólares.

Enquanto isso, eu conseguira capitalizar um pouco com a atenção da mídia despertada pela primeira viagem; houve cobertura de meios de comunicação como NPR, BBC World Service, Outlook Radio e muita, mas muita imprensa local — sempre com um enfoque positivo. Além do mais, recebi muitos e-mails de documentaristas querendo me acompanhar numa próxima viagem, além de outras manifestações de interesse de agências humanitárias, organizações sem fins lucrativos e grupos de militância ligados à região — tudo isso servindo para me estimular no aprofundamento do que eu já começara. Esse interesse me incentivou a colocar em ação a organização sem fins lucrativos que pretendia lançar, que decidi chamar de "The Good Project [Projeto Good]". (O duplo sentido me agradava.)★ Nosso objetivo declarado era lançar uma ponte entre os mundos considerados desenvolvido e não desenvolvido — ou talvez eu devesse dizer: era o *meu* objetivo declarado, pois nessa etapa inicial a organização não era muito mais que eu mesmo. Minha declaração de objetivos não passava de um

---

★ O duplo sentido se dá porque "good", palavra do idioma inglês, significa "bom", ao mesmo tempo em que é o sobrenome do autor: David Good. [*N. do T.*]

EU, YANOMAMI

monte de palavras no papel, sem qualquer plano de ação, mas a *ideia* era usar essa nova fase que eu vivia para chamar atenção para a situação dos yanomami e dos povos indígenas do mundo em geral. Era uma empreitada ambiciosa, e nessa fase inicial não havia mesmo muito mais que ambição, mas eu sabia que haveria como canalizar de um jeito proativo toda a boa vontade e os bons sentimentos ligados à minha primeira viagem à floresta.

Uma ponte? Bem, com certeza... Estando entre esses dois mundos, eu me considerava uma pessoa naturalmente indicada para empreender o projeto. E que, com o tempo, seria uma forma de transformar essa *ponte* em algo mais que uma simples metáfora — como, por exemplo, um caminho para o entendimento.

Imediatamente a administração da East Stroudsburg University (ESU) se interessou pela minha nova viagem, oferecendo-se para acolher o programa que eu estava montando no complexo do seu Centro de Inovação no *campus*. De certa forma, eu adiantei meu despertar acadêmico ao relatar a aventura na floresta, sendo este um bom momento para preencher os vazios do que aconteceu depois que eu larguei o colégio. Dei um jeito de me recuperar daquele momento depressivo para dar prosseguimento aos meus estudos — um longo caminho que acabou me levando à East Stroudsburg University. Os estudos tinham desempenhado um enorme papel no meu desenvolvimento, além do período que passei na floresta. Já escrevi que consegui compensar meu atraso no momento em que todos os meus amigos estavam se formando no ensino médio. Em seguida, fui para o Northampton Community College, onde descobri meu interesse por biologia e ciência, e mais tarde para a ESU, onde continuei estudando biologia, imunologia, anatomia... e assim por diante. Eu tirava boas notas, mas continuava bebendo bastante ao retomar os estudos, e de

DAVID GOOD

vez em quando me deparava com uma pedrinha no meio do caminho — um C no lugar de um A... esse tipo de coisa.

Consegui me formar na ESU pouco antes de ir para a floresta em 2011, sem planos imediatos de continuar minha formação acadêmica, mas ao voltar do território indígena, numa parada com a missão católica, candidatei-me a um programa de pós-graduação em biologia da faculdade. Foi um impulso, num momento em que estava na internet, tentando imaginar o que fazer em seguida, e aquela pareceu uma ideia tão boa quanto qualquer outra. Era para garantir alguma coisa, na verdade — um modo de ir em frente sem qualquer noção do rumo que estava tomando. Apenas pensei que precisava seguir em frente e caminhar na direção de uma carreira, talvez até como antropólogo.

Era algo para fazer — e com o foco positivo da mídia voltado para mim, a universidade se tornou importante. Eu mal tivera tempo de começar minhas primeiras aulas de pós-graduação na ESU quando funcionários da faculdade me procuraram com uma oferta de lançar o meu nascente The Good Project. Foi uma grande e inesperada sorte, porém também muito conveniente, pois também beneficiava a universidade. Os gestores da ESU acreditavam que eu poderia fazer um bom trabalho na região... porém, mais que isso, acho que viram ali uma boa oportunidade quanto à publicidade. Eu era aluno da ESU, apenas começando a caminhada para um mestrado em biologia, e fazia sentido para eles oferecer-me apoio. Por quê? Porque qualquer cobertura de imprensa inevitavelmente mencionaria que eu era aluno de pós-graduação da universidade. Na melhor das hipóteses, uma menção no *60 Minutes* seria algo fenomenal. Mas, ainda que a cobertura da CBS News não chegasse a acontecer, a ESU poderia supor que qualquer atenção positiva que minhas viagens à floresta gerassem na comunidade, no mundo em geral, traria algo de bom para a universidade — e eu os incentivei a continuar pensando assim.

EU, YANOMAMI

Na verdade, os dirigentes da ESU ficaram tão empolgados com a cobertura da mídia que viria pela frente que gastaram um bocado de dinheiro para ajudar na melhora do meu escritório do The Good Project, com sua sala única. Colocaram nas paredes dois belos cartazes com fotos que eu tirara na minha primeira viagem e mais duas retiradas do arquivo do meu pai. Compraram lindas plantas, móveis decentes... tudo para criar um cenário profissional para as entrevistas que Steve Hartman pretendia fazer para sua reportagem.

Mas minha necessidade financeira não parava por aí. Agora que a viagem já estava sendo preparada, procurei os responsáveis pelo Centro de Inovação da ESU para passar o chapéu — ou seja, as plantas no escritório estavam lindas e tudo mais, mas não podiam simular a floresta da Venezuela. Os produtores do *60 Minutes* estavam muito interessados, então precisávamos monetizar a oportunidade. Se fosse apenas por mim, eu poderia esperar mais um ano ou dois até montar uma segunda viagem, mas agora havia certa urgência. Solicitei US$ 6 mil — quantia relativamente pequena, hoje me dou conta, mas eu não sabia como pedir dinheiro, nem pensei em anexar um orçamento à minha proposta para demonstrar o valor do qual realmente precisava. Da primeira vez, eu fui a Caracas com minhas economias, e meu pai me ajudou com uma parte dos suprimentos que achava necessária, além de um pouco de dinheiro extra, que também acabei usando. Paguei muitas despesas no cartão de crédito — contas que ainda pagava enquanto preparava a segunda viagem. Dessa vez, eu não queria contar com a generosidade do meu pai — muito embora pudesse ter contado, até certo ponto. Tampouco queria assumir outra dívida pesada no cartão de crédito. Para mim, os US$ 6 mil representavam bastante dinheiro — mas, ao mesmo tempo, esse valor seria praticamente os custos da CBS News com meu transporte em terra.

DAVID GOOD

A princípio, a ESU disse que o dinheiro não seria problema, até que se tornou, de fato, um problema — é sempre assim, não é mesmo? Nossa documentação como organização sem fins lucrativos não estava totalmente em ordem, e a universidade não estava de fato ansiosa para financiar a viagem até que fôssemos uma entidade legítima, mas me prometeram dar um jeito de conseguir o dinheiro, fosse por uma subvenção ou diretamente com uma verba do orçamento do Centro de Inovação. Deram sua palavra, disseram para eu seguir em frente a todo vapor com o *60 Minutes*, preparar o necessário, como se eu já tivesse o dinheiro.

No fim das contas, eu não tinha. Faltavam dez dias para a viagem, era preciso pagar minhas passagens, havia outras compras... mas o dinheiro não apareceu. A ESU protelou ao máximo, dizendo que não havia problema, até que eu finalmente os coloquei contra a parede. Exigi que dissessem a verdade... e por fim eles o fizeram: não havia dinheiro.

Fiquei perplexo — e, para ser honesto, furioso. Eu podia ter adiado a viagem por mais uns dois meses. Podia ter remarcado com o *60 Minutes*, mas agora a produção já estava em movimento. A CBS News já tinha agendado um voo de Nova York a Caracas para sua equipe e eu precisava estar presente — pois, como vimos, a equipe deveria me filmar a caminho do reencontro com minha mãe. O que eu fiz? Saí pedindo contribuições aos amigos e à família. Vinte dólares aqui, cinquenta ali... até que, é óbvio, meu pai entrou na jogada com uma quantia importante. A diretora do Centro de Inovação, Mary Francis, se sentiu tão culpada por sua equipe não ter providenciado o dinheiro que me mandou um cheque pessoal para as despesas do voo até Caracas, custando aproximadamente US$ 1.400.

Desse modo, a viagem pôde ser realizada. Como se tivesse adquirido impulso próprio — mas só chegamos até Puerto Ayacucho, parada

EU, YANOMAMI

obrigatória para qualquer expedição ao território indígena. A equipe do *60 Minutes* era formada por Steve Hartman e seu assistente, Miles Doran, três operadores de câmera e técnicos de som sul-africanos e a vice-diretora da CBS News para o exterior, Anna Real. O governo venezuelano também designou um fotógrafo, quatro soldados armados e um médico para nos acompanhar — comigo, formávamos um grupo de 13 pessoas. Parecíamos um pequeno exército invasor.

Imaginei a estranha cena que formaríamos, aparecendo todos de uma vez na aldeia de mamãe. Só conseguia pensar numa coisa: minha pobre família.

EU TINHA MANDADO AVISAR AOS missionários locais que estava chegando, e mamãe ficou em estado de alerta. Ela não sabia exatamente quando eu chegaria, nem fazia ideia do circo que me acompanhava, mas minha chegada não seria uma surpresa total. Pelo menos para minha mãe. Para certos indivíduos no governo venezuelano... Bem, era uma surpresa que eles queriam evitar completamente. Por quê? As eleições municipais estavam se aproximando — uma data muito importante na Venezuela — e a presença de uma equipe de televisão estadunidense era vista como uma espécie de ameaça. A questão não era comigo, nem havia algum problema antigo com meu pai. Na verdade, a maior parte dos venezuelanos se mostrou muito receptiva — realmente, não poderia ter demonstrado maior boa vontade. Mas, à medida que o momento da viagem se aproximava, ficava cada vez mais evidente para mim e meus amigos na CBS News que os venezuelanos não estavam exatamente dispostos a nos receber de braços abertos. No entanto, para cada manifestação de resistência que recebíamos de alguma autoridade havia uma equivalente manifestação de apoio, incentivando-me a voltar ao território — acompanhado de uma equipe de filmagem, se era o que estava pretendendo. Os sinais não podiam ser mais contraditórios! Nossa "expedição" tinha a bênção do presidente da Venezuela, Nicolás Maduro, que havia sucedido a Hugo Chávez naquele mesmo ano. Também recebemos uma carta-convite dos chefes da aldeia de minha mãe, redigida e traduzida por missionários locais, autorizando que minha visita de retorno fosse filmada, e afirmando que meus amigos jornalistas eram bem-vindos, desde que levassem os artigos necessários. No hotel em Caracas, encontrei-me até com o admirado regente venezuelano Gustavo Dudamel, que também havia ganhado um lisonjeiro perfil no *60 Minutes* — então, não tínhamos motivos para pensar que a equipe de produção incumbida da minha história fosse vista como inimiga do Estado.

No geral, podíamos nos considerar bem-vindos — o que significava um provável sinal verde para seguir em frente. Estávamos seguros de que tudo corria bem. Tínhamos a aprovação de vários ministros locais *e* do presidente, e nossos planos de viagem foram bem preparados. Mas nos deparamos com um problema em Puerto Ayacucho na hora de continuar a jornada. Um funcionário do Ministério de Questões Indígenas se recusou a permitir a entrada da equipe no território — sob o pretexto, totalmente falso, de que o povo yanomami como um todo não queria câmeras e repórteres captando seu estilo de vida num filme. O motivo não declarado, um pouco menos mentiroso, era a preocupação de como as eleições municipais seriam vistas no restante do mundo. Como acontece em muitos governos na América do Sul — na verdade, no mundo inteiro —, as eleições locais nem sempre passariam num exame internacional de honestidade. Corrupção por todo lado, certo? Mas aquilo não nos interessava, e deixamos explícito que nossas câmeras estariam voltadas em outra direção.

EU, YANOMAMI

Seja como for, tivemos grandes problemas, ou talvez eu devesse dizer que a equipe do *60 Minutes* teve grandes problemas. De minha parte, eu estava seguro. O governo não podia me impedir de entrar em território indígena — afinal, eu era um yanomami, protegido pela constituição venezuelana. Ainda não tinha meus documentos de cidadania — meu pedido estava em andamento —, mas dispunha de provas irrefutáveis confirmando que tinha autorização para viajar pelo território. Eu era um homem yanomami, filho de uma mulher yanomami, e por lei o governo não podia me impedir de viajar para visitar minha mãe.

Ainda assim, houve uma tentativa de obter uma declaração de uma figura política yanomami reconhecida, na esperança de levá-lo a se manifestar contra mim, mas o sujeito me defendeu. Ele disse: "Davi é um yanomami, igual a mim. Tem todo o direito de visitar a família, exatamente como eu. Não vou me manifestar contra um yanomami."

A situação se arrastou por vários dias de tensão. No início, achávamos que seria possível contornar o impasse, e assim peguei um avião de volta a Caracas com Anna Real e Steve Hartman para tentar resolver tudo por lá. A equipe sul-africana permaneceu em Puerto Ayacucho, acumulando uma longa conta no hotel — na verdade, a hospedagem e a alimentação dessas pessoas, além da sua remuneração pelo projeto, utilizou cerca de três quartos do orçamento da CBS News para a reportagem. Mas eles eram mesmo os melhores. Já tinham estado no mundo inteiro. Tinham sido alvejados, encarcerados, atingidos por granadas... o pacote completo. Uma muralha de burocratas venezuelanos não haveria de impedi-los de registrar sua história.

Ou era o que eles achavam.

Cerca de dois dias depois, voamos derrotados de volta a Puerto Ayacucho. Compramos três garrafas de vodca e bebemos até cair —

de fato, bebemos como animais, mas eu tive um pequeno momento de surto. Eu havia chamado muita atenção para mim mesmo, tentando levar aquela equipe ao território. E com isso não só entrara no radar de funcionários do governo venezuelano como, tenho certeza, tinha deixado alguns deles bem irritados. Na primeira viagem, eu pudera me movimentar pelo país anonimamente e com relativa facilidade. Dessa vez, atraíra grande atenção da burocracia. Os militares venezuelanos estavam plenamente informados da minha missão e a apoiavam por completo, mas havia certos grupos do governo que também estavam bem informados e em oposição.

O impasse impediu a realização da reportagem do *60 Minutes* naquele momento, mas, ao vencer as barreiras burocráticas e me encaminhar para a aldeia da minha mãe, eu me perguntei se não atraíra sem necessidade os holofotes para mim mesmo e para o povo yanomami.

DESPEDI-ME DE STEVE E DA EQUIPE em Puerto Ayacucho. Anna Real tinha providenciado um avião militar para nos transportar até Esmeralda, e decidiu-se que eu ainda seria autorizado a embarcar. Um coronel de alta patente que apoiava nossa missão havia autorizado os acertos, e a papelada parecia em ordem. Mas, prestes a embarcar, fui retido na pista por uma *diputada*. Dava para ver nos seus olhos que ela estava nervosa, nada confortável em sua posição de autoridade — pelo menos em relação a mim. Ela não queria acabar com a minha alegria, mas não tinha escolha; estava apenas cumprindo ordens.

Fez-me várias perguntas cujas respostas ela já sabia.

— O que você veio fazer no território? — perguntou ela.

Eu expliquei que ia visitar minha mãe.

— E depois que visitar sua mãe, quais são seus planos?

Expliquei que queria viver com o meu povo e me integrar ao estilo de vida dos Yanomami.

EU, YANOMAMI

Era um interrogatório inútil, mas que eu precisava enfrentar. Aquela mulher estava seguindo um script, apesar de não fazer o menor sentido. Lógico, havia certa controvérsia sobre o tempo em que meu pai passou na floresta — mas não parecia ser essa a questão no momento. Teria sido difícil para meu pai resolver aqueles problemas burocráticos, considerando seu histórico com os funcionários venezuelanos, que ainda pareciam irritados com ele por ter casado com uma mulher yanomami — mais uma vez, porém, não era o que estava em questão. O povo da aldeia, os missionários católicos da região, as autoridades que tinham acompanhado minha história, o presidente Maduro... nenhum deles tinha qualquer problema comigo. Eu era apenas um rapaz yanomami, tentando ir ao encontro da sua mãe yanomami e se reconectar com sua família yanomami.

Naquele momento, fiquei incrivelmente irritado com a mulher — e com o ministério que ela dizia representar. Senti-me traído. O tempo todo eu queria gritar para o mundo inteiro que me orgulhava de ser venezuelano, mostrar aos espectadores estadunidenses e venezuelanos o que significava ser yanomami — em Irokai e também em casa, na Pensilvânia. Mas não teria essa oportunidade — não, pelo menos, daquela vez.

A reportagem do *60 Minutes* não ia acontecer, mas eu consegui vencer os obstáculos e chegar ao avião, e ao aterrissarmos em Esmeralda não havia multidão nenhuma de yanomami protestando. Apenas cerca de uma dezena de missionários católicos, muitos da viagem anterior. Nós nos abraçamos. Eles sabiam dos obstáculos burocráticos que eu enfrentava e me convenceram de que seria melhor manter a discrição na área da missão por alguns dias, antes de subir o rio, e foi ali que eu restabeleci contato com meu amigo Andrew Lee, filho de missionários protestantes no território, que providenciara transporte para me levar até minha aldeia. Andrew e eu criamos um bom relacionamento na minha primeira viagem ao território em 2011, em Mavaca, e ele desempenhou um papel fundamental na minha segunda visita, cerca de um ano e meio depois.

Algumas palavras sobre Andrew: ele é um dos heróis ignorados da floresta tropical, um autêntico campeão dos yanomami. Casado com uma mulher yanomami, tem filhos yanomami. Aquele é o seu povo, o seu território, o que foi uma revelação no nosso primeiro encontro, porque vi em Andrew uma chance para que alguém como eu, com aparência de gringo, impactasse de forma significativa a região. Ele dedicou a vida aos yanomami, porém, mais importante ainda, deu--lhes seu coração — assim como agora eles têm o meu.

Andrew assumiu o comando nesse ponto da viagem, e devo confessar que, entrando no território sem meus companheiros da equipe da CBS News, sem a força e a segurança de Hortensia Caballero, que estivera ao meu lado nas primeiras etapas da primeira viagem, senti--me um pouco vulnerável e solitário, além de assustado.

Eu já me sentira assim, é óbvio — na infância e um ano e meio atrás. Mas nessa nova viagem parecia que o mundo conspirava contra mim, que o governo venezuelano conspirava contra mim, que eu estava entregue a mim mesmo.

JÁ HAVIAM SE PASSADO QUASE três semanas desde o embarque cheio de esperanças no Aeroporto LaGuardia, em Nova York, e eu ainda não tinha subido o rio até a aldeia da minha mãe. Esperávamos encontrar um ou dois obstáculos, mas a sensação era de que havia sido mais de uma dúzia quando finalmente Andrew Lee e eu acampamos com o motorista e o guia da missão, à distância de cerca de um dia a pé de onde minha mãe se encontrava. Eu pretendia percorrer esses últimos

EU, YANOMAMI

quilômetros com a equipe do *60 Minutes*, mas já tinha superado essa decepção. Não precisava de uma câmera para capturar essa segunda volta para casa. A jornada em si tinha seu propósito e significado.

O tempo todo eu lembrava que trazia grandes notícias para minha mãe. Ela seria avó de novo. Pelo que eu sabia, um dos meus meios--irmãos na floresta já podia ter lhe dado um neto — e Vanessa, minha irmã, é lógico, já cuidara disso com o nascimento dos seus filhos. Mas *eu* também lhe daria uma neta; não, minha filha, a quem chamamos de Naomi, não seria a primeira neta *nabuh* de minha mãe, mas seria a primeira que eu lhe daria, o que certamente tinha importância. Eu estava ansioso para lhe dar a notícia, mas também me preocupava se ela ficaria um pouco decepcionada; na minha última visita, ela parecia mesmo querer que eu engravidasse Layla e Lucy — numa autêntica continuação da sua família yanomami. E eu contornei sua interferência e fiz um bebê do meu jeito — mais uma criança que não cresceria entre os *Irokai-teri*.

A última noite à beira do rio foi bem agitada. Paramos logo abaixo das corredeiras do Guajaribo. Ruben, o motorista, me ensinou a pendurar a rede numa espécie de cabide de três pontas que tinha improvisado com cipós, uma barra horizontal e o V de uma árvore bem posicionada. Incrivelmente, funcionou!

A noite foi marcada pelo silvo característico de uma criatura semelhante a um rato que andava pelos galhos acima de nós — e (desculpem o mau jeito) por uma lembrança que aflorou quando me agachei no mato para fazer o que ninguém podia fazer por mim. Não quero ser grosseiro, mas o estômago vinha me incomodando a semana inteira, então foi um grande alívio finalmente poder me aliviar, e ali agachado na floresta, me veio à mente uma ocasião parecida que ocorrera cerca de vinte anos antes. É engraçado como as menores coisas, os momentos mais insignificantes podem nos levar de volta à infância, e me vi nitidamente numa região selvagem como aquela, fazendo a mesma coisa, mas ainda pequeno. Nos dois casos, eu tive uma forte sensação de alívio — e foi *nesse* exato momento que percebi não haver motivo para preocupação neste mundo. As preocupações com dinheiro enquanto eu deixava a Pensilvânia... todas as questões burocráticas na chegada ao território... o desconforto por passar os últimos dias com o estômago ruim... tudo se foi. Pela primeira vez desde o embarque em LaGuardia, eu não tinha preocupações em mente — com exceção às questões de ser pai de primeira viagem, que nunca acabariam —, o que me tocou naquele momento com grande doçura. Eu estava completamente livre de estresse... e, ao me limpar com uma folha, fui tomado por uma sensação de calma, de felicidade. Sabia que não estava "pronto para a floresta", pois não dispunha ainda de habilidades necessárias para levar uma vida yanomami independente, mas estava pronto no sentido de que minha mente estava receptiva e aberta ao que viesse pela frente.

Minha alma encontrara ali a sua casa, agora eu percebia.

Estava na hora de viver.

NA MANHÃ SEGUINTE, EU PARECIA um cachorro com a cabeça para fora da janela do carro no fim de uma longa viagem, farejando a chegada em casa. Havia marcos já conhecidos pelo caminho — exatamente como eu identificaria lembretes ao redor da minha casa na Pensilvânia: uma lanchonete, uma escola, o nome de uma rua... todos eles para me dar as boas-vindas, fazendo-me sentir mais seguro. Ali, era o mesmo: uma curva do rio, o tamanho e a forma das árvores, a vegetação da margem... tudo me levando para casa.

Os *Irokai-teri* se juntaram à beira do rio ao som do ronco do nosso motor — mas não eram muitos. Em comparação com a minha primei-

EU, YANOMAMI

ra chegada dois anos antes, havia menos gente, mas por um motivo. Andrew explicou que os *Irokai-teri* transferiram-se para mais longe do rio, e levou algum tempo para que a notícia da nossa iminente chegada alcançasse o *shabono* da aldeia.

Ainda assim, teria sido bom ter uma grande recepção de boas--vindas, e reconheço que fiquei um pouco decepcionado ao nos aproximarmos.

Em 2011, chegamos na estação da seca, e o rio estava muito mais baixo. Dessa vez, a navegação pela margem estava mais difícil, especialmente quando desci do barco e tentei descarregar minhas coisas. Felizmente havia dois indivíduos fortes para nos recepcionar, e eles conseguiram levantar minha bagagem sem grande esforço — o que foi providencial, pois a margem do rio era muito mais fofa e arenosa do que eu lembrava. Foi difícil atravessar a floresta densa até a clareira — e não só para mim, como logo veria, mas também para os *Irokai-teri*, que tinham cavado no solo uma pequena escada que estava desfigurada pelo tempo.

Mesmo com a ajuda dos nossos "carregadores" locais, foi exaustiva a simples retirada das bagagens da margem do rio, mas conseguimos, e quando descarregamos o restante, eu logo me senti vivo. Exausto, mas vivo.

Era como se eu tivesse me ausentado apenas por uns dois dias.

Andrew não disse explicitamente que os *Irokai-teri* tinham ido para bem longe — levamos cerca de meia hora para chegar à aldeia percorrendo uma trilha úmida, fria e lamacenta. Mamãe veio nos esperar no meio do caminho. Soube da nossa chegada e caminhou na direção do rio para me receber, e, assim que a vi surgindo numa curva do caminho, larguei minha bagagem e corri para ela. Como na vez anterior, senti-me um pouco sem jeito, pois queria dar-lhe um abraço apertado e um beijo no rosto, o que seria uma forma estranha de começar a visita.

Como antes, os seios dela estavam expostos e o rosto enfeitado com as varetazinhas *hii-hi* de sempre. Usava uma saia e trazia flores da floresta nas orelhas. E seu rosto expressava uma espécie de felicidade triste, ou tristeza feliz. Ao nos aproximar, percebi que estava dividida.

— Oi, mamãe. Voltei — falei em inglês.

Ela sorriu. Em seguida, apontou para minha mochila, como se quisesse carregá-la para mim. Ela era muito mais forte que eu, devo reconhecer, muito mais habituada àquele caminho, mas eu dispensei sua ajuda, dizendo: "*Hute.*" Pesado.

Que filho deixaria a mãe carregar suas bagagens?

Quase imediatamente, recuperamos o entrosamento da minha última visita. Mais de um ano havia se passado, mas nem parecia. Lá estava Ricky Martin, pronto para nos receber. Tornara-se pai desde minha última estada. Lá estavam minhas duas esposas, e cada uma deu à luz na minha ausência — a Esposa nº 1 pela segunda vez. Lá estavam minhas tias, meus tios, meus primos, minha destemida sobrinha... tantos rostos conhecidos.

Mas não havia tempo para uma longa reunião de família. Havia trabalho a fazer.

O GRANDE ACONTECIMENTO DESDE MINHA última visita? O antigo *shabono* pegara fogo — alguém deixara de vigiar a fogueira comunitária enquanto os *Irokai-teri* se ausentavam numa trilha, e o vento bateu, destruindo a habitação. Eles construíram outro, dessa vez um pouco mais longe do rio — a cerca de meia hora a pé, a passo rápido. Fiquei um pouco chateado com a longa caminhada até o *shabono*, especialmente com toda aquela bagagem, mas ainda assim foi empolgante.

EU, YANOMAMI

Ao chegar, vi que a aldeia estava ainda no processo de limpar a terra ao redor da nova área de convivência comunitária. Os *Irokai-teri* derrubavam árvores, queimavam o matagal, cavavam uma nova horta. Havia muito trabalho a fazer, e, como meu objetivo nessa viagem era me integrar mais plenamente à vida dos Yanomami, aproveitei a oportunidade. Primeiro, pendurei minha rede junto à fogueira que compartilharia com minha mãe. Da última vez, eu dormi mais afastado, mas não queria ficar tão distante da minha família. Queria estar bem no meio de tudo.

Entre os *Irokai-teri*, cada unidade familiar deve limpar a área da floresta que se estende a partir da área da família no *shabono* — o equivalente, na floresta, a cortar a grama em frente à sua casa para os vizinhos não reclamarem. Boa parte da limpeza era feita pelos homens, e assim procurei Ricky Martin para falar do assunto. Ele estava com um facão na mão quando me aproximei certa manhã no momento em que começaria a trabalhar, então apontei para o objeto, achando que assim ficaria evidente que eu queria ajudar. Mas não. Recorri a uma palavra em castelhano que talvez fizesse parte do seu vocabulário limitado.

Eu disse: "*Trabajo*." Trabalho.

Ainda assim, ele não entendeu direito, e eu fui buscar uma palavra do meu parco vocabulário da língua yanomami. Disse: "*Kihami*." Ali.

Apontei para a área que ele limparia e tentei unir os dois idiomas: "*Trabajokihami*."

Finalmente ele entendeu. Respondeu: "OK."

Ricky Martin me entregou um facão e eu fui me aprontar — isso é, *aprontar* significa calçar os sapatos. Eu estava de cueca, sem camisa, com meias e sapatos, incrivelmente ridículo, mas comecei a cortar. E foi bem divertido. Mal começamos a derrubar árvores, à esquerda e à direita, e as crianças se juntaram a nós, retirando os galhos e juntando-os numa pilha.

Levei algum tempo para pegar o jeito. Eu usava um facão de aço — muito mais pesado que os facões que papai e eu costumávamos levar. O peso extra significava que eu precisava fazer muita força, mas o principal era a rapidez do movimento.

Eu estava indo bem, limpando uma boa área, encontrando um bom ritmo para o trabalho, quando me deparei com uma árvore tombada que já fora cortada, mas estava encostada de um jeito estranho numa outra árvore que precisava ser removida, e então comecei a trabalhar nessa outra. Era uma árvore de bom tamanho, com muitos galhos se espraiando em todas as direções, envoltos em cipós que pareciam ter alguns quilômetros, tendo na base a tora caída, o tronco.

Aqueles cipós eram mesmo um desafio. Eram tão densos que podiam reservar surpresas desagradáveis se a pessoa não tomasse cuidado — e não demorou para que eu me esquecesse de tomar cuidado. Eu estava puxando um deles quando outro preso a ele de repente ricocheteou no meu rosto, acertando bem no olho esquerdo. Dei um grito, algo que não costumo fazer, e Ricky Martin se virou para ver o que estava acontecendo. Eu estava com a mão no olho, cheio de adrenalina por todo aquele esforço, e então acenei que estava tudo bem. Eu já tinha levado pancadas no olho. Pensei: *Tudo bem, nada de mais.* Achei que aquela primeira dor aguda logo passaria e eu ficaria bem.

Mas não estava nada bem. Tentei continuar trabalhando, mas notei um grande ponto preto no meu campo de visão. E a dor, passados dois ou três minutos, parecia aumentar. Fiquei tão mal que não conseguia abrir o olho, então larguei o facão e comecei a andar trôpego, levando as mãos instintivamente à frente. Os outros perceberam e correram na minha direção. Ricky Martin perguntou: *"Qué pasó?"* [O que aconteceu?]

EU, YANOMAMI

Eu estava com muita dor para pensar numa resposta, mas gemia cambaleando pela estreita clareira na floresta, e meu irmão e mais uma ou duas pessoas conseguiram me levar de volta à rede no *shabono*. Eu não conseguia abrir os olhos, não conseguia pensar no que dizer para fazê-los entender o que acontecera. Por fim, apontei para meu olho esquerdo e disse: "*Hii hi, nini*." Tentava explicar que machucara o olho com um galho. Voltei a apontar para o olho na esperança de que Ricky Martin fizesse a conexão, e ele fez. Gritou algo para os outros e logo havia dezenas de *Irokai-teri* junto à minha rede. Eles me olhavam, me apalpavam, tentavam abrir minha pálpebra. Eu tinha a sensação de estar exposto — melhor ainda (ou pior!), no anfiteatro de um hospital da floresta.

A dor era insuportável — realmente, doía tanto que eu não conseguia raciocinar. Só podia imaginar algo alojado no meu olho — uma farpa ou talvez uma pedrinha —, e levaria algum tempo para me ocorrer que a dor podia ser de um arranhão na córnea.

Os yanomami tinham certa experiência com esse tipo de ferimento, e alguém identificou fragmentos no meu olho e começou a tentar removê-los. Como? Soprando. E eles se alternavam. Veio a vez de Ricky Martin. Veio a vez dos homens que estavam trabalhando na clareira conosco. A essa altura, alguém tinha chamado minha mãe, e ela falou comigo docemente ao se debruçar na rede para soprar também. Como se o tratamento tivesse se transformado num pequeno ritual.

Em meio a todos aqueles sopros, ouvi algo que parecia uma manifestação de discordância. Duas vozes que não identifiquei pareciam discutir sobre o que fazer com meu olho. A única palavra que entendi na discussão foi *koami*; vazio, sem mais nada. Nesse contexto, provavelmente significava que as farpas tinham sido retiradas — ou talvez que não podiam fazer mais nada por mim.

E ouvi de novo: "*Koami*."

Eles continuavam cuidando de mim, e eu estava agoniado demais para perguntar o que estavam fazendo. Não enxergava absolutamente nada, embora conseguisse a certa altura abrir o olho direito e ver duas pessoas se aproximando com uma vareta minúscula, quase como um pedaço de palha, que fora reduzida na ponta a um delgado filamento. Elas a usaram para retirar alguma farpa que acaso tivesse resistido aos sopros, e eu continuava a gritar e gemer. A distância, ouvia algumas mulheres repetindo os sons dos meus gemidos, quase como se estivessem zombando, mas realmente devia parecer estranho para elas, todos aqueles ruídos vindos do filho *nabuh* de Yarima.

(Devo mencionar aqui que meu olho "bom" não adiantava de nada — as tentativas de abri-lo serviam apenas para fazer o olho esquerdo contrair-se também, provocando dor ainda mais intensa. Eu realmente não enxergava.)

Em seguida, alguém pegou uma pena e começou a esfregá-la na minha pálpebra — creio que na tentativa de me fazer lacrimejar, o que ajudaria a expulsar farpas ainda remanescentes.

Mas a sensação ficou tão insuportável que eu não aguentei mais, e afastei todo mundo, tentando fechar os olhos para me livrar da dor. Fiquei ali na rede pensando: *Isso é ruim. Isso é ruim mesmo, acabou para mim aqui.* Pretendia ficar na floresta por pelo menos um mês, e lá estava eu, apenas duas semanas depois, achando que já teria de voltar. Um trauma ocular como esse pode ser perigoso. Podia exigir atendimento médico de emergência, e lá no meio da floresta não havia nada parecido. E se o olho infeccionasse? Num ambiente tropical, as infecções bacterianas tendem a demorar mais para sarar. E se a dor piorasse? Do jeito como estava, já tinha ultrapassado e muito o limite do tolerável. Não dava para imaginar como eu poderia passar a noite daquele jeito.

EU, YANOMAMI

Em meio a toda a dor, lembrei que eu tinha um telefone por satélite, e achei que era o momento de usá-lo. Mas primeiro teria de encontrá-lo. Não conseguia abrir os olhos por mais de uma fração de segundo, para ter um breve vislumbre. E lembro que abrir o olho direito, o olho bom, provocava um correspondente tremor no olho esquerdo, o afetado, e até o menor movimento era uma tortura. Comecei a remexer nas minhas coisas de olhos fechados para encontrar o telefone e fiz sinal para que mamãe e uma das minhas tias me conduzissem para a área do *shabono* a céu aberto, onde esperava conseguir sinal. E o fiz acenando com os braços como um louco e imitando com os dedos o gesto de andar.

Enquanto íamos tropeçando, eu tentava me lembrar do painel do telefone, das funções do menu, para fazê-lo funcionar com os olhos fechados. Eu sabia que a última mensagem enviada tinha sido para Chrissy, minha ex-namorada grávida, que funcionava como uma espécie de mensageira nessa viagem. Tínhamos combinando que eu lhe mandaria uma mensagem de texto e ela a encaminharia para Andrew Lee pelo Facebook, o amigo missionário que me levou para a aldeia. Ele precisava ficar atento, pois me buscaria no fim da temporada na floresta, mas eu não tinha como me comunicar com ele por telefone via satélite na missão protestante. A única maneira de chegar a ele era por esse circuito Chrissy-Facebook-Andrew.

Como uma pessoa cega, tateando de memória, encontrei a função de SMS do telefone e consegui digitar uma breve mensagem de SOS para Chrissy — só que não conseguia enviá-la. Não havia sinal; a copa das árvores da floresta era muito alta e espessa. Cabe lembrar que era um *shabono* relativamente novo, eles mal tinham começado a abrir uma clareira, e eu sabia pelas minhas breves incursões que a clareira mais próxima ficava provavelmente a uns dez ou 15 minutos a pé. Não havia a menor possibilidade de eu ir tão longe de olhos fechados, com a mão no ombro de mamãe para me guiar. A dor era intensa demais. Eu mal conseguiria voltar para a rede, mas subi nela e achei que o melhor seria tentar dormir.

Eu tinha analgésicos na mochila, mas não me ocorreu tomá-los, ou quem sabe me ocorreu, mas me dei conta de que aquele tipo de dor estava além dos poderes terapêuticos dos comprimidos.

Não sei como, mas consegui passar a primeira noite. Mamãe cuidou de mim — mas não como se poderia esperar que uma mãe cuidasse do filho machucado nos Estados Unidos. De vez em quando ela se aproximava, tocava minha testa e murmurava algumas palavras que eu não entendia, mas nada havia de reconfortante ou consolador nesses momentos em que ela vinha conferir como eu estava. Ainda assim, saber que mamãe estava por perto e atenta me tranquilizava de certa maneira — embora não pudesse fazer grande coisa.

Durante a noite, sem outra maneira de passar o tempo ou me distrair da dor, tentei imaginar como poderia ser minha vida pela frente. Chrissy já estava com cerca de 27 semanas de gravidez e a barriga começava a aparecer. A pequena Naomi crescia saudável, dizia o médico. Eu tentava imaginar como a bebê seria, parecida ou não comigo — baixa, uma cabeça yanomami arredondada e pele mais escura. Será que teria dificuldade de se adaptar ao convívio com as colegas na escola? Um dia chegaria para ela, como chegou para mim, o momento de querer encontrar seu lugar na floresta?

Também ao longo da noite eu percebia outros corpos rondando a minha rede. Ouvia conversas sussurradas. A dor cada vez pior — a terrível sensação de haver uma pedrinha áspera alojada no olho. Eu tinha medo de abrir os olhos, e não percebi quando a noite acabou, mas logo começou o burburinho das primeiras atividades matinais em torno da fogueira comunitária, o som de gente indo e vindo.

EU, YANOMAMI

Uma nova consulta aconteceu ao redor da minha rede. Eu só entendia a palavra *suwe* — mulher. Repetidas vezes ela foi pronunciada, e então fizeram silêncio. Senti vários pares de mãos em mim, dois ou três pares na altura do meu rosto. Alguém tentou abrir meus olhos, e a dor piorou. Eu só via uma grande mancha — nem sequer distinguia formas. Percebi que alguém se debruçava sobre mim; era a sensação de estar na sombra — e senti duas gotas suavemente caindo no olho. O alívio quase instantâneo. Agora conseguia abrir o olho sem sentir dor por mais tempo. Ainda não enxergava; minha visão continuava borrada e hipersensível à luminosidade, mas pelo menos eu não sentia mais dor.

Foi realmente incrível, pois as gotas de alívio significavam haver um estoque de remédios em algum lugar na aldeia. Foi muito apaziguador, pois as gotas diminuíam a dor e me davam esperança. Ajudavam a abrandar meu receio de infecção. Eu sabia, do treinamento de primeiros socorros, que uma das primeiras medidas no tratamento de um trauma ocular é prevenir infecções bacterianas, e achei que eu estaria com problemas. Presumi, muito razoavelmente, que acabara de receber gotas antibacterianas, e que a crise melhoraria depois de algumas doses.

Mas eu ainda não estava bem, e passei o restante do dia seguinte na rede, de olhos fechados, tentando repousar antes que a dor voltasse, como temia que acontecesse. As pessoas chegavam para me trazer bananas; mamãe me deu um caldo; e meu tio trouxe um pouco da sua comida, colocando-a sobre o meu peito. No começo, ele me ajudou a comer, mas eu me sentia forte o suficiente para me alimentar por conta própria, e fui apalpando sobre a camiseta para identificar diferentes itens conhecidos e levá-los à boca. Numa das vezes, peguei um par de larvas, ao reconhecer a forma e a textura. Eu já havia comido larvas

DAVID GOOD

antes, e até gostava, mas tive ânsia de vômito assim que percebi o que levara à boca. Não estava no clima para isso. Queria comida boa para me consolar — sorvete, pizza, canja.

Tive um sono agitado naquela noite, embora chegasse a sonhar. Foi um sonho recorrente durante essa segunda viagem à floresta. Estavam Chrissy e todas as minhas antigas namoradas: Sarah, Karen, Daisy etc. Aquela repetição de sonhos absolutamente loucos com minhas ex-namoradas era muito curiosa — não loucos no sentido de excitantes, mas de absurdos e estranhos. Parecia haver um tema principal. Em todos eles, chegava um momento em que eu pedia a uma delas que me aceitasse de volta. Cada vez que isso acontecia eu chorava, implorava, caía de joelhos, como numa novela mexicana. Em cada casa, em cada recanto de cada sonho, a minha ex rechaçava meu pedido e voltava a me rejeitar.

Era a história da minha vida voltando a me assombrar.

Na manhã seguinte, a dor voltara, e deitado ali na rede eu ouvi de novo aquela palavra: *suwe*.

Outra vez havia mãos passeando pelo meu corpo. Outra vez alguém abriu minhas pálpebras. Outra vez senti uma sombra se projetar sobre mim. Só que agora eu distinguia a silhueta de uma jovem debruçada sobre a rede, como se fosse pingar gotas no meu olho, e quando ela se aproximou mais eu reconheci uma das minhas esposas — Lucy, a Esposa nº 2. O primeiro pensamento que me veio foi: *Ei, vejam só! Foi você quem trouxe o remédio! Obrigado!*

Mas quando ela se aproximou ainda mais, percebi que não tinha remédio algum nas mãos. Nada de conta-gotas. Em vez disso, ela segurava um dos seios, apontando-o para mim como uma arma. Até que segurou o mamilo e o espremeu, disparando um forte jato de leite na direção do meu olho esquerdo.

EU, YANOMAMI

Sua mira não era muito boa — nem de longe eficaz como fora na véspera, embora fosse possível que a primeira dose tivesse sido administrada por outra mulher yanomami lactante. Mas ainda assim ela conseguiu atingir o alvo, pois imediatamente senti um alívio. Também estava com o rosto cheio de leite, mas não me importava. Teria suportado qualquer humilhação para me livrar daquela dor horrível — e em matéria de humilhação, não era tão grave assim. Era apenas um grupo de mulheres da floresta cuidando de mim na rede, minha mãe abrindo minhas pálpebras infeccionadas e minha esposa, que acabara de dar à luz um filho de outro homem, disparando leite na minha direção, na tentativa de acertar um pouco no meu olho — pode acontecer com qualquer um, certo?

Eu estava acostumado com técnicas mais esterilizadas de medicação. Mil perguntas passavam pela minha cabeça enquanto eu fechava os olhos e esperava que o leite da Esposa nº 2 fizesse efeito: este tratamento vai mesmo me curar ou apenas servir de alívio temporário? Como os Yanomami foram inventar essa história? Será que o leite materno não iria *aumentar* o risco de infecção? Que mais os Yanomami sabiam sobre os poderes curativos do leite materno?

Minha cabeça não parava, mas quando a dor começou a ceder eu me permiti deixar as preocupações de lado — e foi assim que cuidaram do meu ferimento. O tratamento com leite materno continuou — dois esguichos por dia, pela manhã e à noite. Passados três dias, eu finalmente consegui abrir os olhos, mas ainda não enxergava bem. A luz do sol era quase insuportável — mas eu já podia ver de novo o mundo usando o olho direito, até que o esquerdo se adaptasse à luminosidade.

O tempo todo mamãe esteve ao meu lado — e era muito reconfortante sentir seu toque suave, saber que estava cuidando de mim. Em uma semana, eu estava bem, e reconheço que deve ter sido mesmo necessário uma aldeia inteira para me tirar daquela situação, mas não sei o que teria sido de mim sem minha mãe.

Ela foi meu remédio para a dor, minha esperança, minha reabilitação.

E O TELEFONE POR SATÉLITE que eu procurava para conseguir mandar uma mensagem de texto para Chrissy? Ele realmente foi muito útil nessa segunda viagem — outro momento Flintstones-Jetsons que deixou uma lembrança peculiar, além de uma inesperada lição sobre o que significa ser um indivíduo yanomami no nosso mundo moderno.

O telefone era um luxo, mas depois de chegar à floresta nada era mais precioso que uma bateria carregada. Calculei que teria cerca de três horas para falar, e não havia como recarregá-lo até retornar à missão protestante, então cada minuto contava. O problema é que nem sempre era tão fácil conseguir um bom sinal. Além da necessidade de usá-lo para checar como Chrissy e a bebê estavam, o aparelho também servia como suporte. Em caso de uma emergência como o ferimento no meu olho, tranquilizava saber que era possível me conectar ao mundo exterior, pedir ajuda, por isso eu montara aquela pequena rede de contatos.

Outra grande vantagem do telefone era a oportunidade de reaproximar meus pais — dessa vez, na aldeia de mamãe, onde eu achava que ela se sentiria mais confortável, sendo mais ela mesma do que pudera ser na missão católica em Mavaca.

Certa tarde, quando o machucado do olho já sarara e eu julgava saber melhor quando e onde podia encontrar um sinal decente de satélite, peguei o telefone na minha mochila e o levei para minha mãe, que estava em sua rede. Apontei para o aparelho e disse:

— Falar Kenny.

Ela sorriu, mostrando que tinha entendido.

EU, YANOMAMI

— *Telefono,* Kenny.

Tentamos fazer uma ligação ali mesmo no *shabono,* mas o sinal estava terrível — quase inexistente. Fomos para uma horta próxima, mas tampouco conseguimos um sinal estável. Continuamos procurando aqui e ali, mas ou estava muito nublado ou a copa das árvores da floresta era muito densa na aldeia e ao redor dela, e depois de muito procurar, eu precisei desistir da ideia. Fiquei com receio de estar gastando muita bateria sem sequer conseguir fazer uma chamada. Apontei para o aparelho, sacudi a cabeça e disse em espanhol: "*Batería.*" Como se servisse para explicar alguma coisa à minha mãe, que só queria falar com o seu Kenny.

Durante dias seguidos, em momentos de descanso, eu pegava o telefone e começava a me movimentar com ele, apontando para o céu, em busca de sinal. Geralmente, mamãe passava algum tempo me seguindo e dizendo: "*Telefono, Kenny. Falar Kenny.*" Quando ela cismava com uma ideia, não deixava para lá com facilidade — traço de temperamento que me parecia muito mais estadunidense que yanomami. Seja como for, ela sabia onde eu guardava o telefone, sabia do poder mágico de conectá-la ao som da voz do meu pai, e não me deixava em paz.

Passei tanto tempo segurando aquele maldito telefone, apontando para o céu, que no fim os *Irokai-teri* acabaram estabelecendo a equação de causa e efeito. Iam me buscar onde quer que eu estivesse, fazendo o que estivesse fazendo, olhavam para o céu e diziam: "*Kihami kihami.*" [Aqui, aqui]... Como se estivessem fazendo sugestões, tentando ajudar.

Por fim, pegamos uma trilha até uma nova horta à margem do rio e notei que não havia árvores altas na região. Era grande a possibilidade de um céu límpido. Já estávamos a cerca de vinte minutos do *shabono,* mas eu não queria perder a oportunidade, então dei meia-volta para buscar o telefone, e, quando voltei, mamãe estava a mil. Ela sabia o que aquilo significava. E os outros também sabiam — e me ocorreu, depois daquela ida e volta de que podia ter sido poupada, que eles deviam saber o tempo todo o que significava. Foi meio frustrante. Eu nunca tinha visto aquela horta, aquela clareira de caminho aberto para o sinal de satélite, mas os *Irokai-teri* sabiam que ela estava lá. Sabiam do que eu precisava em todas aquelas vezes que tinha empunhado o telefone, apontando-o para o céu, ou pelo menos eu *acho* que sabiam — mas ninguém tivera a ideia de apontar naquela direção.

(*Meu Deus, onde estaria o especialista em tecnologia da informação da aldeia?*, eu me perguntava.)

Seja como for, mamãe sorriu, deu risadinhas, pulinhos. E disse: "*Telefono, Kenny. Falar Kenny.*"

Quando a ligação se completou, meu pai logo atendeu do outro lado, e o rosto de mamãe se iluminou, como que banhado pelo luar. Eu nunca vira um sorriso tão aberto e franco. Ela ficou exultante. Disse: "*Kenny, ha-po. Kenny, ha-po.*" Kenny, venha. Kenny, venha.

Ela queria apenas que meu pai voltasse para ela, depois de todo aquele tempo — só que parecia ser também um convite prático, além do emocional, pois ela começou a dizer tudo que queria que ele trouxesse para a aldeia. Anzóis, tecidos, potes e panelas. Queria ver o seu Kenny, é lógico; mas queria ainda mais os objetos que o seu Kenny poderia lhe trazer.

Até meu tio pegou o telefone para fazer um pedido. Era realmente incrível ver aquilo, a maneira como os *Irokai-teri* eram capazes de entender tão rápida e facilmente aquela pequena manifestação da tecnologia *nabuh*, o jeito como prontamente deixavam para trás a novidade e começavam a procurar o que aquela estranha máquina podia fazer por eles.

EU, YANOMAMI

— *Shori*, dizia meu tio. — *Shori, yahoriprou*. [Cunhado, eu sou pobre.] E passou a enumerar todas as coisas que queria que meu pai trouxesse: facões, um motor, gasolina...

Esse também era o jeito dos yanomami — aceitar o vento da mudança, a aproximação do mundo moderno, e encontrar uma forma de se beneficiar. Ao deixar o telefone de lado depois de encerrar a chamada com meu pai, pensei: *Muito bem, lição aprendida*. Tínhamos adotado a tecnologia para fazer bom uso dela; tínhamos encontrado sinal para fazer aquela improvável chamada por satélite; mas o telefone também foi útil por possibilitar o fornecimento de alguns potes e panelas, alguns metros de fio, linha de anzol. Vejam bem, mamãe estava mesmo muito feliz por falar com meu pai. Para meu tio, foi uma alegria ouvir a voz do velho amigo. Os pedidos de modo algum neutralizavam o afeto que sentiam por ele, o relacionamento que haviam mantido.

Mas, ainda assim, eles queriam aqueles potes e panelas.

A INSTRUÇÃO NÃO É UM dos fortes dos yanomami — não é assim que eles aprendem. Não existe uma tradição do pai levando o filho para pescar, por exemplo, e mostrando como se faz. Não acontece assim. O que acontece é que as crianças começam a observar os adultos a partir do momento em que nascem. Observam, estudam. Sua capacitação começa com brincadeiras, rituais divertidos de imitação, espelhando o mundo ao redor. Não existe uma idade ou uma etapa específica em que determinada habilidade deva ser aprendida. Os meninos se tornam caçadores quando estiverem prontos. As meninas se tornam mães quando estiverem prontas. Os meninos se tornam xamãs quando estiverem prontos. As meninas se tornam colhedoras quando estiverem prontas. Não existe lei nem certificado de papel legitimando uma atividade ou atestando uma capacitação

DAVID GOOD

Acontece quando tem de acontecer — só que, no meu caso, eu precisava que alguém me levasse pela mão e me acompanhasse, e foi o que meu irmão Ricky Martin entendeu. Ele era ótimo quando se tratava de me mostrar como fazer as coisas na floresta — medidas básicas de sobrevivência, como cortar uma árvore, acender uma fogueira, caçar um tapir ou abrir certos tipos de frutas. Ensinou-me até a fazer algo chamado *ta-te* — uma bebida de banana que rapidamente se tornou um dos meus alimentos favoritos.

Nos Estados Unidos, ao precisar me virar por conta própria, eu leria um manual de instruções ou buscaria um tutorial no YouTube antes de me arriscar em algo novo. Mas ali na floresta eu não tinha esse luxo. Podia contar apenas com Ricky Martin — Micashi. Ficamos amigos nessa viagem, e ele assumiu o papel daquele que os antropólogos costumam chamar de "informante", o que significa que cuidou de mim, mostrou-me como sobreviver na região, na função de um guia de campo. Ensinou-me a atirar com arco e flecha. Depois de uma ou duas tentativas, eu já era capaz de posicionar a flecha, retesá-la para trás, mirar na direção de uma bananeira um pouco adiante e dispará-la. O baque que a flecha fazia ao acertar bem no centro da árvore era um dos ruídos mais satisfatórios da floresta — o som da finalização, da chegada. Nós éramos um grupo, e todo mundo soltou um forte e satisfeito grito de "Óoooooo" quando a flecha chegou ao destino — e o de Ricky Martin foi o mais alto de todos.

Ele também me ensinou a inalar a *epena* — ou *yopo*, outro nome que deram a ela. Um belo dia, chamou-me para dizer que, sendo homem na aldeia, estava na hora de experimentar, e eu não tive como argumentar. Jesus, que sofrimento! A explosão daquele pó ao ser projetado na minha cavidade nasal pelo tubo oco não se parecia com nada experimentado na minha vida. Doía horrores. Eu tinha a sensação de que minha cabeça ia se partir ao meio. Eu parecia ter mergulhado numa névoa, e, passada a dor, era como se minha cabeça fosse partir-se de mil outras maneiras. Era de fato uma viagem, mas eu consegui manter discernimento mental suficiente para observar o que acontecia ao meu redor. Era como se estivesse no limiar do mundo espiritual — perto o suficiente para espiar a vasta extensão que separava nossa realidade de uma expandida, mas ainda no controle, permitindo dar um passo atrás, e me equilibrei nesse doce precipício pelo que pareceu uma eternidade.

Com o *yopo*, os sons são amplificados de um jeito lindo, melódico. Lembrou-me do pedal de sustentação que às vezes ouvimos numa guitarra elétrica: os ruídos da floresta se prolongavam, como que pendurados no espesso ar do ambiente, em nossos ouvidos, em nossa memória. Ficam ecoando, sem desaparecer.

Vi que eu estava alucinando — mas não como se poderia esperar. Minhas alucinações tinham raízes na realidade, uma realidade *ocidental* como o conheço. Por exemplo, eu percebia as mulheres andando por ali com os seios desnudos, algo que se para de registrar depois de um ou dois dias na floresta, mas a *epena* me fez voltar a olhar o mundo ao redor como um adolescente de Nova Jersey cheio de tesão. Eram peitos para todo lado! Eu podia fechar os olhos e jurar que estava sendo atacado por eles.

Sempre que possível, eu também tentava ser um professor bom e paciente para Ricky Martin. Eu não tinha o que ensinar-lhe sobre a vida na floresta, o estilo de vida dos yanomami, mas ele estava louco para aprender inglês. Realmente queria voltar comigo para minha aldeia *nabuh* nos Estados Unidos e ir para a escola. Sabia tudo sobre escolarização, do seu período em Esmeralda, quando tivera o primeiro contato com a civilização não indígena e começara a aprender um

DAVID GOOD

pouco do estilo de vida *nabuh*. Certa noite, ficamos acordados até tarde enquanto eu lhe ensinava a contar até sessenta. Um projeto bem ambicioso — com certeza estimulado por outra rodada delirantemente dolorosa de *yopo*.

Se eu tivesse de classificar essa segunda viagem à floresta em 2013 e compará-la com a primeira, em 2011, diria que uma se tornou a continuação da outra. Em 2011, tratava-se de encontrar minha mãe e me *reconectar* com minha família yanomami. Em 2013, foi essencialmente uma questão de me encontrar e me *tornar* um yanomami.

Na minha cabeça, eu comparava a viagem ao pano de fundo da série de livros Bourne, de Robert Ludlum. Em *A identidade Bourne* — ou "A identidade Good" —, o objetivo era encontrar uma identidade própria. Em *A supremacia Bourne* — ou "A supremacia Good" —, tratava-se de assumir minha nova identidade, assumir o controle de alguma forma, e foi praticamente o que me aconteceu nessa segunda viagem à aldeia da minha mãe. Dessa vez, eu aprendi a ser mais yanomami — não só na língua, mas nos costumes, ritmos, passos e no propósito da vida na floresta. Aprendi coisas práticas, como caçar, pescar e preparar um tapir depois de abatê-lo. E aprendi a pensar como o povo yanomami, pelo menos um pouquinho.

A melhor maneira de ilustrar isso provavelmente era a objetividade mental com que eu acordava a cada manhã na floresta. Não existe uma equivalência no nosso mundo ocidental, mas no meu breve período com mamãe eu cheguei a um ponto em que minha mente estava esvaziada. Faz sentido? Não, acho que não, se estiverem lendo estas palavras de uma perspectiva moderna e com um viés ocidentalizado geral. Mas com a forma de pensar da floresta, o que haveria ali para pensar? Se estivesse com fome, eu saía em busca de comida. Se estivesse cansado, descansava. Se estivesse exposto aos elementos naturais, construía um abrigo. Se faltasse lenha, saía para buscar mais.

EU, YANOMAMI

É como aquele slogan da Nike: *Simplesmente faça!* Não precisa pensar, só fazer. Não precisa se preocupar, só fazer. Não precisa tentar entender, só fazer. Levou algum tempo, mas eu finalmente cheguei a esse lugar no meu pensamento, e nesse momento me lembrei do comentário que minha mãe fizera a meu pai na viagem de barco para Platanal, tantos anos antes, e fiquei me perguntando se teria realizado seu sonho a meu respeito.

Será que eu finalmente estava "pronto para a floresta"? Seria afinal um yanomami?

TRÊS SEMANAS DEPOIS DE INICIADA a segunda viagem, comecei a achar que o terreno ao redor do *shabono* nunca ficaria realmente limpo. A floresta era tão densa e profunda que parecia tragar os constantes esforços dos *Irokai-teri* para abrir caminho nela. Eu me perguntava se era sempre daquele jeito, se os homens estavam sempre ocupados no empenho de afastar a floresta — trabalho que nunca terminava.

Uma vez que o meu o olho estava curado, decidi voltar a ajudar nessa missão infindável. Meu período no território estava chegando ao fim, e eu queria dar a melhor contribuição possível antes de ir embora. Aos poucos, eu melhorava na tarefa de abrir clareiras — meu esforço se tornava um pouco menos constrangedor, um pouco mais eficiente. Mas na primeira vez em que peguei num facão depois do ferimento no olho, mamãe me deu aquele olhar de preocupação materna. Era como se ela fosse a mãe de um dos meus amigos de infância nos Estados Unidos, dizendo que eu não corresse com tesouras nas mãos. Ela não disse nada, mas dava para ver pelo seu olhar que temia que eu me machucasse.

Então respondi à sua preocupação em inglês. Disse: "Tudo bem, mamãe. Vou cortar as árvores assim." Coloquei a mão em concha e a levei ao olho esquerdo, como se fosse um tapa-olho, enquanto imitava o movimento de abater uma árvore com a mão direita.

Ela riu — todo mundo achou graça.

Mas Ricky Martin passou um tempo extra comigo, para me ajudar a recuperar o ritmo. Dizia-me onde, quando e como cortar. Como sempre, foi um professor bom e paciente, e à medida que nos afastávamos mais da aldeia, ele parecia sempre mais empenhado. E esperava sempre mais de mim. Ricky Martin me ensinou a dominar os movimentos do abate, e também a uivar como um verdadeiro homem yanomami enquanto trabalhava.

Sabe como é, esse uivo é uma parte importante da tarefa — quase um grito de guerra, para nos inspirar no trabalho. Os sons alegres e exuberantes vocalizados pelos indivíduos yanomami limpando a mata ao redor do *shabono* eram como uma música suave — a floresta era tomada pelos sons do progresso e do propósito, do esforço e da liberação... tudo isso era muito, muito bom.

No início, Ricky Martin não gostou do jeito como eu gritava. Ficava me provocando, dizendo que eu gritava como um *nabuh*, o que eu entendia como um grande insulto. Quando os homens yanomami uivam com um som agudo, é uma espécie de grito monocórdio. Minha voz não se projetava exatamente dessa maneira; saía num tom triste e grave que mais parecia uma reprimenda que um uivo desinibido e solto.

Toda vez que eu berrava, Ricky Martin me corrigia.

Ele gritava: "*Eh... eh... ahuuuu!*" E parecia satisfeito.

Em resposta, eu gritava: "*Eh... eh... ahuuuu!*" E ele não ficava nada satisfeito.

Toda vez que íamos para o trabalho de limpeza da floresta, ele me fazia praticar o uivo. Estava decidido a me fazer acertar — e finalmente, uns dois dias antes de partir, eu consegui.

O que foi ótimo, pois Ricky Martin já estava ficando decepcionado comigo — não propriamente zangado, mas eu tinha a impressão

EU, YANOMAMI

de que ele estava a ponto de explodir. Meu corte, é bom lembrar, estava melhorando — mamãe ficaria orgulhosa de mim, pensava eu, trabalhando, suando em bicas. Mas por mais que me esforçasse em imitar o uivo do meu irmão no trabalho, não conseguia acertar, e ele acabou gritando comigo.

Ele uivou, como se deve fazer.

Eu uivei, e mal consegui chegar perto.

A cena prosseguiu por alguns instantes, até que eu finalmente alcancei o tom correto, com a inflexão certa, a exata mistura de alegria e entrega. Como se tivesse vindo lá do fundo, de um lugar no qual eu não precisava mais pensar. Nem precisava mais que Ricky Martin confirmasse que eu tinha acertado, pois dava para *sentir*.

— *Eh... eh... ahuuuu!* — eu uivei. — *Eh... eh... ahuuuu!* — E mais, e mais, e mais vezes. E a cada grito a plenos pulmões eu sentia aquela injeção de pura energia, e os movimentos do meu facão cortavam o ar da floresta espessa de um jeito único.

Vendo-me cortar as árvores daquele jeito, colocar o som para fora, dançar pela floresta... Qualquer um seria capaz de jurar que eu era um verdadeiro yanomami.

CAPÍTULO OITO

THE GOOD PROJECT

E AQUI ESTOU EU, DANDO os retoques finais neste livro no meu apartamento na Pensilvânia, enquanto minha filha, Naomi, dorme no quarto ao lado — um bom local, creio, para refletir sobre o que esses últimos anos significaram e o lugar que pareço ter criado para mim entre o povo yanomami.

A organização sem fins lucrativos que comecei a conceber na minha primeira viagem à Amazônia já se tornou uma realidade. Ainda não estamos funcionando a pleno vapor, mas o The Good Project está destinado a se tornar uma voz importante em defesa das populações indígenas do mundo. Vamos dar atenção especial aos *Irokai-teri*, mas também nos voltaremos para outras aldeias, povos e regiões. No momento em que escrevo, já concluímos nossas duas primeiras viagens a trabalho à Costa Rica, atuando com grupos de alunos da East Stroudsburg University junto ao povo Cabécar e ajudando a construir uma importante aliança intercultural — e já estou fazendo as malas para minha terceira viagem à região.

A ideia por trás do The Good Project é angariar fundos, construir consciência, subir um pouco o nível para podermos nos entreolhar

EU, YANOMAMI

de um jeito mais elevado. E o que quero dizer exatamente com isso? Bem, nós estamos aqui para dar uma voz mais ativa aos povos indígenas do mundo todo — essa é a descrição fácil. O que eu tenho em mente é que, agora que minha história atraiu certa atenção, quero desviar um pouco o foco e fazer com que as pessoas pensem em maneiras de defender as causas desses povos afastados — seja na floresta tropical ou em outros lugares. Existem as mais variadas formas de levar as vantagens do mundo moderno a esses povos sem lhes pedir que abram mão de qualquer um dos seus costumes tradicionais, do seu modo de vida. Podemos ajudar integrando a tecnologia de modo suave, compartilhando novas técnicas de irrigação, levando medicamentos muito necessários, roupas, suprimentos. E o faremos cuidando de um projeto por vez, pois, embora eu realmente queira fazer a diferença, reconheço que a única maneira de mudar o quadro geral é por meio de uma série de pequenas ações. Quando nos depararmos com uma necessidade específica, entraremos em ação para atendê-la.

Já montei um comitê diretor e uma rede de organizações de apoio realizando um bom trabalho em alguns dos recantos mais remotos do planeta, e nos próximos anos espero lançar uma ponte entre os mundos considerados desenvolvido e não desenvolvido. A maneira como vamos realizá-lo... bem, é o que estamos tentando descobrir exatamente agora, procurando "bons" projetos para apoiar.

Por enquanto, só posso compartilhar a história da minha família e confiar que ela representa um bom caminho para entender os Yanomami de hoje. Não sou nenhum especialista, mas acredito estar qualificado para influenciar nesse sentido — de modo que é este o plano: começar. O livro que você tem nas mãos é uma parte desse empenho, e assim, antes de concluir estas páginas, quero compartilhar

algumas ideias sobre as mudanças que vêm ocorrendo no meu povo —
e, para começar, as mudanças na minha família.

PENSANDO NO TEMPO QUE PASSEI na floresta, fico feliz pelo fato de
ter podido reconectar meus pais depois de todo esse tempo. É óbvio
que eram apenas ligações pelo Skype, um ou outro breve telefonema
por satélite, mas foram marcos importantes na vida da minha família.
O progresso pode ser uma coisa boa, certo? Nem em um milhão de
anos meu pai poderia ter imaginado conversar na língua yanomami
com minha mãe entre os *Irokai-teri*, com seus velhos amigos. Quando
eu voltei, ele me disse que aqueles telefonemas lhe deram uma sensação
de desfecho — mas eu não fiz muitas perguntas para saber o que ele
queria dizer, assim como não fiz perguntas a mamãe para tentar saber
por que deixara Danny naquela pista de aeroporto, desaparecendo
na floresta. Penso que o passado é passado. Para mim só importa o
presente, e aqui no presente todos nós conseguimos nos encontrar de
novo... O que eu considero uma vitória e tanto.

Eu fui à Amazônia para encontrar minha mãe. Fui à Amazônia
para encontrar minha herança indígena. Fui à Amazônia para me
encontrar. Mas minha jornada de autodescoberta não acabou quando
deixei a floresta. Ela prossegue aqui nos Estados Unidos. Tornei-me
mais aberto e mais próximo da minha família. Eu posso ter saído em
busca da minha mãe, mas sob muitos aspectos foi necessário que eu
buscasse minha mãe para finalmente encontrar meu pai. Na verdade,
meu pai e eu nos tornamos excelentes companheiros e grandes amigos em consequência da minha jornada — e não quero minimizar
o trabalho sério e importante que ele realizou ao longo da carreira,
mas sob certos aspectos nós interagimos como colegas. Não, eu nem
chego perto da experiência dele, da sua capacidade de percepção —
mas pelo menos estamos trabalhando no mesmo quebra-cabeça. Às

EU, YANOMAMI

vezes passamos horas e horas trocando histórias, observações. Vejo como nos damos bem hoje e mal consigo reconhecer como as coisas costumavam ser, quando eu me fechava à simples menção da minha mãe ou do povo yanomami. Hoje, agarro toda oportunidade que tenho de falar sobre mamãe. Quero me fartar nessa fonte — e felizmente meu pai a deixa fluir infinitamente.

Ele passou por muita coisa. Foi julgado e cobrado por ter casado com a mulher que amava. Sob muitos aspectos, casar com uma mulher yanomami e ter três filhos com ela prejudicou sua carreira de antropólogo. Ele não tinha tempo para pesquisar e publicar. Sua capacidade de observador imparcial e científico desse povo indígena foi questionada. Mas ele não se arrepende das escolhas que fez na juventude. "E como poderia?", pergunta-me, quando eu levanto a questão. "Tenho três filhos maravilhosos. Tenho lembranças incríveis."

Como eu, meu pai reconhece as drásticas mudanças ocorridas na floresta desde o período em que passou com o povo yanomami. Apoia com entusiasmo minha missão de dar assistência a povos indígenas que lutam para fazer frente às invasivas pressões do mundo moderno. Recentemente, um indivíduo yanomami foi espancado até a morte por policiais em Puerto Ayacucho — uma história que entristeceu profundamente meu pai, não só por esse homem e sua família, mas pelo seu povo. Por um bom tempo, papai teve dificuldade de conciliar esse incidente com os Yanomami que conhecia e amava nas regiões mais remotas da floresta, acostumado ao seu estilo de vida e aos seus costumes tradicionais.

De fato, ele sabe que a mudança é inevitável, e o "progresso", incontornável. Sua frustração é estar há tanto tempo fora do circuito. Durante certo tempo, ele foi um dos mais destacados especialistas na cultura yanomami tradicional — e continua sendo uma importante autoridade nesse terreno, muito embora a cultura yanomami esteja passando por essas mudanças radicais.

Minha jornada também propiciou um aprofundamento na minha relação com meus irmãos. Meu irmão Daniel — já não o chamamos de "Danny" — se formou recentemente em nutrição na West Chester University, na Pensilvânia. Eu me orgulho muito dele e das suas realizações — mas o mais interessante para mim é como ele tem lembranças muito diferentes da nossa mãe quando éramos crianças. Cada um de nós lutou do próprio jeito com as nossas questões, e deixarei que o próprio Daniel compartilhe seus sentimentos sobre como foi crescer como uma pessoa yanomami, se assim quiser. Mas agora que pude restabelecer a conexão com meus pais, meu irmão e eu igualmente nos aproximamos. Não muito tempo depois de voltar da minha segunda visita à floresta, nós dois sentamos para conversar tomando umas cervejas. A conversa naturalmente acabou girando em torno de mamãe — e quando digo *naturalmente*, é preciso levar em conta que nunca tínhamos conversado de verdade sobre ela, por isso, o que poderia parecer natural em outras famílias era completamente novo na nossa.

Daniel disse que achava o máximo eu ter ido para a Venezuela e tentado encontrar mamãe. Eu respondi que adoraria se ele quisesse juntar-se a mim numa das minhas próximas viagens, para fazer também essa jornada, mas só quando estivesse pronto. *Pronto* pode significar coisas diferentes para pessoas diferentes, mesmo fazendo parte da mesma família, com boa parte das mesmas experiências. No meu caso, só fiquei *pronto* aos 24 anos, quando todos os elementos estavam no lugar certo no cosmos. Quem poderia afirmar quando esse momento vai chegar para o meu irmão? Mas quando ele chegar, *se* chegar, com certeza estarei ao seu lado, para ajudá-lo na sua busca.

Ele gostou da ideia — e nós brindamos a ela.

Vanessa é outra história. Nós vínhamos conversando cada vez mais sobre mamãe. Agora que também é mãe, ela parece querer entender o que aconteceu com nossa mãe quando correu de volta para a floresta. Acho que Vanessa processou a experiência de um jeito quando era criança, mas agora tem outra perspectiva, e sei que uma parte dela gostaria muito de encontrar uma forma de ir até mamãe, atravessando todos esses muitos quilômetros, essas enormes barreiras linguísticas e culturais, e de achar um modo de falar a respeito. Na verdade, recentemente ela manifestou interesse em se juntar a mim numa das minhas próximas expedições. Mas a realidade é que, com dois filhos pequenos, teríamos que pensar na logística de uma viagem desse porte; o que uma jornada dessas poderia significar num nível pessoal para Vanessa, só posso imaginar.

Mais uma vez, porém, cabe a ela contar sua história — só o que eu posso fazer, como irmão, é estar por perto para ajudá-la a entender.

E há também minha renovada relação com minha mãe, que está no cerne dessa odisseia. Eu sinto profundamente sua falta. Muitas vezes, dirigindo para o trabalho pela Rota 80, me pergunto o que ela estaria fazendo naquele exato momento. Estaria cortando lenha? Pegando caranguejo com as outras mulheres? Colhendo bananas? De vez em quando a imagino sentada à beira do riacho e pegando as fotos de família que mantém cuidadosamente guardadas numa bolsinha que sempre leva consigo. Posso vê-la contemplando fotos minhas, de Vanessa e Daniel. Vejo-a contemplando fotos do meu pai. E a imagino com lágrimas nos olhos — quem sabe se perguntando quando eu poderia voltar.

Fico triste de pensar nela assim — mas, ao mesmo tempo, de um jeito egoísta, isso me preenche de um forte senso de conexão. Durante todos aqueles anos, eu nunca soube se ela pensava em nós, em algum lugar da floresta, cuidando de sua vida. E agora sei. Existe um lugar para nós no seu coração.

Existe um lugar para *mim*.

Outra coisa triste: cada vez mais me pego pensando na passagem do tempo. Minha mãe está envelhecendo — não há como ignorar essa dura verdade. Não, os Yanomami não se prendem a coisas como a idade cronológica, mas a vida na floresta é dura. Ela rouba das pessoas um bocado de anos, e, no fundo, eu me pergunto de quantas novas visitas poderemos desfrutar. E me preocupo. Uma das grandes frustrações dessa nova fase da minha vida é saber que não poderei fácil e livremente visitar a floresta quando quiser. Mas a vida é complicada no nosso chamado "mundo civilizado". Eu preciso trabalhar para pagar as contas. Preciso começar uma carreira. Preciso garantir a comida, a gasolina, as roupas, o plano de saúde... todas essas coisinhas de que precisamos para sobreviver na selva da Pensilvânia. Não é como na floresta, onde tudo está ao nosso alcance. E agora, além de tudo, tenho uma filha para cuidar, então não posso simplesmente pegar um avião para a floresta — a simples ideia de me separar da minha linda Naomi faz o meu coração doer.

Assim, nesses momentos de relativa tristeza em que imagino mamãe contemplando as fotos, perguntando-se quando eu voltarei, imagino como seria ótimo se eu pudesse colocar um telefone por satélite naquela bolsinha. Se eu pudesse me comunicar com ela e dizer que estou a caminho — é por isso que estou me esforçando.

ATÉ QUE EU POSSA RETORNAR à floresta, acho que o principal é manter o foco no território, fazer frutificarem as experiências que compartilhei com minha família yanomami. Afinal, não somos mais

EU, YANOMAMI

o povo isolado que meu pai encontrou tanto tempo atrás, em 1975, quando fez contato pela primeira vez com a gente da aldeia da minha mãe.

Um dos principais problemas que constatei desde que comecei a estudar a região e nas minhas duas longas visitas ao território é que não indígenas tendem a achar que os yanomami são um grupo indígenas homogêneo. Porém, também tendemos ao exotismo — vale dizer, a pintá-los com uma só pincelada romântica, imaginando que todos os yanomami são primitivos, impolutos, nus e puros... exatamente como apareceram pela primeira vez para nós na mídia ocidental como o conhecemos, na década de 1950.

Na realidade, eles são um povo dinâmico e em evolução que já passou por um amplo espectro de contato com não indígenas. E essa tendência de enxergar os yanomami de maneira exótica facilita para que os não indígenas esqueçam que eles são seres humanos. Não são animais de zoológico confinados em muralhas impenetráveis. Não são criaturas a serem estudadas e avaliadas. Não, são um povo afetuoso, sensível e corajoso, de gente determinada e valorosa em contato e interação com outros povos e com não indígenas, aprendendo nesse processo novas capacitações, tecnologias e ideologias.

Desse modo, são exatamente como você e eu. (Tudo bem, talvez sejam um pouco mais como *eu*, e um pouco menos como *você*, mas deu para entender...)

Hoje, muitos indígenas vivem em choupanas de barro com telhado de metal. E é verdade que muitos continuam vivendo nas antigas estruturas do tipo *shabono* herdadas dos antepassados. Nota-se que o grau de contato com uma cultura externa aumenta quanto mais nos aproximamos dos complexos missionários que hoje se espalham pelo território e de pequenas cidades de colonização como Esmeralda. Mui-

DAVID GOOD

tos indivíduos yanomami falam espanhol e receberam algum tipo de educação de estilo ocidental geral; hoje alguns se envolvem na política local e na gestão pública. Existem indígenas que são proprietários dos próprios barcos a motor. Cada vez mais, as aldeias yanomami possuem alguma fonte de eletricidade, e umas poucas desfrutam de água corrente. E existem numerosas aldeias que contam com as próprias escolas, com aulas muitas vezes ministradas por professores yanomami.

Acho que podemos afirmar que os indivíduos yanomami estão passando por um dos momentos de mais rápida transformação em sua rica e nobre história, e em algum nível não posso deixar de acreditar que se trata de algo bem-vindo. E aqui estou eu pesando bem minhas palavras; quando digo "não posso deixar de acreditar", quero dizer que não tenho escolha; pensar diferente seria destinar o meu povo a toda uma vida de frustração e declínio. Mas a verdade é que não estou totalmente convencido de que todas essas mudanças tenham sido inteiramente positivas, e, em algum *outro* nível, receio ser necessário certo cuidado. Em termos absolutos, numa espécie de vácuo, cada desdobramento traz consigo toda uma empolgante série de perspectivas. Acesso à educação, à aquisição de tecnologia moderna (como laptops e telefones celulares), à crescente mobilidade permitida por novas formas de transporte... Tudo isso configura uma época de enorme oportunidade, mas num aspecto mais amplo essas mudanças também levantam questões perturbadoras: será que os Yanomami são capazes de acompanhar esse ritmo? O que significa para eles enfrentar o futuro? Será que têm ideia do que significa olhar para o futuro? Serão capazes de imaginar o que é possível?

Veja o seguinte: a aldeia da minha mãe foi relativamente pouco afetada por essa era de transformações, mas nas aldeias vizinhas as influências do século XXI são evidentes por toda parte. É bastante

EU, YANOMAMI

notável, pensando bem, que há apenas vinte ou trinta anos esse povo vivesse do mesmo jeito que seus antepassados tinham vivido durante gerações, ao longo de séculos. Hoje, a juventude yanomami pós-moderna se veste, ouve música, aprende matemática, lê livros... aumentando cada vez mais o abismo entre as gerações. Em consequência, muitos jovens yanomami estão enfrentando crises de identidade que são exclusivamente deles. Quem são eles? A que mundo de fato pertencem?

Infelizmente, são muitos os indígenas que enfrentam todas essas questões — e, em consequência, muitos estão abrindo mão do seu legado. Em muitos casos, eles nem sequer querem ser chamados de yanomami; preferem ser considerados venezuelanos.

Eu observo esses acontecimentos de coração apertado — mas quem sou eu para julgar? Logo eu, que tão rapidamente abri mão das minhas raízes yanomami. Vamos ser sinceros, eu passei a vida inteira fugindo do meu passado indígena. Agora corro em sua direção, e me entristece ver tantos membros do meu povo correndo na direção oposta. Temos o mesmo sangue, mas objetivos contrários.

É essa a bagagem, são as cláusulas em letrinha miúda que vêm com um processo de "ocidentalização" dos Yanomami, e foi o que pude constatar no período que passei em Esmeralda. Permaneci várias semanas no assentamento, ao entrar e sair do território. Era um lugar para descansar, refletir e recarregar minhas baterias — literal *e* figurativamente. Em Esmeralda, eu passava o tempo com outros jovens yanomami, mais ou menos da mesma idade que eu. Caminhava muito por ali, apreciando a paisagem, tirando toneladas de fotos, conversando com o maior número possível de pessoas. Queria realmente entender o lugar — não como turista ou estrangeiro, mas como um yanomami de pleno direito naquele local.

Era incrível ver tantos garotos e garotas yanomami de uniforme escolar, correndo para entrar na sala de aula antes de o sinal tocar —

um enorme contraste com as lembranças que eu tinha dos garotos e garotas yanomami da minha aldeia natal, que corriam nus pela floresta, nadando no riacho, absorvendo o estilo de vida dos pais e avós.

Certo dia, quase no fim da minha permanência no assentamento, eu voltava do almoço para meu quarto quando vi um grupo de mais ou menos uma dezena de garotos yanomami em torno do padre Arroldo. Aproximei-me e perguntei o que estava acontecendo. Padre Arroldo explicou que os meninos queriam saber quem eu era.

— Estão com medo de se aproximar de você — disse o padre. — Por favor, pode conversar com eles?

É lógico que eu concordei. Parei diante dos meninos e lhes disse que eu era yanomami, tal como eles, só que meu pai era *nabuh* e minha mãe, de Hasupuwe. Eles me olharam como se eu estivesse querendo confundi-los.

— *Peheti?* — perguntou um deles, querendo dizer: "É verdade mesmo?"

— *Awei* — respondi. [Sim].

Agora os garotos estavam intrigados. Convidei-os para entrar e ver fotos no meu laptop — dezenas de imagens da minha família yanomami e da nossa aldeia. E foi o que aconteceu. Em seguida, mostrei-lhes fotos da minha casa nos Estados Unidos — junto a imagens de arranha-céus, carros, paisagens de inverno.

Eles ficaram pasmos. Por alguns momentos, ninguém falava. Por fim, um dos garotos rompeu o silêncio.

— Por que você está aqui? Você é *nabuh*. Tem tudo de que precisa. Por que veio a este lugar? — questionou.

E eu respondi:

— Estou aqui porque tenho o sangue dos Yanomami, estou aqui porque é a minha casa. Minha família está aqui. Minha mãe está aqui.

EU, YANOMAMI

Estou aqui porque essas são minhas terras. São as *nossas* terras. Tenho orgulho de ser yanomami, orgulho de ser filho de uma yanomami. Sim, eu sou *nabuh*, mas um dia vou aprender a ser um yanomami. Vou caçar. Vou pescar. Vou plantar.

— *Yanomami keya!*

Enquanto falava, eu prestava atenção no menino que fizera a pergunta. Seus olhos se arregalavam à medida que eu contava minha vida nos Estados Unidos. Ele estava perplexo. E enquanto ouvia o que eu tinha a dizer, seu rosto se abriu num sorriso — de orelha a orelha, tão largo que nele podia caber uma banana. Naquele breve momento de conexão, compartilhamos o mesmo orgulho de ser quem éramos, daquilo que poderíamos vir a ser.

Assim, eu estabeleci uma conexão com aqueles meninos — e me dei conta de que podia encontrar maneiras de me comunicar com outros jovens yanomami. Não me acho tão importante assim a ponto de me considerar um modelo a ser seguido — verdade seja dita, certas escolhas que eu fiz no início da vida mostram que me comportava de modo terrível, e, mesmo de maneira imprudente, uma pessoa que desrespeitava os pais e o seu legado a cada passo. Mas eu fui capaz de superar esses comportamentos e encontrar uma forma de buscar minhas origens e me apropriar delas.

Aqueles meninos estavam se saindo bem. Frequentavam a escola; expandiam seus horizontes. Mas eu me preocupava com alguns dos outros yanomami, entre o estilo de vida tradicional da aldeia da minha mãe e o de certas aldeias com maior contato com culturas externas. Em todo o território, havia centenas de indivíduos yanomami pós-modernos se perdendo, sobretudo os nossos jovens, e isso me deixa aterrorizado. Lembra-me de um artigo do *New York Times* com que me deparei ao concluir este livro — sobre o distante povo Guarani no Oeste do Brasil, onde o índice de suicídios aumentou muito na última década. Segundo um pediatra que trabalha para o Ministério da Saúde no estado brasileiro do Mato Grosso do Sul, houve cerca de quinhentos suicídios nesse povo de 45 mil indígenas nos últimos dez anos. O número é alarmante — e segundo alguns especialistas, deve ser ainda maior.

Nesse artigo, pode-se ler um comentário de um antropólogo guarani, chamado Tonico Benites, que me parece perturbador: "Em dado momento, muitas pessoas que eu conhecia, amigos, tinham perdido sua autonomia, a possibilidade de se sustentar. E assim eles acabam pensando na morte."

O que isso significa para os Yanomami? Para mim, significa que quanto mais as coisas mudam, mais esses jovens descobrem a que foram privados durante tanto tempo. Eles começam a perder a esperança. Quanto mais eles veem, mais enxergam o que estão perdendo. Quanto mais forem expostos ao estilo de vida do mundo considerado desenvolvido, mais começarão a se entregar a sentimentos de desespero, desconexão. Com o tempo, imagino, isso poderá levar a uma rejeição do seu estilo de vida yanomami, espalhando-se por toda uma geração, à medida que os jovens começarem a detestar o próprio sangue que flui nas veias. Eu sei como é. Já passei por isso. Eles vão mergulhar num lugar fundo e escuro que só pode levar à depressão, à autodestruição, à rejeição.

Isso também me inquieta. Por quê? Porque os indivíduos yanomami não aldeados ou com maior contato com o mundo exterior sabem onde estão, na base da pirâmide do status social. Sabem que muitas pessoas que vêm estudá-los, fazer trocas com eles e "dar-lhes boas-vindas" em suas missões e comunidades mais industrializadas ainda os consideram carentes de inteligência, atrasados. Apesar dos muitos progressos, eles

EU, YANOMAMI

continuam sendo "selvagens primitivos" aos olhos do mundo. Na verdade, em certas regiões, especialmente na moderna Venezuela, a palavra *yanomami* muitas vezes é usada em sentido pejorativo, para insultar alguém. (*E você é o quê, um yanomami?*) Nas minhas viagens, encontrei no território médicos — cientistas que deviam estar mais bem informados — que se referiam aos Yanomami como preguiçosos e ignorantes. O que me deixa furioso. Mas eu só posso trabalhar no sentido de mudar essas concepções errôneas — não encaminhando esses médicos arrogantes, esses trabalhadores humanitários equivocados e esses burocratas vulgares para algum tipo de treinamento, mas ajudando-os a enxergar a majestosa beleza do meu povo, sua intrínseca sabedoria, a força do seu caráter.

E há também o seguinte: um fenômeno relativamente novo a respeito da mobilidade dos Yanomami. Muitos hoje em dia deixam seu território, afastando-se das missões e se estabelecendo em cidades como Puerto Ayacucho. Deixam para trás a floresta, seu antigo estilo de vida. Alguns são treinados em medicina de campo; outros, contratados como intérpretes em hospitais locais e de campo; muitos se envolvem em trabalho missionário. Infelizmente, também são muitos os que não conseguem. Envolvem-se com crime, drogas, álcool, prostituição... todos os perigos da vida moderna que nos cercam no mundo de hoje. São os supostos "frutos" da nossa civilização ocidental como a conhecemos.

É isso o que significa assimilar? É isso o que significa adotar os avanços tecnológicos e outros progressos da modernidade? Ou simplesmente representa os danos colaterais que acompanham o processo de "ocidentalização" dos Yanomami — um pequeno preço a ser pago pelo bem maior?

Não sei. Realmente não sei. Sei apenas que essas questões me preocupam — que merecem a mais atenta consideração. O ritmo frenético da mudança não me parece adequado, nesse momento em que fecho esse capítulo da minha vida e me volto para o que vem pela frente. E aqui estou, um recém-renovado estadunidense yanomami, despertado para minhas raízes na floresta depois de ter passado uma vida inteira dando as costas a elas, e hoje só posso temer pelo futuro dos Yanomami. Dos *meus* Yanomami. Receio que a disseminação desses aspectos perigosos e degradantes da cultura ocidental geral se enraíze de forma cada vez mais profunda no Território Yanomami.

Na minha família.

Assim preocupado e tentando entender, lembro-me da famosa "hierarquia de necessidades" do psicólogo Abraham Maslow e da importância do sentimento de pertencimento. Ele é fundamental — de tal maneira que pode superar nossas necessidades físicas e psicológicas e nos deixar lutando desorientados. No meu caso, um jovem tentando se entender e se conhecer, saber quem deveria ser, o resultado foi uma profunda e sombria depressão — chegando a ter ideações suicidas em certos momentos. É o que temo acontecer com meus irmãos e irmãs yanomami.

Mas ainda não é tarde demais para eles. Não. Não *posso* acreditar que seja tarde demais. Só posso esperar que, lançando novas luzes no território, os Yanomami de hoje encontrem um jeito de sobreviver e prosperar nesse mundo em mudança. Eu apenas comecei a explorar meu lado yanomami. Como disse aos meninos em Esmeralda, orgulho-me de ser um yanomami, orgulho-me de ser filho de uma yanomami. Mas é um novo tipo de orgulho — ainda dá para sentir o cheiro da tinta fresca. Sim, eu sou um *nabuh*, mas um dia aprenderei o estilo de vida dos Yanomami. Um dia voltarei à aldeia da minha mãe com minha filha, Naomi, para apresentá-la aos *Irokai-teri* — e viveremos como nossos antepassados viviam, como viverão as gerações futuras... do jeito que pudermos.

AGRADECIMENTOS

SÃO MUITAS AS PESSOAS A quem eu gostaria de agradecer por terem ajudado na minha autodescoberta e me incentivado a escrever este livro. Infelizmente (ou, quem sabe, felizmente), a lista é longa demais para que seja mencionado aqui o nome de cada uma delas. Eu precisaria de um outro volume. Mas vocês sabem quem são, e sabem que têm minha eterna gratidão. Mas não se trata apenas da minha história. É, também, a história da minha mãe e do meu pai. A história da minha família. A história dos Estados Unidos, da Venezuela. A *nossa* história. Quero agradecer sobretudo a todos que estiveram envolvidos na criação deste relato. Uma menção especial a Steve Hartman, que abriu as portas para Jenny Bent, minha agente literária, e para seu colega John Silbersack. Gostaria de agradecer a Mark Chait por ter proposto este projeto à HarperCollins, e a Denise Oswald, minha editora, por tê-lo conduzido de maneira tão eficiente e ponderada. Além disso, quero agradecer a toda a equipe da Dey Street/HarperCollins, inclusive a Heidi Richter, Kendra Newton, Andrea Molitor e Tom Pitoniak, por apresentarem minha história ao mundo de forma tão bela. E, óbvio, muito obrigado a meu amigo Daniel Paisner. Não poderia ter feito isso sem ele.

Este livro foi composto na tipografia Bembo Std
em corpo 12/16, e impresso em
papel off-white no Sistema Cameron da
Divisão Gráfica da Distribuidora Record.